아시아-태평양 전쟁: 광기와 오만

역사 딥 다이브　　아는 역사, 아직 모르는 이야기
2

아시아 – 태평양 전쟁: 광기와 오만

김휘찬 지음

Contents

6	프롤로그. 충성과 반역, 그리고 전쟁의 기억
10	1장. 일본 군부 폭주의 시작 — 5·15 사건
23	2장. 2·26 사건 — 도쿄 한복판을 뒤흔든 군사 반란
35	3장. 루거우차오에서 시작된 중일전쟁과 난징의 비극
45	4장. 총력전 연구소 — "개전은 불가능합니다."
55	5장. 리더십 없는 내각, 폭주하는 일본 군부
65	6장. 도조 히데키 내각 출범, 그리고 대미개전
78	7장. 진주만 공습 — 잠자는 거인을 깨우다!
90	8장. 일본의 동남아시아 침공, 남방작전 개시!
99	9장. 산호해 해전 — 항공모함끼리 벌인 최초의 해상 항공전!
113	10장. 미드웨이 해전(上) — 몰려오는 일본 항공모함
126	11장. 미드웨이 해전(下) — 미군, 전세를 뒤집다!
140	12장. 과달카날 전투(上) — 일본 해군의 야간 기습작전
150	13장. 과달카날 전투(下) — 미군의 대반격 시작!
161	14장. 일본 제국의 몰락 — 임팔작전과 대륙타통작전
171	15장. 사이판 전투 — 무너지는 절대국방권

183	16장. 레이테만 해전(上) — 일본 해군 최후의 해상 결전
194	17장. 레이테만 해전(下) — 일본 해군의 야간 돌입 작전
206	18장. 특공병기의 출현! — 강요된 죽음, 가미카제神風
215	19장. 철의 폭풍 — 이오지마, 오키나와의 혈전
226	20장. 구레 군항 공습 — 일본 해군의 최후
235	21장. 포츠담 선언, 그리고 8월의 히로시마
247	22장. 소련의 참전, 그리고 나가사키의 비극
255	23장. 일본 패망 하루 전 — 항복, 그리고 궁성사건宮城事件
267	에필로그. 일본의 전쟁 기억, 그리고 그 책임
274	참고 문헌
276	사진 출처

프롤로그

충성과 반역, 그리고 전쟁의 기억
일본의 아시아-태평양 전쟁 기억과 그 책임

1969년 1월 2일, 도쿄東京에 위치한 천황의 궁궐인 황거皇居는 인산인해를 이루었습니다. 일반 국민이 천황을 직접 만날 수 있는 공식 행사인 '일반참하一般参賀'가 열리는 날이었기 때문입니다. 천황의 즉위식이나 생일이 아닌 이상, 신년 일반참하만이 천황을 볼 수 있는 거의 유일한 기회였지요. 더욱이 1969년 신년 일반참하는 더욱 특별한 의미를 지니고 있었는데, 바로 황거가 새롭게 완공된 뒤 처음으로 맞이하는 일반참하였기 때문입니다. 1945년 도쿄 대공습東京大空襲으로 황거가 파괴된 이후, 1968년까지의 일반참하는 모두 궁내청 건물의 옥상이나 임시 건물에서 이루어졌습니다.

이처럼 1969년의 일반참하는 천황에게도, 일반 국민들에게도 큰 의미를 지닌 중요한 행사였습니다. 이를 반영하듯 수많은 인파가 몰려들었고, 현장은 뜨거운 열기로 가득했지요. 그 분위기는 천황과 황족들이 발코니에 모습을 드러내면서 한층 더 무르익었습니다. 당시 일흔에 가까웠던 히로히토裕仁 천황은 환호하는 대중에게 손을 들어 화답했습니다. 새로 완공된 궁전에서 손을 흔드는 천황의 모습은, 이제 일본이 패전敗戰의 그늘에서 벗어나 새로운 길로 나아가고 있음을 상징하는 듯했습니다. 천황이 손을 흔들자, 많은 이들이 일제히 손을 들어 화답하며 감격에 젖었습니다. 그러나 훈훈한 풍경은 오래가지 못했습니다. 얼마 지나지 않아, 한 남자의 돌발 행동으로 그 순간은 무참히 깨졌습니다.

"야마자키! 천황을 쏴라!ヤマザキ、天皇を撃て!"

홀연히 인파 속에서 뛰쳐나온 오쿠자키 겐조奧崎謙三는 태평양 전쟁에서 죽은 전우의 이름을 외치며, 천황이 서 있는 발코니를 향해 새총을 쏘았습니다. 그러나 총알인 파칭코 구슬은 발코니 근처에 힘없이 떨어졌고, 그는 곧바로 사복 경찰에게 체포되었습니다. 그렇게 황거 한복판에서 벌어진 자그마한 반역사건은 싱겁게 끝났습니다. 오쿠자키는 몸을 던졌으나, 천황에게는 아무런 피해도 주지 못했지요. 그는 왜 일본의 상징이자 국민적 인기를 누리던 천황을 쏘게 된 것일까요?

오쿠자키 겐조는 아시아-태평양 전쟁이 한창이던 1943년 3월, 호주와 가까운 뉴기니 전선에 투입된 독립 공병 제36연대 소속의 황군皇軍이었습니다. 그러나 당시 과달카날 전투Battle of Guadalcanal의 패배로 그가 투입된 뉴기니 전선의 전황도 매우 불리해졌지요. 결국 그의 부대는 패주할 수밖에 없었습니다. 그러나 본토에서 수천 킬로미터 떨어진 남방의 정글 섬에서, 그는 부대원들과 함께 굶주림과 질병에 시달렸습니다. 연대장을 비롯한 거의 모든 부대원이 굶어 죽으면서 부대는 사실상 와해되었습니다. 그는 1944년 7월 18일 뉴기니의 뎀타Demta에서 호주군의 식량을 훔치다가 발각되어 포로가 되었습니다.

포로 생활을 마친 그는 1946년 3월 일본으로 돌아왔습니다.

그러나 귀국 후에도 전장에서 느꼈던 감정을 고스란히 안은 채 혼란스럽고 불안정한 삶을 이어갔습니다. 그는 계속해서 해답을 찾으려 했습니다. 자신과 같은 젊은이들이 전장에서 왜 옥쇄玉碎1와 같은 비상식적인 지시를 받아야 했는지, 그리고 그 행위에 대한 책임을 누구에게 물어야 하는지를 말입니다. 결국 그의 물음은 "천황이야말로 전쟁에 대한 책임을 져야 한다"는 결론으로 이어졌지요. 그의 '새총 사건'은 이런 배경에서 일어난 일입니다.

아시아–태평양 전쟁은 여전히 수많은 숨겨진 이야기와 끝맺지 못한 담론들로 가득합니다. 그 담론들은 역사적 아픔과 함께 오늘날 우리에게 일본과의 갈등으로 이어지고 있습니다. 그렇기에 일본을 올바르고 정확히 이해하는 일은 우리에게 중요한 과제입니다. 여기서 말하는 이해란 상대의 행동을 조건 없이 감싸거나 용납하는 것이 아닙니다. 오히려 왜 그런 행동을 했는지, 어떤 생각과 의도를 가졌는지를 있는 그대로 바라보는 것이지요. 그렇게 일본을 이해할 때, 우리는 앞으로 가깝고도 먼 이 나라를 제대로 볼 수 있을 것입니다.

저는 이 책을 통해 우리가 잘 알지 못했던 일본의 시각에서 본 아시아–태평양 전쟁을 독자들에게 전하고자 합니다. 일본이 왜 무모한 전쟁에 뛰어들었는지, 왜 이해하기 어려운 방식으로 미국과 전투를 벌였는지에 대한 단순한 궁금증을 넘어, 일본의 진정한 전쟁 책임은 무엇이며, 그 책임의 대상은 누구인지를 함

---

1 '옥처럼 아름답게 부서진다'는 뜻으로, 전투 상황에서 명예롭게 전사하거나 자결하는 것을 뜻한다. 주로 일본군이 제2차 세계대전 말기, 전멸 위기에 몰렸을 때 항복을 거부하고 전멸하는 전략을 선택하며 사용했던 용어이다.

께 묻고자 합니다. 특히 천황이 전쟁을 막기 위해 강경한 개전론자 도조 히데키를 총리로 임명한 일, 그리고 도조 히데키가 천황의 명을 받들어 전쟁을 막으려고 동분서주했던 회의 과정들을 이 책은 있는 그대로 보여줄 것입니다.

그러나 이는 과거 일본의 행위를 비호하거나 두둔하려는 의도가 아닙니다. 오히려 도조 히데키의 이런 무능력한 관료주의적 태도를 수면 위로 끌어올림으로써, 전쟁 책임에서 천황을 배제하고 전후 정치공학적 설계를 지속해 온 일본의 실체를 더욱 명확히 파악할 수 있기 때문입니다. 결국 일본 저널리스트이자 역사학자인 호사카 마사야스保阪正康의 말처럼, "도조 히데키라는 아주 나쁜 사람이 있었고, 이 나쁜 사람이 군부를 지휘해 전쟁을 일으켰다는 허상"을 깨뜨려야만 비로소 아시아-태평양 전쟁을 제대로 이해할 수 있습니다. 그 이해를 바탕으로 과거의 가해자이자 현재의 협력 대상인 일본을 올바로 인식하고 대응할 수 있습니다.

이제 여러분은 아시아-태평양 전쟁이라는 드라마틱한 현장 속으로 들어가게 될 것입니다. 진주만 기습을 앞두고 기자들이 보도자료를 기다리던 해군성 지하실, 미국과의 개전을 두고 밤새 격론이 오가던 총리 관저 회의실, 미드웨이 해전에서 항공모함을 지휘하던 나구모 제독의 함교, 그리고 과달카날의 울창한 밀림과 레이테만의 푸른 바닷속까지. 알지 못했던 이야기들로 구성된 그날의 전투 현장으로 말입니다.

1장

일본 군부 폭주의 시작 — 5·15 사건
대낮에 벌어진 총리 암살 작전

1932년 5월 15일, 일요일의 도쿄 도심은 북적이는 인파로 가득했습니다. 화창한 날씨 속 평화로운 풍경은, 잠시 뒤 벌어질 아수라장과는 전혀 딴판이었지요. 오후 5시 무렵, 한 무리의 사내들이 택시에서 내린 뒤 일제히 모여들었습니다. 그들 중에는 해군 제복을 입은 이도 있었고, 육군 사관후보생 제복을 입은 청년도 있었습니다. 이들은 순식간에 어딘가를 향해 달려갔습니다. 목표는 다름 아닌 총리가 거주하는 총리 관저総理官邸였습니다.

대담하게도 총리 관저에 돌입한 해군 장교들의 목표는 내각 총리대신 이누카이 쓰요시犬養毅의 암살이었습니다. 관저에 들이닥친 그들은 곧 이누카이 총리를 발견하자마자 머리에 권총을 겨누고 방아쇠를 당겼습니다. 그러나 불행 중 다행으로 총은 불발되었고, 순간 관저 안은 숨 막히는 정적에 휩싸였습니다. 길고도 짧은 침묵을 먼저 깬 이는 이누카이 총리였습니다.

"총은 언제든 쏠 수 있네. 하지만 먼저 자네들과 이야기를 나누고 싶네."

늙은 총리의 침착하고 대담한 대응에 압도된 해군 장교들은 얼결에 응접실로 들어갔습니다. 이누카이 총리는 그들을 앉히고 태연히 담배를 권한 뒤, 신발도 벗지 않은 채 뛰어든 청년 장교들에게 "신발을 벗고 편히 이야기하세"라고 말했습니다. 경험 많은 노련한 정객인 이누카이 총리에 의해, 사상 초유의 총리 암살 미수 사건은 '철없는 해군 장교들의 해프닝'으로 끝날 수 있는 상황으로 정리되고 있었습니다. 이 상황을 모른 채 이 어색한 분위기 속으로 갑자기 뛰어든 네 명의 후속조가 응접실에 나타나기 전까지는 말입니다.

이미 선발조가 총리를 암살했으리라 믿고 뒷수습을 위해 투입된 후속조는 눈앞의 광경에 놀랄 수밖에 없었습니다. 먼저 진입했던 선발조의 거사 동지들이 총리와 함께 다소곳이 응접실에 앉아 이야기를 나누고 있다니요! 이를 본 후속조는 순식간에 권총을 뽑아 들었습니다. 그리고 무언가 말하려고 손을 드는 총리를 향해 외쳤습니다.

"문답무용! 쏴라!問答無用、撃て!"

날카로운 총성이 일요일 오후의 평화로움을 깨뜨렸습니다. 피투성이가 된 총리를 본 해군 장교들은 즉시 현장을 빠져나갔습니다. 총소리를 듣고 달려온 하녀가 이누카이 총리의 상태를 확인했을 때, 놀랍게도 그는 아직 숨이 붙어 있었습니다. 얼굴과 몸에 세 발의 총탄을 맞고 피를 흘리면서도, 그는 하녀를 향해 침착하게 말했습니다.

"그 젊은이들, 다시 찾아서 불러오게. 들려줄 말이 있네."

총리는 곧바로 병원으로 옮겨졌고, 외출 중이던 부인을 비롯한 가족들도 서둘러 병원으로 달려왔습니다. 오후 6시 40분, 의료진은 "몸에 박힌 총탄은 총 세 발이며, 그중 한 발은 등을 스쳐 지나갔다"고 알렸습니다. 침대 곁에서 걱정스레 자신을 지켜보는 가족들을 향해 이누카이 총리는 조용히 입을 열었습니다.

"아홉 발 중 세 발만 맞히다니, 군대의 훈련 상태가 형편없구먼."

끝까지 의연한 태도를 보였지만, 이누카이 총리의 상태는 시시각각 악화되었고, 그는 그날 자정을 넘기지 못한 채 병원에서 숨을 거두었지요. 이른바 5·15 사건五·一五事件은 백주 대낮에 한 나라의 총리가 자국 해군 장교들에게 관저에서 암살당한 전대미문의 사건이었습니다. 지금의 우리로서는 도저히 상상하기 어렵지만, 당시 일본에서 총리 암살은 5·15 사건이 처음이 아니었습니다. 물론, 마지막도 아니었지요. 대체 왜, 이런 일들이 반복되었을까요?

당시 일본의 이러한 상황을 이해하려면, 그 이전부터 형성되어 온 일본의 정치 시스템과 일본군에 대한 설명이 필요합니다. 물론, 이 거대한 담론을 모두 담아낼 수는 없습니다. 대신 독자의 이해를 돕기 위해 주요 사건들을 중심으로 시간을 거슬러 올라가 보려 합니다. 마치 강을 거슬러 오르는 여정처럼 말이지요. 그 첫 번째 단추는, 사건 발생 2년 전 1930년에 체결된 '런던 해군 군축 조약London Naval Treaty'입니다.2

1930년 영국 런던에서는 미국, 영국, 일본, 프랑스, 이탈리아 5개국 대표단이 한자리에 모여 협상 테이블에 앉았습니다. 세계

---

2 훗날 1935년 미국·영국·프랑스 3개국이 체결한 '제2차 런던 해군 군축 조약'과 비교해, 1930년의 이 조약을 '제1차 런던 해군 군축 조약'으로 칭하는 경우도 있다.

해군력 상위 5개국인 이 나라들은, 제1차 세계대전 이후 불어닥친 경제 위기와 군축軍縮3의 분위기 속에서 서로의 해군력을 견제하고자 런던에 모였습니다. 지금도 그렇듯 함대 건설에는 막대한 국가 재정이 투입될 수밖에 없었습니다. 제1차 세계대전 이후 불어온 경제 위기는 거대한 해군력의 건설과 유지에 큰 부담이 되었습니다. 이에 따라 각국은 "우리 서로 일정 비율 이상으로는 해군력을 가지지 말자!"는 취지로 해군 군축 조약을 맺기 위해 모였습니다. 이 조약은 런던에서 체결되었기 때문에, '런던 해군 군축 조약'이라고 불립니다. 하지만 첫 단추부터 삐걱거리며 순조롭지 않았습니다.

흔히들 국제정치를 강대국 위주로 돌아가는 힘의 논리로 바라보곤 합니다. 런던 해군 군축 조약 또한 전형적인 힘의 논리를 그대로 반영하고 있었습니다. 당시 해군 강국이었던 미국과 영국은, 떠오르는 신흥 해군 강국들이 자신들의 자리를 위협할 만큼 해군력을 갖추는 것을 부담스러워했습니다. 그래서 프랑스, 이탈리아, 일본 등 나머지 국가들의 보조함 총보유량을 제한하려 했습니다. 즉, 다른 나라들이 미국과 영국 이상으로 보조함을 보유하지 못하도록 한 것입니다. 이에 반발한 프랑스와 이탈리아가 조약 체결을 거부하자, 결국 조약은 영국·미국과 일본 간의 합의로 좁혀졌습니다.

영국과 미국은 일본의 해군력도 당연히 제한하려 했습니다.

---

3   disarmament. 보유한 무기를 축소·제한·폐기하는 행위로, 자국의 군사력을 축소하는 것이기 때문에, 경쟁국들과의 상호 협력이 전제되어야 한다.

이를 잘 알고 있던 일본 대표단은 출국 전부터 협정 체결의 구체적인 목표를 세웠습니다. 첫째, 보조함4은 미국 보유량의 70퍼센트를 확보할 것, 둘째, 8인치 함포를 장착한 중重순양함도 미국 보유량의 70퍼센트를 확보할 것, 셋째, 잠수함의 보유량은 7만 8,000톤을 유지할 것. 이 세 가지가 일본이 세운 목표였지요. 쉽게 말해, 일본은 최소한 미국 해군력의 70퍼센트를 보유하고 유지하기를 바랐던 것입니다.

그러나 미국과 영국이 이를 순순히 허락할 리는 없었습니다. 기나긴 논쟁 끝에 미국, 영국, 일본 세 나라는 결국 긴 회담을 거쳐 1차 합의안을 마련했습니다. 가벼운 경輕순양함과 구축함은 70퍼센트 보유를 허락하되, 비교적 대형인 중순양함은 60퍼센트만 허락한다는 내용이었지요. 조금 복잡하지만, 총비율을 더해 계산해 보면 일본은 미국 해군력의 총 69.75퍼센트를 보유할 수 있게 되었습니다. 당초 희망했던 70퍼센트에서 불과 0.25퍼센트 모자란 수치였습니다. 일본 대표단은 이 타협안을 받아들이고 "70퍼센트는 아니지만, 69.75퍼센트로 협정 체결해도 되겠습니까?" 하고 일본 본국에 문의했습니다. 이후 본국 정부의 지시에 따라 대표단은 조약에 서명했습니다. 우여곡절 끝에 런던 해군 군축 조약은 이렇게 성공적으로 체결되는 듯했습니다.

그러나 일본 해군, 그중에서도 특히 해군 군령부軍令部가 조약 체결 전면 무효를 주장하고 나서면서 문제가 커지기 시작했습니다. 군령부는 중순양함의 보유 비율을 60퍼센트밖에 확보하지

4   경순양함, 구축함 등 독자적인 임무보다는 다른 주력함을 보조하는 역할을 주로 수행하는 함선.

못했다는 점 등을 문제 삼으며, 정부를 상대로 강하게 반발했습니다. 심지어 군령부 총장인 가토 칸지加藤寬治 제독은 조약 체결에 반발해 사임했고, 야당인 정우회政友會는 이 기회를 노려 여당인 민정당民政黨을 공격했지요. 정우회가 내세운 논리는 단순히 조약 내용의 부족함을 지적하는 수준을 넘어서는 것이었습니다. 정우회는 이 문제를 두고 "민정당이 감히 천황 폐하의 신성한 통수권統帥權5을 침범했다!"라고 주장한 것입니다. 다소 생소한 표현일 수 있으니, 이번에는 우리나라 사례와 비교해 설명해 보겠습니다.

우리나라에서는 대통령을 흔히 '국군 통수권자'라고 부릅니다. 통수권이란 한 나라의 군대를 지휘할 수 있는 권한으로, 국민이 선거로 선출한 대통령과 같은 선출 권력이 가지는 군사 권한입니다. 이 권한은 쉽게 군정軍政과 군령軍令으로 나눌 수 있습니다. 군정은 인사나 보급 등 군 조직을 관리하기 위한 행정권한을 뜻합니다. 군령은 군정을 통해 건설·유지된 부대를 실제로 지휘하고 작전을 수행하는 작전지휘 권한을 말합니다. 간단히 말해 군정권은 군을 건설하고 유지하며 보수하는 권한이고, 군령권은 그 군대를 실제로 활용해 작전이나 전투를 수행하는 권한입니다. 보통 군령과 군정은 헌법을 통해 통수권자에게 부여됩니다.

그러나 당시 일본은 달랐습니다. 총리에게는 군정권만 있었고, 군령권은 부여되지 않았지요. 총리 산하의 육군성과 해군성은 모두 군정권만 행사하는 기구에 불과했습니다. 그렇다면 군령권

5   한 국가의 군대를 지휘할 수 있는 권한으로, 통상 국가원수, 혹은 그에 준하는 기관에 부여되어 있다.

은 어디에 있었을까요? 바로 천황에게 있었습니다. 천황의 직속으로 육군은 육군 참모본부를, 해군은 해군 군령부를 각각 두었고, 이 두 군령기관을 합쳐 흔히 통수부統帥部라고 불렀습니다. 통수부가 천황을 보좌해 전쟁을 지휘하는 최고 기관이 바로 대본영大本營이었습니다. 문제는 이 통수부가 정부의 감시나 통제를 전혀 받지 않고, 오로지 천황의 직속으로만 존재했다는 점입니다. 그리고 이 구조가 일본군 폭주의 근원이 되었습니다.

다시 일본 해군 이야기로 돌아가 보겠습니다. 해군이 단순히 일치단결해 이런 투쟁에 나선 것은 아니었지요. 오히려 해군 내부의 갈등은 매우 심각했습니다. 해군대신海軍大臣, 해군부 장관과 같은 직책의 지휘를 받는 해군성을 중심으로 조약 체결에 찬성하는 조약파條約派와, 군령부 총장의 지휘를 받는 해군 군령부를 중심으로 형성되어 조약 체결에 반대하는 함대파艦隊派로 나뉘어 극심한 대립이 이어졌습니다. 갈등이 정말 심각했을 때, 훗날 진주만 기습과 미드웨이 해전을 계획하게 되는 조약파 야마모토 이소로쿠山本五十六는 함대파의 암살위협까지 받았지요. 그가 암살당하기를 원치 않았던 해군성은 그를 연합함대連合艦隊 6 사령장관司令長官 7으로 임명해 일선 전투함대를 지휘하게 했습니다. 중앙부서에서 근무하면 위험하니, 암살을 피할 수 있도록 바다로 내

6 일본 제국 해군의 주력 함대 편제로, 평시에는 각 함대가 분산되어 운영되었으나, 전시에는 연합함대의 지휘 아래 통합 운용되었다. 태평양 전쟁 기간 동안 일본 해군의 전략적 작전 대부분을 수행한 핵심 기동 전력이었으며, 이로 인해 일본 해군을 가리키는 대명사처럼 쓰이기도 한다.
7 일본 해군에서 독립된 함대급 부대를 지휘하는 최고 지휘관에게 부여되는 직책. '연합함대 사령장관'이나 '제8함대 사령장관' 등으로 불린다.

보낸 것이었습니다. 당시 일본군 내부에는 이미 이러한 위협이 도사리고 있었습니다.

이런 배경 속에서 야당이었던 정우회는 함대파인 해군 군령부의 편에 서서 정부를 공격했습니다. 그들은 군과 관련된 문제는 천황의 '신성한 통수권'에 해당하는데, 마음대로 외국과 협정을 체결한 정부의 행동은 위헌이라고 주장했습니다. 물론 정부도 가만히 있지 않았습니다. 정부와 여당은 "협정은 해군력의 건설과 유지, 편제에 대한 문제이니 군령이 아니라 군정의 문제다!"라고 주장했으나, 이미 사태는 돌이킬 수 없었지요. 일본이 근대국가를 형성하는 과정에서 뿌리내린 통수권 독립 문제는 어느새 국가적 문제로 커져 버렸습니다. 조약의 내용에 대한 논의는 이미 오래전에 사라지고, 대신 폭주의 전조가 부글부글 끓어올랐습니다. 그럼에도 일본 정부는 제대로 된 조율 없이 조약 체결을 강행했고, 이는 도화선에 불을 붙였습니다.

조약이 체결된 지 반년이 조금 지난 1930년 11월 14일, 마침내 사건이 일어났습니다. 오카야마岡山에서 시행될 훈련을 참관하기 위해 고베神戸市행 특급열차를 타고자, 당시 총리였던 하마구치 오사치濱口雄幸는 도쿄역에 도착했습니다. 오전 8시 58분, 그는 특급열차 츠바메燕 1호차에 오르기 위해 4번 플랫폼을 걷고 있었습니다. 바로 그 순간, 한 청년이 그의 앞을 막아서더니 지근거리에서 복부를 향해 총을 발사했습니다. 천황 폐하의 신성한 통수권을 침범했다는 이유에서였습니다.

총격은 그의 복부와 골반을 심하게 손상시켰지만, 그는 의식을 잃지 않았습니다. 암살범을 제압하려는 소란 속에서 수행원들이 다가오자 그는 "괜찮다, 괜찮아"라며 진정시켰습니다. 극도의 흥분 탓이었는지 총리는 별다른 통증을 느끼지 못했습니다. 그의 회고에 따르면, 총탄을 맞는 순간 '아, 당했구먼. 그래도 죽기엔 아직 조금 빠른데'라는 생각이 머리를 스쳐 갔다고 합니다. 이후 하마구치 총리는 역장실로 옮겨져 긴급출동한 의사에게 긴급 수혈을 받았고, 상태가 안정되자 도쿄대 병원으로 이송되어 장의 30퍼센트를 절제하는 대수술을 받아야 했습니다.

하마구치 총리는 퇴원 후 활동을 이어갔으나, 상처가 덧나면서 건강은 점차 악화되었습니다. 결국 1931년 4월 14일 내각은 총사퇴했고, 같은 민정당 소속의 와카쓰키 레이지로若槻礼次郎를 총리로 하는 제2차 와카쓰키 내각이 출범했습니다. 하마구치 전 총리는 4개월 뒤인 8월 26일, 총격 테러의 후유증으로 세상을 떠났습니다.

2차 와카쓰키 내각은 전 총리인 하마구치와 마찬가지로 전쟁에 반대하며 군축 정책을 이어갔습니다. 그러나 통수권의 독립을 내세워 정부에 일일이 간섭하는 군부와, 이를 이용해 정치 공세를 지속하는 야당 정우회 때문에 와카쓰키 내각은 점차 힘을 잃어갔습니다. 더욱 큰 문제는 와카쓰키 총리 자신이 1930년 런던 해군 군축 조약에 일본 대표로 직접 서명했던 인물이라는 점이었지요. 와카쓰키 총리는 직접 체결한 조약이 사태의 발단이었다는 사실만으로도 야당과 군부가 더욱 강력한 정치적 공세를 펼 수 있는 명분을 제공하고 있었습니다.

이처럼 복잡하고 어려운 상황 속에서 1931년 9월 18일 일본 관동군関東軍 8의 자작극으로 만주사변滿洲事變 9이 발발했습니다.

통제할 수 없는 군부의 폭주와 야당의 거세지는 정치 공세 속에서 구심점을 잃은 와카쓰키 내각은 결국 해를 넘기지 못하고, 1931년 12월 13일에 결국 총사퇴했습니다. 이 사건을 계기로 정우회의 이누카이 쓰요시가 새 총리로 취임하게 되었습니다.

이렇게 이야기는 다시 처음으로 돌아옵니다. 이누카이는 정우회의 리더로서, 런던 해군 군축 조약 체결에 반대하는 해군의 반발을 지원하며 여당과 정부를 공격하는 데 앞장섰습니다. 그러나 막상 자신이 총리가 된 이후에는 군부를 통제하고 전쟁을 피하는 한편, 대공황으로 타격을 입은 경제를 살리기 위한 정책에 집중했습니다. 이러한 정책은 대중의 지지를 얻는 데는 성공했지만, 군부의 불만을 잠재우는 데는 실패했지요. 결국 그는 한때 정치적 동지였던 해군 장교단의 테러로 목숨을 잃었습니다. 군부의 불만을 자신의 정치적 도구로 이용하려 했던 그에게 내려진, 일종의 업보였는지도 모릅니다.

해군의 불만을 잠재우기 위해 원로들은 천황에게 새로운 총리 후보로 사이토 마코토 斎藤実 前 제독을 추천했습니다. 해군, 나아가 군부를 잘 통제하라는 의도가 담긴 인사였습니다. 한국사에 관심이 있는 분이라면 한 번쯤 들어봤을 이름일 텐데요, 사이토는 제3대 및 제5대 조선 총독으로 부임해 문화통치를 했던 인

8   일본 제국 육군이 만주에 주둔시킨 군대로, 본래는 남만주철도 및 조차지 경비를 목적으로 설치되었으나, 점차 독자적인 군사·외교 행보를 보이며 군벌화되었다. 1931년 만주사변을 주도한 주체였다.
9   1931년 9월 18일, 일본이 자작극인 류타오후 사건(柳條湖事件)을 일으킨 뒤, 이를 구실로 만주를 침략해 자신들의 괴뢰국인 '만주국(滿洲國)'을 수립한 사건.

물이기도 합니다.10

  이처럼 일본 정부는 군부에 대한 새로운 통제 방안을 모색했습니다. 그러나 이번에는 해군이 아니라 육군 내부에서 불온한 움직임이 꿈틀대기 시작했습니다. 하얀 눈발이 흩날리는 도쿄 시내, 그 속에서 정체 모를 부대가 서서히 도심을 장악해 가고 있었습니다.

10 제3대 조선 총독은 1919년부터 1927년까지, 제5대 조선 총독은 1929년부터 1931년 6월까지 역임했다.

5.15 사건 직후 총리 관저 현관의 모습.
경찰과 헌병이 함께 출동해 현장을 조사하고 있다.

1930년 4월 22일, 해군 군축 조약에 서명하는 일본 측 대표단 수석 전권 와카쓰키 레이지로. 서명 후 만족스러운 표정을 짓고 있다.

이누카이 쓰요시 총리. 노련한 정치인이었지만, 집권 과정에서 해군 내부의 쟁점을 정치적으로 이용했다는 비판을 받았다.

2장

2·26 사건 — 도쿄 한복판을 뒤흔든 군사 반란
일본 육군, 폭주를 시작하다!

1936년 2월 25일, 하얀 눈으로 뒤덮인 도쿄의 밤거리는 여전히 사람들로 북적였습니다. 시내의 술집과 가게들은 늦은 시간까지 손님을 받느라 분주했고, 경제 위기 속에서도 거리는 활기를 띠고 있었습니다. 그러나 그런 활기찬 분위기 속에서도, 눈 덮인 총리 관저를 지키는 경찰들의 경계는 한층 삼엄했습니다. 최근 몇 년간 정부 주요 인사를 겨냥한 암살 테러가 잇따랐을 뿐 아니라, 요즘 들어 '육군의 테러 소문'까지 무성하게 퍼지면서 경계는 더욱 강화되었지요.

경시청 警視庁 11 소속 경관들은 5·15 사건과 같은 사태를 막기 위해 총리 관저의 경비를 보강하고, 비상시에는 본청과 즉시 연락할 수 있도록 연락체계까지 정비하는 등 만반의 준비를 한 상태였습니다. 만약 세간의 소문처럼 또 다른 암살 테러가 실제로 일어나, 소수의 테러분자가 총리를 암살하려 한다면, 경시청은 즉각 출동해 이를 제압할 준비가 되어 있었지요. 이러한 경시청의 대비는 매우 합리적이었고, 또한 적절한 수준이었습니다. 그러

---

11 도쿄 지역의 치안을 관장하는 경찰 본부. 단순한 치안 역할과 더불어 도쿄의 황족이나 정부 주요 요인 등에 대한 경호 임무도 관할한다.

나 경시청이 한 가지 간과한 것이 있었습니다. 이번 쿠데타는 소문과 같은 소수의 테러가 아닌, 1,000명이 넘는 병력이 동원된 대규모 '군사 반란'이었던 것이었습니다.

 2월 26일 새벽 4시, 도쿄에 주둔하던 근위 보병연대의 병사들은 갑작스러운 장교들의 집합 명령에 졸린 눈을 비비며 잠에서 깨어났습니다. 훈련에 심취한 장교들이 또다시 야간 불시 훈련을 진행하는 줄 알고 한숨 돌리던 병사들 사이에, 갑자기 긴장감이 감돌았습니다. 총기와 실탄이 지급되기 시작했지요. 병력이 집결하고 출동 준비가 끝나자, 근위 보병연대는 청년 장교들의 지휘 아래 도쿄 시내로 진입해 들어갔습니다. 일본 육군 역사상 최대이자 최악의 군사 쿠데타, 2·26 사건二·二六事件이 시작된 것이었습니다.

 이들의 목표는 총리와 주요 대신장관들의 관저, 경시청 등 주요 정부 기관을 장악하고, 천황의 눈과 귀를 가린 간신들을 처단하는 것이었습니다. 그런 간신들을 제거한 뒤에는, 천황이 직접 다스리는 국가를 꿈꾸고 있었던 것이지요. 이들이 계획한 살해 명단에는 총리를 비롯해 대장대신大蔵大臣, 기획재정부 장관, 내대신內大臣, 천황을 보필하는 궁내성 소속과 육군 교육총감陸軍教育総監, 육군 교육과 훈련을 담당하는 요직 중 하나 등 정부 주요 인사들이 모두 포함되어 있었습니다.

 반란군은 왜 정부 핵심 인사의 살해까지 계획한 쿠데타를 일으킨 것일까요? 당시 일본 육군 내부는 황도파皇道派와 통제파統制派라는 두 파벌로 갈라져 치열하게 대립하고 있었습니다. 앞장에서 살펴본 해군의 함대파와 조약파처럼 말이지요. 황도파는 이름에서 짐작할 수 있듯이, 천황이 직접 다스리는 국가를 꿈꿨습니다. 이들은 '현재 일본의 경제 위기와 양극화 같은 문제들은, 천황의 눈과 귀를 가리는 간신들과 재벌의 횡포 때문'이라고 여겼습니다. 그렇기 때문에 황도파는 쿠데타를 일으켜 간신인 총리와 주요 정부 인사를 암살하고, 천황의 승인을 얻어 새로운 군사정부를 세우려 했던 것입니다. 반면 통제파는 이러한 황도파를 통제해야 한다고 주장했지요. 결국 황도파 소속의 청년 장교들은 병력을 이끌고 도쿄 한복판에서 쿠데타를 감행했습니다.

폭설로 하얗게 뒤덮인 도쿄, 그 차가운 새벽공기를 가르며 반란군 청년 장교들은 사전에 계획한 대로 병력을 각각 나눠 목표물로 향했습니다. 무엇보다 가장 중요한 목표는 총리 관저에 돌입해 오카다 게이스케岡田啓介 내각총리대신을 제거하는 것이었습니다. 도쿄 한복판에서 육군 병력에 의한 쿠데타가 막 시작되고 있었습니다. 반란군은 곧바로 총리 관저에 진입했고, 이를 막으려는 무장 경찰관과 충돌이 벌어졌습니다. 고요함 속에 군홧발 소리만 울리던 도쿄의 새벽은 곧 총성으로 뒤덮였습니다.

갑작스러운 총성을 들은 오카다 총리의 비서는 잠자리에서 벌떡 일어나, 즉시 경시청에 전화를 걸었습니다. 최근 떠돌던 소문처럼 테러분자가 총리를 암살하러 온 것일지도 모른다고 직감한 것입니다. 이윽고 전화가 연결되자, 비서는 지체 없이 병력을 출동시켜 총리를 구해 달라고 경시청에 요청했습니다. 전화를 받은 경시청의 경찰관은 "안 그래도 총소리를 듣고 지금 막 출동하고 있습니다"라며 비서를 안심시켰습니다.

그러나 전화를 끊은 뒤에도 총격은 더욱 거세졌습니다. 상황을 파악하려던 비서는 창문 밖을 내다보며 동태를 살폈습니다. 경찰 중대가 이미 출동해 테러분자를 체포하고 있는 걸까? 희망을 품고 커튼을 걷은 그의 눈앞에 펼쳐진 광경은 그 기대를 완전히 무너뜨렸습니다. 반란군은 중기관총까지 동원해 화력을 퍼붓고 있었고, 이를 감당하지 못한 관저 호위 경찰관들은 자리를 포기한 채 물러서고 있었습니다. 상황의 위급함을 알리기 위해, 비서는 다시 한번 경시청에 전화를 걸었습니다. 그러나 수화기 너머로 들려온 목소리는 조금 전 그 경찰관이 아니었습니다.

"우리는 궐기蹶起 12 부대입니다."

비서는 깜짝 놀라 전화를 끊었습니다. 경시청마저 이미 반란군에게 장악당한 것이었습니다. 이제 그가 할 수 있는 일은 아무것도 없었습니다. 이윽고 유리창이 깨지는 소리가 나더니, 곧이어 군홧발 소리가 우르르 들려왔습니다. 시퍼런 총칼을 앞세운 반란군 부대가 총리를 찾으며 관저 안으로 밀고 들어왔습니다.

총리 공관에 진입한 반란군은 오카다 총리를 찾기 위해 곳곳을 수색했습니다. 그러던 중, 언뜻 총리로 보이는 중년의 남성을 발견하자, 그에게 총격을 가해 사살했습니다. 반란군 장교는 품속에서 꺼낸 총리의 사진과 피투성이가 된 사내의 얼굴을 번갈아 살펴보더니, "총리가 맞다!"라고 외쳤습니다. 그러나 오카다 총리는 사실 총리 관저의 다용도실 벽장 안에 몸을 숨긴 채 숨어 있었습니다. 총리로 오인받아 살해된 인물은 오카다 총리의 매부인 마쓰오 덴조松尾伝蔵였습니다. 총리와 너무도 닮은 외모 때문에,

---

12 어떤 의지를 가지고 들고 일어나서 행동하기 위해서 모이는 것.

사진을 대조하던 반란군 장교조차 마쓰오를 총리로 착각했습니다. 오카다 총리는 매부 마쓰오의 희생 덕분에 목숨을 건질 수 있었습니다. 이윽고 그는 벽장에서 나와 관저를 빠져나가려 했지만, 내부는 이미 반란군으로 가득 차 있어 탈출은 불가능했습니다. 마침 지나가던 하녀의 도움을 받아 그는 가까스로 몸을 숨길 수 있었습니다.

반란군의 또 다른 부대는 육군대신 가와시마 요시유키川島義之 장군의 공관을 포위한 뒤, 장군에게 자신들의 요구사항을 낭독했습니다. 반란군은 계엄령을 선포할 것, 통제파 장교들을 체포할 것, 황도파 장교들을 진급시킬 것을 요구했습니다. 여기에 더해 일본의 국가 개조를 위해 이러한 내용을 육군대신이 천황을 직접 찾아가 얼굴을 마주한 자리에서 상주上奏13할 것을 요구했습니다. 육군대신은 이러한 반란군을 꾸짖기는커녕, 날이 밝은 뒤 자신이 직접 천황을 알현해 요구사항을 상주하겠다고 말하며, 사실상 반란군에게 굴복한 셈이었습니다.

총리 관저와 육군대신 공관에서 사태가 긴박하게 전개되던 바로 그 시각, 다른 곳에서도 상황이 급박하게 돌아가고 있었습니다. 천황을 가까이에서 보필하던 스즈키 간타로鈴木貫太郎 시종장侍從長14의 공관에도 반란군이 들이닥쳤습니다. 순식간에 자신

---

13 신하된 자가 임금, 군주에게 말씀을 아뢰는 것.
14 천황을 보좌하고 황실의 각종 사무를 총괄하는 천황의 비서실장과도 같은 직책. 천황에게 국가 통치 행위에 대한 자문을 제공하고 중요한 정책 결정을 보좌하는 내대신(內大臣)과 달리, 시종장은 천황의 업무와 의전, 생활 등을 보좌했다.

의 방 안으로 들이닥친 반란군이 총검을 들이밀자, 스즈키는 침착하게 말했지요.

"제군들, 대체 무슨 이유로 이러는 것인가? 이야기를 나눠보는 것이 좋지 않겠나?"

그러나 스즈키의 물음에 부사관은 쉽게 답하지 못했습니다. 그 또한 반란군 장교의 명령을 받고 출동했을 뿐, 구체적인 이유는 알지 못했지요. 잠시 머뭇거리던 그는 스즈키를 바라보며 말했습니다.

"시간이 없으니, 쏘겠습니다."

"그래, 그럼 쏘아라!"

곧이어 방 안 가득 총성이 울려 퍼졌고, 화약 냄새가 진동했습니다. 어깨, 왼쪽 다리, 왼쪽 가슴, 옆구리에 총탄을 맞은 스즈키는 피를 흘리며 쓰러졌고, 더 이상 일어나지 못했습니다. 그러나 아직 의식이 있는 것을 확인한 병사들은 스즈키 목에 권총을 겨눈 채 상관인 안도 테루조安藤輝三 대위에게 물었습니다.

"숨통을 끊을까요?"

그러나 평소 스즈키를 존경하던 안도 대위는 선뜻 명령을 내리지 못했지요. 때마침 그때, 스즈키의 부인이 안도 대위에게 말을 걸어왔습니다.

"그는 이미 연로한 노인입니다. 그만하시면 안 될까요?"

안도 대위는 고개를 끄덕였습니다. 그리고 자신의 병사들과 함께 아직 숨이 붙은 채 신음하던 피투성이의 스즈키를 향해 경례를 올린 뒤, 다음 목표를 향해 건물을 빠져나갔습니다. 불행 중 다행이라면, 그토록 잔혹한 공격을 받고도 스즈키는 살아남았다는 점이었습니다. 이후 그는 종전까지 살아남아, 결국 일본 제국의 패망을 결정짓는 총리가 되었지요.

반란군은 계속해서 자신들의 목표를 실행에 옮겼습니다. 평소 예산을 통해 군부를 견제해 오던 다카하시 고레키요高橋是清 대장대신大蔵大臣 [15] 은 전날 연회에서 과음한 탓에 곤히 잠든 상태였습니다. 반란군이 들이닥쳐 그의 이불을 거칠게 걷어냈고, 비몽사몽 잠에서 깬 그의 눈앞에는 반란군이 들이민 권총의 총구가 보였습니다.

"멍청한 놈들!"

늙은 대장대신은 반란군을 꾸짖었으나, 옆에 있던 반란군이 휘두른 군도軍刀에 오른팔이 잘려 나갔고, 이어 배에 칼을 맞고 고통 속에 숨을 거두었습니다. 다카하시뿐만 아니라, 1920년대 문화통치로 우리에게 잘 알려진 사이토 마코토齋藤實 전 조선 총독(사건 당시에는 내대신內大臣) 또한 반란군에 의해 무려 47발의 총탄을 맞고 현장에서 즉사했습니다. 육군 교육총감 와타나베 조타로渡辺錠太郎 장군 또한 자신의 이불 위에서 기관총 사격을 받고 사망했습니다.

이 모든 일은 반란이 시작된 지 불과 몇 시간 만에 벌어졌습니다. 그만큼 청년 장교들의 반란은 일사불란하게 진행되었습니다. 날이 밝아오자 도쿄 한복판에서 벌어진 쿠데타 소식이 국민들에게 전해졌고, 일본은 순식간에 발칵 뒤집혔습니다. 도쿄 시내 중심부에 자리 잡은 반란군은, 정부기관이 모여 있는 거리에 바

---

15 국가의 재정과 예산을 담당하는 부처의 대신. 우리나라의 기획재정부 장관와 비슷한 직책.

리케이드를 설치하고, 정부 주요 기관을 점거한 채 천황의 명령을 기다렸습니다. 그들은 천황이 직접 나서 자신들의 주장을 지지하고, 새로운 국가 건설에 동참해 주기를 바라고 있었지요. 그렇게 점령지를 확보한 채 시간을 끌며, 관군과 대치 상태를 유지했습니다.

실제로 이들의 쿠데타는 거의 성공하는 듯 보였습니다. 주요 인사 암살에는 성공했고, 군 내부의 황도파 파벌 장군들 사이에서는 "반란군이 조금 과격하긴 하지만, 그 충성심만큼은 인정해야 한다"는 의견이 조금씩 흘러나왔습니다. 분위기는 점차 이상한 방향으로 기울었고, 군 수뇌부는 진압 결정을 내리지 못한 채 우왕좌왕하며 시간을 허비했습니다. 그 무렵 황도파 반란군 장교들의 요구사항이 적힌 종이를 들고 육군대신 가와시마가 천황 앞에 섰습니다. 가와시마는 형식적인 인사를 올린 뒤 요구사항을 읽어 내려갔습니다. 자칫 분위기가 이렇게 흘러간다면, 쿠데타는 정말로 성공할지도 모를 상황이었지요. 그러나 바로 그때, 천황이 조용히 입을 열었습니다.

"육군대신은 지금 왜 그 글을 내 앞에서 읽고 있는가?"

히로히토裕仁 16 천황은 본래 매우 조용한 성격으로, 개인 연구실에서 해양생물학을 조용히 공부하는 것을 즐겼습니다. 그런 그가 갑자기 분노를 드러내자, 주변 신하들과 장군들은 긴장할 수밖에 없었습니다. 당시 일본 천황이 지닌 막강한 권한과 존재

---

16 그가 재위 기간 사용한 연호는 쇼와(昭和)였으며, 사망 이후에는 '쇼와 천황'으로 불렸다. 히로히토가 재위한 1926년부터 1989년까지의 기간은 이른바 '쇼와 시대'로 불린다.

감을 고려하면, 그의 반응은 순식간에 회의장의 분위기를 단번에 뒤집기에 충분했지요. 그리고 천황은 강한 어조로 말했습니다.

진압을 망설이는 군 수뇌부에게 천황은 전례 없는 분노를 터 뜨렸습니다. 특히 자신에게 충성을 맹세한 군대가 신뢰하던 원로대신들을 무참히 살해하고, 도쿄 시내 일부를 점령하고 있다는 사실은 그의 분노를 키웠습니다. 그런데도 육군이 반란 진압에 소극적인 태도를 보이자, 그는 "그렇다면 짐이 직접 근위부대를 이끌고 진압하겠다"라고 선언했지요. 이렇게 되자 육군은 움직이지 않을 수 없었습니다. 증원 병력을 파견해 반란군을 압박하는 한편, 반란군에게 즉시 철수하고 부대로 복귀할 것을 명령했습니다. 게다가 관저에 숨어 있던 오카다 총리는 위장 장례식을 틈타 필사의 탈출을 감행해 황거에 도착했고, 천황에게 생존을 직접 보고했습니다. 이로써 대세는 완전히 정부 측으로 기울었습니다.

일이 이렇게 되자, 전통적으로 육군과 사이가 좋지 않던 해군도 반란 진압을 위해 발 빠르게 움직였습니다. 도쿄만東京灣에는 연합함대의 전함들이 진입해, 반란군이 점거한 지역을 향해 주포를 조준한 채 대기했습니다. 또한 해군 육전대陸戰隊 17를 상륙시켜 육군과의 교전에 대비했습니다. 특히 이번 사건의 주요 표적이었던 오카다 총리뿐 아니라 스즈키와 사이토 모두 해군 제독 출신이었다는 점이 해군의 반발심을 더욱 자극했지요.

또한 날이 밝아 시간이 흐를수록, 황도파 반란군 장교들의 지휘를 받던 부사관과 병사들도 사태의 전모를 깨닫게 되었고, 사

17 해군 소속의 해병대로, 상륙작전 등 해군이 수행해야 하는 지상전을 전담하는 전투 부대.

기는 눈에 띄게 떨어졌습니다. 2월 29일, 관군 전차부대가 도쿄 시내 곳곳에 배치되었으며, 항공기들은 상공을 선회하며 반란군 진지 위로 전단을 뿌리며 항복을 종용했습니다.

"소속 부대로 복귀하라! 아직 늦지 않았다. 반란 소식을 들은 여러분의 부모 형제가 울고 있다."

이 전단을 읽은 병사들은 삼삼오오 대열에서 이탈하기 시작했습니다. 전세는 이미 기울었고, 반란군은 급격히 와해되었습니다. 더는 병력 통제가 불가능해진 그날 오후, 반란군 장교들은 스스로 할복해 목숨을 끊은 노나카 시로野中四郞 대위를 제외하고 모두 관군에게 항복했습니다. 3일 동안 제국의 수도, 도쿄 심장부에서 벌어진 쿠데타는 이렇게 허무하게 막을 내렸습니다.

이 2·26 사건으로 황도파가 몰락하면서 일본 육군 내부의 파벌 다툼은 통제파의 승리로 막을 내렸습니다. 그런데 문제는 통제파와 황도파가 단순히 국가통치 이념에서만 다른 것이 아니라, 향후 군사전략에 대해서도 뚜렷한 이견을 보였다는 점이었지요. 황드파는 최대의 적으로 공산주의와 소련을 지목한 반면, 통제파는 미국과 영국 등 서구 열강을 주요 적으로 상정했습니다. 더구나 통제파는 황도파와 달리 중국에 대해서도 강경한 입장을 고수했습니다.

즉, 2·26 사건은 일본 육군 내부에서 파벌 구조가 정리된 것은 물론, 향후 군사전략의 방향성까지 결정지은 중대한 사건이었습니다. 더구나 군 내부의 엄청난 쿠데타를 계기로 군부는 단순한 국가 무력의 상징이자 군대가 아닌, 국내 최고의 정치적 집단으로 성장해 군국주의의 길로 빠르게 접어들게 되었지요.

1931년 만주사변으로 만주를 침탈한 일본은, 이제 통제파의 의도대로 새로운 격변을 준비하기 시작했습니다. 그리고 그 서막은 중국 북부의 한 작은 다리에서 열렸습니다. 옛날 『동방견문록』을 쓴 마르코 폴로 Marco Polo가 그 아름다움을 극찬했던 곳, 바로 루거우차오 盧溝橋였지요.

반란군 장교에게 설명을 듣고 있는 병사들의 모습.

반란군에게 투항을 권유하는 애드벌룬.
"군기(軍旗)에 맞서지 마라"라고 적혀 있다.

반란이 일어난 2월 26일 오후, 도쿄 시바우라(芝浦) 부두에 상륙하는
해군 육전대 병사들의 모습.

3장

루거우차오에서 시작된 중일전쟁과 난징의 비극
대륙 침략의 서막이 오르다!

1937년 7월 7일 늦은 밤, 아름다운 돌다리 '루거우차오 盧溝橋' 인근에서는 한 무리의 군인들이 이동하고 있었습니다. 일본군 대대장 이치키 기요나오 一木清直 소좌 少佐, 우리나라의 소령 계급가 이끄는 3대대는 이미 전날부터 훈련을 이어오고 있었지요. 문제는, 이 훈련이 중국군 관할 지역을 무단 침입한 상태에서 진행되었다는 점과, 무엇보다도 실탄 사격 훈련이 포함되어 있었다는 것이었습니다. 중국군은 무력 충돌이 발생할 경우 일본군이 이를 구실로 즉각 전투에 나설 것임을 잘 알고 있었기에, 일본군의 동향을 면밀히 관찰하면서도 전쟁의 빌미를 주지 않기 위해 대응을 자제하고 있었습니다.

바로 그때였습니다. 갑자기 수 발의 총성이 정적을 깨뜨리며 밤하늘을 갈랐습니다. 일본군은 즉시 총성이 들려온 방향으로 응사했으나, 시간이 지나도 적의 정체는 드러나지 않았습니다. 3대대 예하 8중대의 중대장 시미즈 세쓰오 清水節郎 대위는 사태가 잠잠해진 틈을 타 부상자가 있는지 확인하고자 중대원 점검에 나섰습니다. 그런데 이게 웬일입니까. 자신의 중대에서 병사 한 명이 온데간데없이 사라졌습니다. 시미즈 대위는 곧바로 대대장 이치키 소좌에게 "중국군의 공격으로 병사 한 명이 실종되었다"는 사실을 보고했습니다.

이치키는 곧바로 자신의 연대장인 무다구치 렌야牟田口 廉也 대좌大佐, 우리나라의 대령 계급에게 이 사실을 보고했습니다. 무다구치는 즉시 병력을 해당 지역에 증원했습니다. 그와 동시에 현장에는 중국군과 일본군 장교들이 회동해 사태 수습을 위한 협력을 약속했습니다. 그러나 이런 상황 속에서 총성이 다시 울려 퍼지며, 양측의 합의는 점차 무의미해졌습니다. 대체 누가 어떤 의도로 계속해서 총을 쏘았는지는 아직도 밝혀지지 않은 채 의문에 싸여 있지요. 일본군의 자작극이라는 주장부터, 중국과 일본의 전쟁을 부추기려던 중국 공산주의 세력 개입설까지 다양한 의견이 난무했습니다. 어찌 되었든 현장에는 중국군과 일본군의 증원이 이어지며 긴장이 점차 고조되었습니다.

7월 8일 오전 3시 25분, 말을 타고 전령傳令 임무를 수행하던 일본군 병사가 말의 고삐에 총을 맞았다는 사실을 일본군 지휘소에 보고했습니다. 총을 쏜 상대가 누구인지는 알 수 없었지만, 분명 조준사격을 하고 있는 듯했습니다. 이런 상황에서 이치키 소좌의 지휘소에 갑작스러운 전화벨이 울렸습니다. 이치키가 곧바로 전화를 받자, 수화기 너머로 들려온 목소리는 연대장 무다구치 렌야였습니다. 무다구치는 "(주변이) 이제 슬슬 밝지 않나?"라고 물었습니다. 새벽이 끝나가고 있음을 알린 것이었지요. 이치키는 영문도 모른 채 "예, 밝습니다"라고 대답했습니다.

그리고 두 시간도 채 지나지 않은 새벽 5시, 무다구치는 다시 이치키에게 전화를 걸었습니다. 그는 막무가내로 고래고래 소리를 질렀습니다.

"쏴버려!"

너무나 갑작스러운 공격 명령이었습니다. 아직 상황이 정리되지 않았고, 상급부대에서 대기하라는 지침까지 내려온 상태였기에 이치키 소좌는 당혹스러웠습니다. 이치키는 떨리는 목소리로 다시 물었습니다.

"정말로 공격합니까?"

"그래, 해버리란 말이야!"

무다구치의 강경한 목소리에 따라, 이치키 대대는 중국군을 향해 사격을 퍼부었습니다. 밤늦게까지 이어진 현지의 휴전 노력에도 불구하고, 무다구치의 공격 명령으로 사태는 다시 심각해졌습니다. 더 큰 문제는, 이 공격 명령이 상급부대의 지시 없이 무다구치의 독단으로 내려졌다는 것이지요.

무다구치 연대가 자신의 명령도 없이 갑자기 중국군을 공격했다는 소식을 들은 여단장 가와베 마사카즈河辺正三 소장은 분노에 차 현장으로 달려갔습니다. 그러나 막상 현장에 도착한 그는 아무 말 없이, 그저 묵묵히 무다구치의 지휘를 지켜보았습니다. 개인적인 분노도 있었겠지만, 이미 벌어진 일에 대한 일종의 체념이었을 것입니다. 무다구치와의 개인적 친분이 영향을 미쳤을 가능성도 전혀 배제할 수 없지요. (참고로 가와베, 무다구치, 이치키 세 인물은 훗날 아시아-태평양 전쟁의 다른 국면에서 다시 등장하니, 이름을 기억해 두면 좋겠습니다.)

이런 군의 명령계통을 무시하는 행위는 단지 무다구치만의 문제가 아니었습니다. 루거우차오 현지에서 중국군과의 충돌 소식이 전해졌을 때, 총리대신 고노에 후미마로近衛文麿 또한 뚜렷한 리더십을 보여주지 못했습니다. 중국에 대한 대응은 피할 수 없다고 여겼으나, 사태가 전면전으로 번지는 것만은 원치 않았던 그의 신중한 성격이 그대로 드러난 결과였습니다. 그는 중국으로의 파병은 늘려 가면서도, 한편으로는 "사태를 확전시키지 말라"는 지시를 내리는 등 갈팡질팡한 모습을 보였습니다. 그러나 문제는 바로 그 리더십의 틈을 파고든 군부 강경 세력이었습니다. 특히 육군 내부에는 은근히 현지 관동군이 더욱 거세게 움직이기를 바라는 장교들까지 있었지요. 이미 군 내부에는 중국과의 개전을 바라는 목소리가 적지 않았던 것입니다.

결국 고노에 총리의 외교적 수습과 확전 자제 지침에도 불구하고, 현지 군 지휘관들의 독단과 군부 내부의 강경론자들의 압박으로 사태는 점차 악화되었습니다. 루거우차오의 사건 이후 중국군과의 교전은 계속 이어졌고, 일본군은 베이핑北平, 현 베이징과 톈진을 비롯한 중국 북부의 주요 도시에 하나둘 진주하기 시작했지요. 사건 발생 열흘 뒤인 7월 17일, 중국의 장제스蔣介石는 수도 난징에서 라디오 방송을 통해 '일본에 대한 항전' 의지를 천명했습니다. 중국과 일본의 관계는 이제 되돌릴 수 없을 만큼 악화되었습니다. 7월 26일에는 베이핑 남쪽의 주요 도시 랑팡廊坊이 일본군 폭격기 17대의 공습을 받았고, 그날 오후 일본군이 시내에 돌입했습니다. 이미 중국을 호시탐탐 노리며 만주와 중국 동북부 지역에 주둔해 온 관동군의 규모와 전투력은 막강했습니다. 관동군 참모장 도조 히데키東條英機는 연이어 공격을 지시했습니다. 당시 중국군은 일본군과 정면으로 맞서기에는 아직 숙련도가 부족했습니다.

중국의 지도자 장제스는 이러한 현실을 잘 알고 있었기에, 베이핑 인근 중국 동북부에서 일본군과 전면전을 벌여서는 승산이 없다고 판단했습니다. 이에 그는 7월 15일 중국 공산당이 제의한 '항일 통일전선'을 수용하고, 공산당을 국민당 정부의 지휘 아래 재편성했습니다. 일본이라는 공동의 적을 막기 위해, 무려 10여 년 동안 내전을 벌여온 공산당과 손을 맞잡은 것입니다. 이처럼 만반의 준비를 갖춘 장제스는 일본군의 기세를 꺾고 전세를 뒤집기 위해 주요 전장을 중국 동북부에서 수도 난징 인근의 상하이로 옮기고자 했습니다. 당시 상하이의 일부 구역에는 일본군 점령지가 있었는데, 이를 공격해 탈환함으로써 국제사회의 시선을 끌려고 했던 것입니다. 8월 13일, 장제스의 명령으로 상하이에 주둔한 일본군에 대한 공격이 시작되면서 상하이 전투의 막이 올랐습니다. 이 소식을 들은 일본은 조선과 대만에 주둔한 3개 사단을 해상으로 수송해 증파했고, 상하이 전투는 더욱 격렬해졌습니다.

1937년 12월 13일 새벽, 중국 국민당 정부의 수도 난징이 일본군에 함락되었습니다. 상하이 전투에서 패배한 이후, 중국군은 난징을 반드시 사수하려 했으나 역부족이었지요. 이 때문에 난징 시내는 피난 온 민간인들, 전투에서 패한 패잔병들, 그리고 원래 거주하던 시민들로 발 디딜 틈 없이 붐볐습니다. 일본 역사상 난징 함락은 '타국의 수도를 전쟁으로 함락한 첫 사례'였습니다. 일본군에게는 큰 영광이었고, 현지 부대는 흥분을 감추지 못했지요. 그러나 그 흥분은 곧 도를 넘어 왜곡된 집단 광기로 변질되었고, 난징 시내 곳곳에서 무차별 학살이 벌어졌습니다.

근대화 이후 중국인에 대한 멸시가 깊게 뿌리내린 일본 사회에서, 적국 수도를 점령했다는 승리감과 영광에 도취한 일본군은 잔혹한 전쟁 범죄를 서슴지 않았습니다. 차마 글로 다 옮기기 어려운 잔혹한 행위들이 이어졌지요. 포로들을 일렬로 세워두고 기관총의 성능을 시험했으며, 민간인에 대한 고문과 강간, 약탈이 끊이지 않았습니다. 심지어 중국 민간인과 중국군 패잔병을 상대로 일본 육군의 두 장교가 목 베기 시합을 벌이기까지 했습니다. 이 사건은 당시 일본 신문에도 대서특필되었는데, '무카이 토시아키向井敏明 소위와 노다 쓰요시野田毅 소위의 참수 경쟁!'이라는 제목이 붙었지요. 신문은 '무카이 106명 vs 노다 105명, 두 소위의 참수 경쟁, 연장전 돌입!'과 같은 끔찍한 기사를 연일 보도했습니다. 나중엔 150명 베기, 300명 베기 등 그 수위가 점차 높아져 갔습니다.

그러나 이 기사를 보도한 기자는 한 가지 중요한 사실을 간과하고 있었습니다. 신문기사에 따르면 두 소위의 대결은 마치 일본도 한 자루를 들고 적진 한가운데 뛰어들어 적을 베어 넘기며 군공을 세운 것처럼 묘사되었지요. 기자 또한 이를 취재해 보도했습니다. 그러나 실상은 달랐습니다. 두 소위는 저항할 수 없는 민간인과 패잔병의 손을 뒤로 묶어 무릎을 꿇린 채, 처형하듯 목을 베어 나갔던 것입니다. 이는 전장에서 세운 군공도, 전투 중 벌어진 살상도 아니었습니다. 두 소위의 행동은 그저 잔혹한 살육일 뿐이었습니다. 전쟁이 끝난 뒤, 이들은 전범으로 기소되어 총살형으로 자신의 죗값을 치르게 되지요. 이렇게 벌어진 난징 대학살은 참혹함이 극에 달해, 중국은 물론 일본 학계에서도 최소

20만에서 많게는 30만 명이 희생되었다는 사실을 인정할 정도였습니다. (전후 연합국 조사에서, 전투 중 적을 벤 것이 아니라 포로를 처형한 것임을 알게 된 일본 기자는 큰 충격을 받았다고 전해집니다.)

다시 중일전쟁 이야기로 돌아가겠습니다. 관동군의 월권 행위는 시간이 지날수록 더 심각해졌습니다. 도조 히데키는 동북부 전선에서 더욱 과감한 공격을 감행하며 상황을 확대시켰고, 급기야 군 중앙과 정부에 자신의 의견을 담은 전보까지 보냈습니다. 그 전보에는 '장제스 정권 및 다른 군벌 정권과 제휴하지 말 것'과, '독일과 이탈리아 등을 유도해 중국의 새로운 정권을 세우고 이를 승인하도록 할 것'이라는 내용이 담겨 있었습니다. 일개 군부대 참모장이 국가의 외교 정책을 좌지우지하려 한 셈이지요.

그러나 국제 무대에서 다른 국가들과의 외교 관계까지 고려해야 했던 고노에 총리는 섣불리 확전을 결정할 수 없었습니다. 고노에는 중국과의 화평공작을 은밀히 추진했지만, 이를 우연히 눈치 챈 군부가 강력하게 항의하자 더는 지속할 힘을 잃고 말았습니다. 군부는 "국민당 정부가 아닌, 새로운 중국 정부(일본의 말을 잘 듣는 정부)를 수립한 뒤 그 정부와 화평교섭을 해야 한다"라고 주장했습니다. 상황이 여기까지 이르자, 개전과 협상 사이에서 갈팡질팡하던 고노에 총리도 결단을 내릴 수밖에 없었지요. 해가 바뀐 1938년 1월, 대본영-정부연락회의大本営-政府連絡会議 18에서 스기야마 육군대신과 외무대신은 총리에게 교섭 중단

18 통수부인 대본영과 국가를 경영하는 정부의 조정·통제를 위해 설치된 회의로, 정부와 군부의 의견을 조율하는 협의체에 가깝다.

을 요구했습니다. 결국 다음 날인 1월 16일, 군부의 폭주에 기가 질린 고노에 총리는 다음과 같은 담화를 발표했습니다.

"제국 정부는 앞으로 국민당 정부를 상대하지 않을 것이며, 제국과 진정으로 제휴할 의사를 충분히 지닌 새로운 중국 정부가 세워져 발전하기를 기대한다."

중국과의 화평을 할 수 있는 마지막 기회를 넘겨 버린 셈이었지요. 장제스의 국민당 정부와 손잡고 일본과 항전에 나선 중국 공산당의 마오쩌둥은 이후 다음과 같은 말을 남겼다고 전해집니다.

"중국의 국토는 넓다. 설령 일본이 중국 인구 중 1억 내지 2억 명이 사는 지역을 점령한다 해도, 우리는 아직 전쟁에서 졌다고 말할 수 없다. 우리는 여전히 일본과 싸울 만큼의 국력을 남겨 두고 있으며, 일본이 전쟁을 계속하는 한 늘 그 배후에 끊임없이 방어선을 구축해야 한다."

중국은 일본과의 전쟁에서 결코 물러설 뜻이 없었습니다. 이제 일본은 드넓은 영토에 엄청난 인구 잠재력을 지니고 미국의 지원까지 받는 중국과 전면전을 치러야 했지요. 그리고 일본의 팽창에 대해 영국과 미국 등 서양 국가들의 경고가 연이어 쏟아지기 시작했습니다.

1938년, 허베이(河北)성 라이위안(淶源) 만리장성 성벽의 방어진지를 점령한 중국군.

중일전쟁 당시, 노구교 사건 직후 무다구치 렌야(오른쪽)와
가오베 마사카즈(왼쪽).

4장

총력전 연구소 — "개전은 불가능합니다."
일본 최고의 두뇌들의 분석, 일본 필패

1941년 8월 무더운 도쿄의 여름밤. 총리 관저 근처에서 한 남자가 돌계단을 숨 가쁘게 뛰어오르고 있었습니다. 구보타 가쿠이치 窪田角一 내각총리대신은 총리로서의 책임을 다하기 위해 마지막까지 젖 먹던 힘을 다해 계단을 오르고 있었습니다. 계단 끝에는 교관이 있는 사무실이 있었기 때문입니다. 그의 뒤를 이어 일본은행 총재와 상공대신 商工大臣, 산업부 장관, 기획원 총재 등 일본 경제를 책임지는 최고위 인사들도 함께 달려오고 있었지요.

그런데 어딘가 이상했습니다. 총리를 비롯한 다른 요인들 모두가 30대 중반의 앳된 얼굴들을 하고 있었던 것입니다. 사무실에 도착한 청년들은 곧장 자신들의 교관인 중좌 中佐, 우리나라의 중령 계급를 찾았습니다. 구보타 총리는 가쁜 숨을 몰아쉬며 말했습니다.

"개전 開戰은 불가능합니다. 그렇게 결론이 내려졌습니다."

도대체 무슨 일이 있었기에, 일국의 총리가 중좌에게 보고를 하고 있었던 걸까요? 그리고 왜 이 젊은이들이 '총리'나 '일본은행 총재' 같은 직함을 달고 있었던 걸까요? 이 모든 상황을 이해하려면, 역사의 시곗바늘을 조금 더 되돌려 1941년 4월로 가야 합니다.

1941년 4월 1일, 총리 관저 바로 옆에 낯선 건물 하나가 들어섰습니다. 아담한 2층짜리 목조 건물로, 옆에 붙은 총리 관저와는 분위기부터 확연히 달랐습니다. 이 부조화는 보는 이로 하여금 어딘가 어색함을 느끼게 했지요. 현관에는 '총력전 연구소総力戰研究所'라는 현판이 걸려 있었고, 앞마당에는 30대 중반의 젊은이들이 삼삼오오 모여 웅성거리며 이야기를 나누고 있었습니다. 오늘 1기생 입소식을 통해 이곳에 들어오게 된, 정부 각 기관에서 선발된 젊고 유망한 청년들이었습니다.

총력전 연구소의 연구 목표는 단 하나였습니다. 정치·외교·군사·경제·산업 등 국가의 모든 역량을 아우르는 국력 분석을 통해, 향후 미국과의 전쟁에서 승리할 수 있을지를 가정적으로 연구하는 것이었지요. 현재 일본의 국력으로 미국과 전쟁을 벌일 수 있는지, 또 전쟁을 어떻게 수행해야 하는지를 분석하는 연구였습니다. 이를 위해 연구소는 하나의 흥미로운 방안을 생각해 냈습니다. 바로 이 젊은이들로 가상의 모의 내각을 구성해, 실제 내각이 정부를 운영하듯 동일한 방식과 시각으로 연구를 진행하게 한 것이지요. 이렇게 함으로써 각 분야의 전문가들이 정부 부처의 입장에서 토의하고 대안을 마련하며, 최고의 방안을 모색하도록 했습니다. 이렇게 구성된 가상의 내각에는 가상의 총리와 가상의 대신大臣들이 임명되었습니다.

1941년 4월 1일 입소한 연구생들 가운데 현역 군인이었던 육군대신과 해군대신을 제외한 대부분은 군 경험이 없는 관료들이었습니다. 이를 보완하기 위해 군사학 교육은 물론 체육시간까지 편성되었지요. 학문적 연구나 실무에만 익숙했던 연구생들은 처음에는 투덜거리며 마지못해 참여했으나, 시간이 흐르자 오히려 유쾌한 시간으로 받아들이게 되었다고 합니다.

그러나 의외의 점도 있었지요. 총력전 연구소를 설립하고 운영한 당시 일본 정부의 기대와는 달리, 내부의 연구생들은 전쟁을 군국주의적으로 찬동하지 않았습니다. 오히려 그들은 막중한 책임감을 느끼며, '드디어 군軍이 움직이려 하는구나'라는 생각 속에서 걱정과 기대가 뒤섞인 마음으로 일본의 현실을 두고 자유롭게 논의를 이어갔지요. 심지어 해군대신 역할을 맡았던 해군 현역 소좌 시무라 타다시志村正는 개전에 반대하며 '개전필패開戰必敗'를 공공연히 주장하던 인물이었습니다. 물론 육군대신은 소극적 찬성론자였지만, 연구소 내부에서만큼은 활발한 토론이 자유롭게 이루어졌다는 점은 분명해 보입니다.

입소 후 3개월이 지난 1941년 7월 12일, 총리 관저 한쪽에서 마침내 모의 내각이 결성되었습니다. 30대 연구생들로 구성된 일본의 비공식 두 번째 내각이 출범한 것이지요. 내각총리대신의 무거운 책임은 구보타 가쿠이치窪田角一 산업조합중앙금고産業組合中央金庫, 현재 일본의 농협과도 같은 농림중앙금고의 전신 조사과장이 맡게 되었습니다. 이렇게 출범한 이른바 구보타 내각은 미국과의 전쟁과 관련된 모든 사안을 본격적으로 조사하고 연구해 나갔습니다.

앞 장에서 살펴본 바와 같이, 일본군의 군 통수권은 천황 직속의 통수부에 속해 있었습니다. 모의 내각에 대응하는 모의 통수부는 교관들이 맡아 연구를 진행했습니다. 모의 통수부 소속

교관들은 모의 내각의 연구원들에게 '미국과의 전쟁에서 필요한 석유량과 정책'과 같은 연구 과제를 내려주고, 그 결과를 보고받았습니다. 정부내각가 군부로부터 과제를 부여받아 연구를 진행하다니, 실제로 군부에 끌려다니던 당시 일본 정부 모습을 그대로 닮아 있어 무척 흥미롭습니다. 이미 이 구성 자체가 통수부의 무게감과 힘의 역학관계를 반영하고 있음을 알 수 있습니다.

모의 내각이 구성된 지 얼마 지나지 않아, 교관으로부터 새로운 과제가 구보타 내각에 하달되었습니다. 그 내용은 "미국과 영국이 일본에게 경제 봉쇄를 할 경우, 일본이 동남아시아의 자원을 무력으로 확보하여 상황을 해소하는 방법을 택한다면?"이라는 가정에서 출발했습니다. 이를 목적으로 군사력, 외교력, 경제력, 산업력, 물자생산력 등 일본이라는 국가의 모든 자원을 총동원해 방책을 수립하는 것이 바로 총력전 연구소의 진정한 목적이었습니다.

그러나 이 내각은 첫 번째 각의閣議, 내각의 회의부터 문제에 부딪혔습니다. 교관들이 내린 과제 자체가 이미 미국과의 전쟁을 전제로 삼고 있었기 때문입니다. 이 전제조건을 받아들일 것인가를 두고 연구생들 사이에서는 연일 격론이 이어졌습니다. 육군대신을 맡은 시라이臼井 대위는 "일본인의 정신을 새기고 단기 결전을 벌인다면 승산이 있다"라고 주장했지만, 일본은행 총재 사사키佐々木를 비롯한 경제 관료들은 구체적인 수치를 들어 반박했습니다. 그들 역시 미국과 일본 사이의 산업력 격차를 잘 알고 있었고, 몇 차례의 단기전에서는 일부 승산이 있더라도 장기전에서는 승리할 수 없음을 분명히 인식하고 있었지요.

그때 해군대신 시무라가 마치 불길한 예언이라도 하듯 나직이 읊조렸습니다.

"(미국을) 이길 리 없을 텐데……."

그러나 내각의 격렬한 토론은 교관들의 한마디 지적으로 순식간에 무산되었습니다.

"그 전제조건을 받아들이지 않으면, 총력전 연구 자체가 불가능하지 않은가?"

결국 모의 내각은 동남아시아 진출을 기본 방침으로 삼고, 전쟁 준비에 돌입했습니다. 이 모든 과정은 실제 통수부의 강한 권력에 이끌려 움직였던 당시 일본 정부의 모습을 고스란히 재현한 것이었지요.

연구가 계속될수록 연구생들의 고민은 깊어져 갔습니다. 면밀한 분석 끝에 도출한 결론은 충격적이었습니다. 미국의 국력은 구리를 제외한 모든 산업 품목에서 일본의 7배 이상이었고, 특히 석유의 경우 무려 32배에 달하는 압도적인 격차를 보였습니다. 더구나 일본은 전체 석유 사용량의 약 80퍼센트를 미국 수입에 의존하고 있었기에, 자원 상황을 종합적으로 고려하면 미국과의 장기전에서 이길 확률은 0퍼센트에 가까웠습니다.

각 부처의 대신들은 각자의 부처에서 연구를 이어갔습니다. 스즈키 '기획원 총재'는 일본의 선박 동원량에 대해 암울한 전망을 내놓았습니다. 동남아시아를 점령하는 데 성공하더라도, 그 지역의 석유와 물자를 실어 나를 경제의 동맥, 곧 상업용 선박의 수가 턱없이 부족했기 때문이었습니다. 게다가 이미 지구 반대편에서 전쟁을 벌이고 있는 독일의 잠수함이 보여준 무시무시함은,

전쟁이 발발하면 일본이 보유한 상업용 민간 선박들마저 미국의 잠수함에 의해 격침될 것임을 예고하고 있었지요.

게다가 국내의 경제 상황도 여의치 않았습니다. 동남아시아로부터의 물자 수송을 기대할 수 없는 상황에서, 미국의 해상 봉쇄를 견뎌낼 만한 자체적인 경제 기반이 일본에는 부족했습니다. 특히 연료와 식량 부분이 그러했습니다. 배급제를 시행하며 버틴다 해도, 전쟁의 승리를 보장할 수는 없었지요.

1941년 8월, 미국은 자국 내 일본 자산을 동결하고, 석유 금수 조치를 내렸습니다. 일본 내 전쟁 여론은 들끓었고, 군부는 하루라도 빨리 개전하여 동남아시아를 점령함으로써 미국의 경제 봉쇄에 맞서야 한다고 목소리를 높였습니다. 그해 8월 16일, 길고 긴 각의 끝에, 구보타 모의 내각은 결론을 내렸습니다. 모든 요소를 종합적으로 판단한 결과, 일본 최고의 두뇌들이 모인 총력전 연구의 결론은 바로 개전필패였습니다. 그리고 이 사실을 교관들에게 전달하기 위해, 앞서 살펴본 것처럼 총리와 각 부 대신들은 부리나케 총력전 연구소 건물을 빠져나와 교관이 대기하던 사무동의 돌계단을 뛰어올랐던 것이지요.

이처럼 복잡한 현실정치를 뒤로하고, 8월 23일 총력전 연구소에서는 구보타 모의 내각의 마지막 각의가 열렸습니다. 국내의 역량은 턱없이 부족했고, 외부로부터의 자원 공급도 완전히 끊긴 상황에서 모의 내각이 할 수 있는 일은 아무것도 없었지요. 대신들의 발표가 끝나자, 구보타 총리가 일어나 마지막 정리 발언을 시작했습니다.

"개전은 우리 국력이 허하는 바가 아니라는 견해로, 각의는 의견의 일치를 보지 못했습니다."

이 발언을 끝으로, 모의 내각은 총사퇴를 선언했습니다. 일본 은행 총재 사사키가 멋쩍은 웃음을 지으며 구보타 총리에게 다가왔습니다.

"I'm Sorry."

사사키의 짧은 한마디에, 구보타 총리는 멋쩍게 웃어 보였습니다. 무언가 더 말을 건네려다 망설이던 그는 잠시 뜸을 들인 뒤, 웃는 얼굴로 답했습니다.

"내가 I'm Sorry."

일본어로 '총리總理'는 '소-리'라고 발음됩니다. 사사키의 "I'm Sorry"라는 사과에, 구보타는 자신이야말로 "I'm 총리"라고 재치 있게 맞받아친 것이지요. 그 짧은 유머 속에는 미안함과 유감, 그리고 책임감까지 함께 담겨 있었습니다. 그렇게 연구생들은 자신들의 역할인 연구를 마무리할 수 있었습니다.

그러나 총력전 연구소의 역할은 아직 끝나지 않았습니다. 며칠 뒤인 8월 27일, 구보타 모의 내각의 대신들은 총리 관저 메인 홀에 자리를 잡았습니다. 그 맞은편에는 이들을 잡아먹을 듯 노려보는 중년들이 앉아 있었습니다. 이들은 진짜 내각, 고노에 후미마로近衛文麿 총리가 이끄는 제3차 고노에 내각이었습니다. 구보타 모의 내각의 대신들은 진짜 내각 앞에서 자신들의 연구 결과를 발표해야 했습니다.

습하고 비가 내리는 오전 9시, 구보타 총리의 발언으로 발표회가 시작되었지요. 구보타 총리를 필두로 각 대신들은 차례차례 자신이 연구한 내용을 꺼내 놓았습니다. 그 결과는 자연스럽게

'미국과의 전쟁은 피해야 한다'는 결론으로 모아졌습니다. 연구생들의 발표가 모두 끝나자, 고노에 내각의 육군대신이 천천히 자리에서 일어났습니다. 발표 내내 수첩에 내용을 빼곡히 메모하며 분석하던 그는 바로 훗날 일본의 총리가 되는 도조 히데키東條英機 장군이었습니다. 그의 발언은 공식 기록으로 남아 있지 않습니다. 그러나 여러 연구생의 기억을 종합하면 당시 도조 육군대신은 이렇게 말했다고 전해집니다.

"연구에 들인 노력은 크지만, 이것(연구생들의 발표)은 책상 위에서 이루어진 연습일 뿐입니다. 실제 전쟁은 여러분이 상상하는 것과는 다릅니다. 러일전쟁 당시에도 우리는 이길 수 있으리라 생각하지 않았습니다. 그 무렵 열강의 삼국간섭三國干涉 [19]으로 인해 어쩔 수 없이 전쟁에 나선 것이지, 승리를 확신해서 시작한 전쟁이 아니었습니다. 전쟁은 계획대로 흘러가지 않으며, 때로는 예상치 못한 일이 승리로 이어지기도 합니다. 물론 여러분의 노력이 단지 탁상공론이라고 할 수는 없지만, 이 연구에는 전쟁의 의외성이라는 요소가 빠져 있습니다. 그리고 이 연구 결과를 경솔하게 입 밖에 내서는 안 됩니다."

이 말을 들은 연구생들은 가슴속에 무언가 불안한 생각이 피어오르기 시작했습니다.

"우리의 연구는 어디까지나 가상의 상황을 전제로 연구한 것 아니었나? 왜 결과를 입 밖에 내지 말라고 다짐을 받아야 하지?

---

[19] 1895년, 청일전쟁에서 승리한 일본이 '시모노세키 조약'을 통해 요동반도를 손에 넣자, 이를 견제하기 위해 러시아·프랑스·독일 3국이 일본에 요동반도 철수를 강요한 외교 사건을 말한다.

도대체 분위기가 왜 이렇게 심상치 않은 거지?"

이미 회의장의 분위기는 연구생들에게까지 전해지고 있었습니다.

무엇인지 알 수 없는 이상한 기시감이 회의장을 감싸고 있었지요. 며칠 전, 구보타 총리와 대신들이 돌계단을 뛰어올라와 진심을 다해 전했던 그 공허한 연구 결과가 연구생들의 마음속에서 다시 불안이라는 감정과 함께 되살아났습니다.

구보타는 긴장감 속에서 고노에 내각 주요 인사들의 얼굴을 살폈습니다. 그러나 그들의 표정은 어딘가 이상했습니다. 불만이 서린 얼굴, 안도한 듯 숨을 내쉰 얼굴. 짧은 순간이었지만, 그 사이로 복잡한 감정들이 교차하고 있었지요. 그리고 그 속에서 구보타 총리의 보고는 공허하게 연구생들의 기억 속에서 흐려져 갔습니다.

"개전은 불가능합니다. 그렇게 결론이 내려졌습니다."

국회 개회식에서 천황의 칙령을 낭독하는 고노에 후미마로.
고노에 내각은 총력전 연구소를 통해
개전 후 승리 가능성을 먼저 알아보고자 했다.

1940년 10월 21일, 도쿄 요요기 연병장에서 열린 행사에서
육군대신 도조 히데키가 히로히토 천황의 칙령을 듣고 있다.

5장

리더십 없는 내각, 폭주하는 일본 군부
미국과 싸울 것인가, 물러설 것인가?

1931년 만주사변으로 만주를 손에 넣은 일본은, 1937년 루거우차오 사건을 계기로 중일전쟁까지 일으키며 팽창 속도를 더욱 높였습니다. 그 팽창의 중심에서 가장 큰 영향력을 행사한 주역은 바로 군부였습니다. 특히 통수권을 쥔 통수부, 즉 육군의 참모본부와 해군의 군령부의 일탈은 심각한 수준이었습니다. 누구의 통제도 받지 않은 채, 천황 직속의 권력을 휘두르던 통수부의 위세는 실로 막강했습니다. 앞서 언급했듯, 이러한 일본 군부의 폭주가 가능했던 근본적 이유는 당시 일본 제국의 제도적 차원에서 비롯된 심각한 결함 때문이었습니다. 바로 통수권의 독립 문제였습니다.

 당시 일본군은 기형적인 이중 체제를 유지하고 있었습니다. 예를 들어 육군은 육군대신장관의 지휘를 받는 육군성과 참모총장의 지휘를 받는 참모본부로 나뉘어 있었습니다. 군정을 담당하는 육군성은 총리의 지시를 받는 내각의 일원이었으나, 군령을 담당하는 참모본부는 천황의 직속 기관이었습니다. 해군도 마찬가지였습니다. 해군대신의 지휘는 받는 해군성과 군령부 총장의 지휘는 받는 군령부로 나뉘어 있었습니다. 이렇듯 육군 참모본부와 해군 군령부는 천황의 직속 기관으로, 의회나 정부의 견제를 전혀 받지 않았습니다. 심지어 총리의 명령을 거부하는 것은 물론, 예산이 삭감되면 정치인들을 은근히 협박하기도 했습니다. 무소불위의 권력을 휘두르는 초헌법적 기관, 그것이 바로 통수부였습니다.

 1940년, 이런 배경 속에서 출범한 제2차 고노에 내각은 7월 26일 '기본국책요강基本國策要綱'을 채택했습니다. 이어 다음 날 열린 대본영-정부연락회의에서는 '세계정세의 추이에 따른 시국처리안'을 확정했습니다. 그 내용은 중국 대륙에서의 전쟁을 조속히 마무리하고, 이후 동남아시아로 진출하겠다는 국가 전략의 방향을 명확히 한 것이었지요. 청일전쟁, 러일전쟁, 제1차 세계대전에서 연이어 승리하며 급속한 산업화와 인구 증가를 경험한 일본은, 이때부터 본격적인 제국주의 침략의 길로 접어들었습니다.

 이러한 일본의 급속한 팽창에 대해 동남아시아에 식민지를 보유하고 있던 미국, 영국, 네덜란드는 강하게 반발했습니다. 이들의 견제로 인해 자원부족론, 즉 앞으로의 전쟁을 위해 부족한 자원을 확보해야 한다는 인식이 대두되었지요. 다시 말해, 일본이 지금까지 손에 넣은 영토들을 지켜내기 위해서는 미국을 비롯한 서양 국가들의 견제에 맞설 천연자원이 필요하다는 것이었습니다. 중국과의 전쟁이 장기전의 늪에 빠져들자, 일본 군부는 새로운 해결책을 내놓습니다. 미국과 영국과의 전쟁을 통해 동남아시아의 석유 자원을 확보하자는 주장이었습니다.

 미국과의 전쟁, 즉 대미개전對美開戰 문제를 두고 일본 정계의 논의는 급속히 진행되었습니다. 그 중심에는 육군대신 도조 히데키東條英機가 있었습니다. 그는 중일전쟁 발발 당시 관동군 참모장으로 재직하며 빼어난 일 처리 능력을 보여 면도칼이라는 별명을 얻었고, 군 내부의 신망을 등에 업고 고노에 내각의 육군 대신에 임명되었습니다. 이후 도조 히데키는 "즉각 미국과 결전에 나서야 한다"는 육군 내 개전파의 목소리를 대변하는 인물이었지요. 반면 고노에 총리는 이러한 군부를 진정시키며, 미국의 프랭클린 D. 루스벨트 Franklin D. Roosevelt 대통령과 하와이에서 평화회담을 열고자 했습니다.

그러던 중 1941년 7월, 미국과의 외교 관계가 급속도로 경색되는 사건이 일어났습니다. 일본군이 프랑스의 식민지였던 인도차이나에 진주하기 시작한 것이었지요. 인도차이나에서 생산되는 쌀과 고무는 일본이 오래전부터 탐내던 자원 중 하나였습니다. 그러나 미국과 영국은 이를 좌시하지 않았습니다. 미국의 루스벨트 대통령은 일본과 이어오던 외교 회담을 즉각 중단하고, 일본에 대한 '석유 수출 금지 조치'를 내렸습니다. 전체 석유 사용량의 80퍼센트 이상을 미국산 수입에 의존하던 일본에게 이는 치명적인 타격이었습니다. 당장 국가의 모든 산업 동맥이 멈출 위기에 처했을 뿐 아니라, 항공기와 함대 운용에도 심각한 제약이 뒤따를 수밖에 없었습니다. 이런 상황 속에서, 앞서 살펴본 총력전 연구소의 개전필패 결론이 내려진 최종 연구 발표회가 열렸습니다. 면밀히 검토했음에도, 미국과의 격차가 너무 커 전쟁을 해서는 안 된다는 냉정한 분석이었지요. 이 같은 결과를 마주한 일본 정부에게 남은 선택지는 많지 않았습니다.

미국의 석유 수출 금지와 회담 취소 조치 소식을 접한 고노에 총리는 망연자실했습니다. 미국과의 평화 회담 가능성은 더욱 희박해졌고, 이 틈을 노린 군부는 "저장해 둔 석유가 고갈되기 전에 개전해야 한다"는 목소리를 한층 높였습니다. 이런 배경 속에서 1941년 9월 3일 '대본영-정부연락회의'가 열렸습니다. 이 회의에는 고노에 총리와 외무대신, 육군대신, 해군대신 등의 정부 내각 요인들뿐 아니라 통수부 소속인 육군 참모총장과 참모차장, 해군 군령부 총장과 차장도 참석했습니다.

회의가 시작되자, 육군 참모총장 스기야마 하지메杉山元와 해군 군령부 총장 나가노 오사미永野修身가 「제국국책수행요령」을 낭독했습니다. 그 내용은 다음과 같았습니다.

1. 제국은 자존자위自存自衛를 완수하기 위해 미국·영국·네덜란드와의 전쟁을 불사한다는 결의 아래, 대략 10월 하순을 목표로 전쟁 준비를 완전히 갖춘다.
2. 이에 병행하여 제국은 미국과 영국을 대상으로 모든 외교 수단을 동원해 제국의 요구를 관철하기 위해 노력한다.
3. 외교교섭과 함께 10월 상순경까지 우리의 요구가 관철되지 않을 경우에는 즉시 미국·영국·네덜란드와의 개전을 결의한다.

정부조차 무시한, 통수부의 단도직입적인 통보였습니다. 이 「요령」 낭독이 끝나자 해군대신 오이카와 고시로及川古志郞 제독이 발언을 시작했습니다. 그는 조문이 너무 직설적이고, 타협의 여지가 없다는 점에서 우려를 표했습니다. "10월 상순경까지 우리의 요구가 관철되지 않을 경우에는 즉시"라는 문구보다는 조금 더 외교적 노력을 기울여야 한다는 입장이었습니다. 오이카와는 조문의 "관철되지 않을 경우에는"을, "관철될 가망이 없는 것으로 판단될 경우"로 수정하자고 제안했습니다. 이는 해군이 육군보다 개전에 다소 소극적이었음을 보여주는 동시에, 오래전부터 이어져 온 육군과 해군 사이의 반목을 반영한 것이기도 했습니다. 실제로 해군 내부에서는 "중일전쟁도 육군이 마음대로 일으켜 몇 년째 끌어오더니, 이제 와서 해군을 앞세워 태평양 전쟁을 일으키려 한다"는 불만의 목소리가 적지 않았습니다. 그러나 미국의 석유 금수 조치는 통수부에게 전쟁의 구실로 삼기에 더없이 좋은 명분이 되었지요. 몇 차례 고성이 오간 끝에, 결국 이「요령」은 채택되었습니다.

이「요령」이 결정되자, 천황이 주관하는 정식 어전회의御前会議 20 를 앞두고 고노에 총리는 이 사실을 알리기 위해 입궁했습니다. 기도 고이치 木戸幸一 내대신의 안내를 받은 고노에 총리는「요령」의 주요 내용을 내대신에게 전했습니다. 기도 내대신은 깜짝 놀랐습니다. 그의 눈에는 이것이 외교적 협상을 모색하는 방안이라기보다는, 10월 상순이라는 제한 시간을 둔 시한부 외교, 즉 개전을 기정사실화한 것으로 보였기 때문이지요. 기도는 고노에에게 우려를 표했지만, 고노에 총리가 할 수 있는 일은 아무것도 없었습니다. 결국 고노에는「요령」을 들고 히로히토 천황 앞에 나섰습니다.

20 임금 앞에서 신하들이 모여 국가 대사를 의논하는 회의. 일본 제국의 경우에는 총리를 비롯한 내각의 대신들과 통수부, 원로(전 총리 역임자)들이 천황이 참석한 상태에서 국가 대사를 논의하는 회의였다.

「요령」을 받아든 천황도 놀라기는 매한가지였습니다. 천황은 곧바로 고노에 총리에게 의문을 제기했습니다.

"지금 이것은 전쟁이 주이고, 외교가 종이다. 순서가 이상하다."

고노에 총리는, 「요령」의 순서는 경중을 드러낸 것이 아니라 단순히 항목을 나열한 것일 뿐이라고 해명했지요. 그러나 그의 말은 천황을 설득하기에는 역부족이었습니다. 천황은 몇 차례나 총리에게 "정말 외교에 중점을 두고 있다는 말이지?"라고 되물었지만 이미 화살은 시위를 떠난 뒤였습니다.

3일 뒤인 9월 6일, 천황이 참석한 어전회의가 열렸습니다. 회의는 통수부가 「요령」을 설명하는 것으로 시작되었고, 참석한 궁중 인사들은 "「요령」은 외교보다 전쟁에 치우쳐 있는 듯하다"라며 우려를 표했습니다. 해군대신 오이카와 제독이 일어나 "그런 것은 아니다"라고 제지했지만, 정작 개전을 고집하던 통수부는 이렇다 할 대답을 내놓지 못했지요. 이 모습을 본 천황은 실망감을 감추지 못했습니다. 그는 품에서 작은 종이를 꺼내 들고는 소리 내어 읽었습니다. 그것은 러일전쟁을 앞두고, 오래전 메이지 천황이 읊었던 짧은 일본식 시였습니다.

사방의 바다가 모두 동포라고 생각하는 세상에
풍파는 왜 이리도 요란한 것일까.

천황의 단가를 들은 참석자들은 숙연해진 것을 넘어, 깜짝 놀랐습니다. 어전회의에서 발언을 자제하는 전통을 깨뜨린 천황의 돌발행동, 그것도 개전에 회의적인 뜻을 담고 있었기에 충격은 더욱 클 수밖에 없었지요. 그럼에도 결국 회의 결과, 「요령」은 정식 국가정책으로 채택되었고, 회의는 종료되었습니다. 그러나 회의 참석자들은 천황이 개전에 반대하는 의사를 가지고 있다는 사실만으로도 큰 충격이었습니다.

    10월 12일, 고노에 총리는 자신의 자택으로 몇몇 주요 인사를 초대했습니다. 외무대신 도요다 데이지로豊田貞次郎, 육군대신 도조 히데키, 해군대신 오이카와 고시로였습니다. 이날은 마침 고노에의 50번째 생일이었지요. 만찬에 모인 이들은 모두 총리의 생일을 축하하는 덕담을 나눈 뒤 식사를 마쳤고, 이어 남방 식민지에서 올라온 열대 과일을 맛보며 차를 마셨습니다. 분위기가 무르익은 그때, 고노에 총리가 입을 열었습니다. 그는 여전히 미국과의 외교적 협상이 가능하다고 보고 있었고, 이를 위해 미·일 하와이 정상회담을 추진하고자 했습니다. 그러나 지난 어전회의에서 통과된 「요령」에 따라 "10월 상순까지 요구가 관철되지 않으면" 무력을 발동해야 한다는 군부의 목소리는 날로 거세지고 있었습니다. 고노에는 통수부를 설득하기 이전 육군대신과 해군대신의 의견을 먼저 통일해 두고 싶었던 것이지요.

    "외교적 협상에 조금 더 시간을 두고 집중하고 싶다"는 고노에의 말에 도조는 깜짝 놀랐습니다. 이는 그가 강경한 개전론자였던 데다, 천황을 향한 신념에 가까운 충성이 빚어낸 반응이기도 했습니다. '9월 6일 어전회의에서 이미 폐하께 아뢴 「요령」을 감히 뒤집다니!'라는 생각이 그의 분노를 자극했지요. 도조는 곧바로 목소리를 높여 반대했습니다.

"미국과 협상을 하겠다면 미국의 요구대로 중국에서 철군할 수밖에 없을 텐데, 그렇다면 지난 10여 년간 중일전쟁에서 목숨을 잃은 10만 영령들의 넋은 어떻게 되는 것입니까?"

도조는 신경질적으로 반응했습니다.

이어 그는 외무대신을 몰아세우며 따져 물었습니다.

"게다가 「요령」은 9월 6일 어전회의에서 폐하 앞에서 전부 승인을 받은 사항입니다. 그렇다면 그때는 왜 「요령」에 찬성하셨습니까?"

당황한 도요다 외무대신은 머뭇거리며 변명하듯 입을 열었습니다.

"그땐 너무 경황이 없었고…… 또 회의 참석 세 시간 전에야 「요령」을 간단히 검토했을 뿐이라……."

그러나 그의 대답은 오히려 도조의 분노에 불을 붙였습니다.

"그랬다면 매우 곤란한 일입니다. 그 자리는 중요 국책을 결정하는 자리 아니었습니까?"

도조는 단호한 어조로 외무대신을 꾸짖으며, 더욱 날을 세워 말했습니다.

"총리께서 이 사태를 외교로 해결할 확신이 있다는 보장이 있다면 모를까, 그렇지 않다면 군으로서는 전쟁 준비를 멈출 수는 없습니다!"

분위기가 험악해지자, 고노에 총리는 자리에서 일어났습니다. 그리고 도조를 바라보며 낮은 목소리로 조용히 말했습니다.

"어쨌든, 나는 외교를 더 하고 싶소. (미국과의) 전쟁에는 자신이 없소. 자신이 있다면, 자신 있는 육군만으로 하시오."

1940년 7월 22일, 제2차 고노에 내각 출범 당일에 촬영된 기념 사진.
둘째 줄 왼쪽에서 두 번째, 안경을 쓰고 군화를 신은 인물이
육군대신 도조 히데키이다.

6장

도조 히데키 내각 출범, 그리고 대미개전
진주만으로 향하는 발걸음

천황으로부터 입궐하라는 명을 받았을 때, 도조 히데키는 육군성 사무실에서 참모들과 대화 중이었습니다. 명령을 들은 그는 부하들에게 쓴웃음을 지으며 말했습니다.

"아무래도 심하게 질책을 하실 모양이다."

고노에 총리가 "군이 통제를 따르지 않는다"고 천황에게 일러바쳤을 것이라 짐작했지요. 입궐하기 전 도조는 부하들과 함께 중국에서 철군해서는 안 되는 이유를 조목조목 정리한 서류를 작성해 보고자료를 만들었습니다. 그리고 부하들에게 "혼나고 오겠다"며 사무실을 나섰습니다.

입궐한 도조 히데키는 곧장 천황에게 향했습니다. 내대신 기도가 그를 맞이해 천황의 방으로 안내했습니다. 그 길에서 기도가 조용히 말했습니다.

"오늘은 의자를 드리지 않을 겁니다."

의자를 주지 않을 만큼 자신에게 실망하신 것일까, 얼마나 심하게 꾸중을 듣게 될 것일까, 이런저런 생각들이 도조의 머릿속을 채웠지요. 천황의 방에 들어선 도조는 고개를 숙여 천황에게 예를 표시했습니다. 그가 고개를 들자, 이윽고 천황의 목소리가

들렸습니다.

"그대에게 조각組閣, 내각을 꾸리는 일을 명한다. 헌법의 조규條規를 준수하도록 하라. 시국이 대단히 중대하니, 육해군이 한층 협력할 수 있도록 유의하라."

총리로서 내각을 조직하라는 천황의 명을 받은 도조는 순간 넋을 잃고 쓰러질 뻔했습니다. 완전히 얼이 빠진 얼굴로 무언가 대답을 하고는 천황의 방을 나왔습니다. 천황은 군부 내에서 영향력이 큰 도조를 총리로 임명함으로써, 들끓는 개전론을 잠재우고 폭주하는 군부를 통제하기를 바랐습니다. 그래서 내대신 기도에게도 "호랑이 굴에 들어가야 호랑이를 잡는 법"이라는 고사를 인용했던 것입니다.

어안이 벙벙한 도조에게 내대신 기도가 다가와 천황의 뜻을 넌지시 전했습니다. 그 의중은 분명했습니다. "9월 6일 어전회의의 결정(=미국과의 전쟁)에 얽매이지 말고, 백지상태로 돌아가 다시 신중하게 검토하라"는 것이었습니다. 잘 알려진 것처럼, 도조 히데키는 전쟁을 추진하기 위해서가 아니라, 폭주하는 군부를 막기 위해 총리에 임명되었습니다. 육군 내부 파벌에서 중요한 위치를 차지하고 있던 그를 총리로 세워, 군부의 불만을 누르려는 목적이 있었던 것입니다. 이런 이유로 도조 히데키는 내각총리대신과 육군대신을 동시에 겸임하게 되었지요.

충격에 빠진 도조는 궁을 빠져나왔습니다. 넋이 나간 채 자동차 뒷좌석에 앉아 말이 없자, 운전병이 조심스럽게 물었습니다.

"육군성으로 돌아갈까요?"

도조는 고개를 저었습니다.

"아니, 메이지 신궁明治神宮으로 가자."

차는 조용히 메이지 신궁으로 향했습니다. 메이지 신궁에서 참배를 마친 도조는 러일전쟁에서 러시아 함대를 물리친 전쟁영웅인 도고 헤이하치로東鄕平八郎 제독을 기리는 도고신사東鄕神社로 발길을 옮겼습니다. 마지막 행선지는 야스쿠니 신사靖國神社였습니다. 갑작스러운 조각 명을 받은 도조는 분명 당황했고, 동시에 방황하고 있었습니다. 기나긴 참배가 이어지는 동안, 날은 서서히 어두워져 갔습니다.

아직 도조가 도착하기도 전에 총리 임명 소식이 전해지자 육군성은 술렁였습니다. 누구보다도 전쟁을 강력히 주장해 온 도조 육군대신이 총리로 임명되다니! '드디어 전쟁이 시작되는구나' 하고 개전을 바라던 젊은 참모장교들은 환호성을 지르며 만세를 외쳤습니다. 잠시 뒤, 도조가 사무실에 도착했다는 소식이 전해졌습니다. 들뜬 표정의 참모장교는 곧장 도조에게 육군성에서 판단한 내각 주요 인사 명단을 보고하려 했습니다. 그러나 도조는 그를 제지했습니다.

"나는 이제 육군만의 대표자가 아니다. 공정한 인사관리를 하지 않으면 안 된다."

차가운 목소리로 집무실에 들어선 도조의 태도에, 조금 전까지만 해도 들떠 있던 참모장교들의 분위기는 순식간에 얼어붙었습니다. 이제 도조는 천황의 명을 받들어, 전쟁을 벌이겠다는 기존의 「요령」을 뒤집어야 하는 처지에 놓인 것입니다. 육군대신으로서 전쟁에 반대하던 고노에 총리를 몰아세웠던 그가, 이제는 전쟁을 막아야 하는 총리의 자리에 오른 것이지요.

이 말을 들은 도조는 총리를 쳐다보지도 않은 채 대답했습니다.

"의외입니다. 무책임한 발언입니다!"

그러고는 뭔가 의미심장한 말을 덧붙였습니다.

"젊은 장교들이 걱정입니다."

이는 또 다른 2·26 사건을 암시하는 발언이었고, 이미 군부를 막을 수 있는 조직은 없었습니다.

날 선 비방이 오간 뒤, 고노에 총리는 내대신 기도 고이치를 찾았습니다. 그는 은연중에 자신의 괴로움을 털어놓으며, 총리직에서 물러나고 싶다는 뜻을 천황에게 전달해 달라고 부탁했습니다. 천황을 가장 가까이에서 보필하던 기도는 이를 곧바로 보고했습니다. 천황은 이미 군부 내부에서 들끓는 개전론을 잘 알고 있었고, 고노에 총리로는 이 군부를 통제할 수 없다는 사실도 잘 알고 있었지요.

천황은 군부를 통제할 새로운 총리를 임명하기로 마음먹었습니다. 그는 시종에게 명했습니다.

"도조 히데키를 입궐시키라."

시종이 물러나자, 천황은 불안한 눈빛으로 기도를 바라보았습니다. 기도는 고개를 숙인 채 아무 말도 하지 않았습니다. 천황은 쓴웃음을 지으며 나지막이 말했습니다.

"호랑이 굴에 들어가야 호랑이를 잡는 법이지."

그러나 도조의 갑작스러운 태도 변화에 몇몇 육군 장교들은 불만을 터뜨렸습니다. 줄곧 개전을 주장해 오던 도조 히데키가 이제는 천황의 명령에 따라 전쟁계획을 전면 백지화해야 했기 때문입니다. 그렇다고 해서 도조가 평화주의자였던 것은 아닙니다. 근대국가에서 군주의 말 한마디에 국가의 운명을 결정할 전쟁 개시 여부가 하룻밤 만에 손바닥 뒤집듯 바뀌는 행동은 결코 정당화될 수 없었지요. 이 이야기를 거꾸로 뒤집어 보면, 도조 히데키가 강경하게 주장해 오던 개전론 또한 결코 단단한 논리적 토대 위에 서 있었다고 보기는 어렵습니다. 도조 히데키는 메이지 유신 이후 일본이라는 근대국가가 '통수권의 독립'이라는 내재적 문제를 안고 있던 허점투성이의 헌법이 곪아 터진 순간에 마지막 바통을 이어받았을 뿐입니다. 통수부의 독립, 그것이야말로 일본이 가진 법과 제도에서 가장 큰 문제였습니다.

총리에 취임한 도조 히데키는 10월 23일부터 즉각 대본영-정부연락회의를 열고, 9월 6일에 결정된 개전을 막기 위한 외교 협상안을 마련하는 데 고심했습니다. 도조 내각에서 새롭게 외무대신으로 발탁된 도고 시게노리東鄕茂德는 전쟁을 막기 위해 일미 교섭에 집중하겠다는 도조의 약속을 받은 뒤에야 내각에 합류할 만큼 적극적으로 전쟁을 피하려 한 인물이었습니다. 대장대신에 새로 임명된 가야 오키노리賀屋興宣 또한 일본 국력의 한계를 꿰뚫어 보고 전쟁을 막으려 했습니다. 그러나 군부, 그중에서도 통수부의 개전 의지는 그야말로 막무가내였지요.

통수부의 논리는 단순했습니다. 비축한 석유가 바닥나기 전에, 항공기와 군함이 자유롭게 기동할 수 있는 지금이야말로 전

쟁으로 위기를 돌파할 유일한 기회라는 것이었지요. 그중에서도 해군 군령부 총장 나가노 오사미가 특히 적극적이었습니다. 그는 연락회의에서 전쟁에 반대하는 도고 외무대신과 가야 대장대신을 향해, "해군은 지금도 한 시간에 약 400톤의 석유를 소비하고 있다"며, 시간이 지날수록 승산이 줄어들기 전에 가능성이 조금이라도 높을 때 선제공격에 나서야 한다고 주장했습니다. 그는 당시 일본의 상황을 '오사카 겨울의 전투 大阪冬の陣'21에 빗대어 아래와 같이 설파했습니다.

"피할 수 있는 전쟁을 반드시 해야 한다는 것이 아닙니다. 오사카 겨울의 전투처럼 평화를 얻고 이듬해 여름에는 꼼짝달싹 못하는 식이 되면 안 됩니다. (지금 미국에 굴복하고) 훗날을 도모해 다시 싸우게 된다면 그처럼 불리한 정세 속에서 전쟁을 치러야 합니다. 그런 방책은 황국의 백년대계를 위해 취해서는 안 된다고 생각합니다."

즉, 나가노 군령부 총장은 "지금 굴복하면 나중에는 반드시 진다. 그러나 지금 개전한다면 질 수도 있지만, 이길 수도 있다"고 주장했습니다. 육군 참모본부도 이에 동조했습니다. 도조의 통제력이 미치던 육군 내부, 특히 참모본부를 중심으로는 도조에 대한 불만이 터져 나왔습니다. "육군대신께서 총리가 되시더니 겁쟁이가 되셨소?"라는 말은 물론, 아예 대놓고 "도조는 배신자"

---

21 1614년 겨울, 도요토미 가문의 오사카성을 함락시키지 못한 도쿠가와 이에야스는 성 바깥에 있는 호수를 메운다는 조건으로 도요토미 가문과 화친 조약을 맺었다. 이후 1615년 여름, 화친 약속을 깨고 방어용 호수가 없어진 오사카성을 공격해 함락시키면서 일본의 전국시대는 막을 내렸다.

라는 이야기가 공공연히 퍼져 나갔습니다.

갑론을박은 며칠간 계속되었고, 10월 말이 되자 다음과 같은 세 가지 기본 안이 나왔습니다. "1안은 전쟁을 하지 않고 와신상담, 2안은 즉각 개전을 결의하고 전쟁 준비 후 개전, 3안은 전쟁의 결의 아래 외교를 병행하되, 외교를 성공하도록 힘쓴다"라는 세 가지였습니다. 기나긴 회의에 지친 참석자들은 10월 31일 하루를 쉬고, 11월 1일 "밤을 새워서라도 오늘은 결론을 내겠다"는 도조의 선포와 함께 다시 회의장에 모였습니다. 회의가 시작되자, 1안은 어느새 뒷전으로 밀려났고, 2안과 3안을 두고 다시 격론이 벌어졌습니다. 즉, 이미 와신상담(미국의 요구를 수락하는 방안)은 거론조차 되지도 않았던 것입니다.

도고 외무대신은 이런 군부의 태도에 크게 경악했습니다. 그는 깊은 한숨을 내쉬며 조용히 말했습니다.

"미국과의 국력 차이를 고려하면, 개전을 하게 되면 반드시 패배합니다. 그러므로 외교적 노력을 다해 문제를 해결해야 합니다."

도고는 통수부를 설득하기 시작했습니다. 진심을 담아 발언하는 외무대신에게, 해군 군령부 차장 이토 세이이치伊藤整一가 손을 들며 답했습니다.

"해군은 11월 20일까지는 외교를 해도 좋습니다."

그 말투는 마치 큰 배려를 베푸는 듯하면서도 담담했습니다. 이에 질세라 육군 참모차장 쓰카다 오사무塚田攻도 걸걸한 목소리로 뒤이어 입을 열었습니다.

"육군은 11월 13일까지입니다."

이런 말도 안 되는 상황 속에서 도고 외무대신은 양쪽 육해군 통수부 차장들을 번갈아 바라보며 반박했습니다.

"육군이 말한 11월 13일은 대체 무슨 기준입니까?"

이 말을 들은 쓰카다의 얼굴빛이 순간 굳어졌습니다. 분노로 일그러진 표정으로 외무대신을 노려보며, 그는 날카롭게 한마디를 쏘아붙였습니다.

"통수권 간범干犯22! 감히 천황폐하의 신성한 통수권을 침범하려는 겁니까?"

통수권, 곧 한 국가의 군대를 지휘할 권한이 독립해 있는 일본의 기형적 태생에서 비롯된 문제였습니다. 근대국가로 발전한 뒤에도 저변에서 보일 듯 말 듯 숨어 있던 그 잔재가 스멀스멀 기어 올라와, 마침내 이 회의장에서 모습을 드러낸 것이지요. 서슬 퍼런 쓰카다의 외침에 도고 외무대신은 아무 대답도 하지 못했고, 도조 히데키가 개입하고 나서야 겨우 분위기가 누그러질 수 있었습니다. 도조는 통수부를 달래며 외교 협상을 위한 시간을 조금이라도 더 벌고자 했습니다. 다시 갑론을박이 이어진 끝에, 외교의 최종 시한은 12월 1일 0시로 결정되었습니다. 장장 열여섯 시간에 걸친 마라톤 회의 끝에 내려진 결론이었습니다.

1. 전쟁을 결의함.
2. 전쟁 개시는 12월 초.
3. 외교는 12월 1일 0시까지 진행하며, 외교가 성공하면 개전은 중지함.

22 고유의 권한 등을 간섭하고 침범함.

이제 개전을 위한 시기와 외교 협상의 기간이 정해지자, 남은 것은 미국과의 협상에 대한 대응책을 마련하는 일이었습니다. 도고 외무대신은 을안乙案이라 불리는 외무성 자체 협상안을 발표했습니다. 을안의 내용은 일본군이 남부 인도차이나에서 철수하는 대신, 미국은 석유 수출을 재개하고, 일본이 동남아시아 자원지대에 접근할 수 있도록 보장하라는 것이었습니다. 이 내용을 본 통수부는 즉각 반발했습니다. 이미 진주한 지역에서 철수한다는 것은 결코 용납할 수 없다는 막무가내식 반응이었지요. 이에 도고 외무대신은 분노를 억누르며 낮은 목소리로 말했습니다.

"그럼 잘 알겠습니다. 그렇다면 저는 사직할 각오가 되어 있습니다."

"전쟁에 반대하는 외무대신이라면, 어차피 필요 없어. 바꿔도 상관없다!"

통수부는 팔짱을 낀 채 오히려 목소리를 더욱 높여 소리쳤습니다. 지금 우리나라 상황에 빗대어 본다면, 개전을 주장하는 합참의장이 외교부 장관과 재정경제부 장관에게 "그만두려면 그만둬라. 전쟁할 거니까"라고 윽박지르는, 있을 수도 없는 일이 벌어지고 있었던 셈이지요. 결국 통수부의 고집으로 대미협상안은 일본의 양보 조항이 빠진 채, 미국의 석유 수출 재개만을 요구하는 형태로 굳어졌습니다. 자신들은 아무런 양보도 하지 않으면서, 오히려 더 강한 상대인 미국에게 "너만 기름을 내놓아라"라고 요구하는, 말도 안 되는 외교안이었던 것입니다.

다음 날 11월 2일 저녁, 도조는 회의 내용을 정리한 뒤 입궐했습니다. 천황의 응접실이 있는 곳으로 도조가 뚜벅뚜벅 걸어가자, 그 뒤를 육군 참모총장 스기야마와 해군 군령부 총장 나가노가 따랐습니다. 자리에 앉은 도조는 지난 11월 1일에서 결정된 회의 결과를 천황에게 덤덤히 보고했습니다.

"회의 결과, 외교 교섭의 타결에 힘쓰는 한편, 자존자위를 위해 무력에 의한 해결을 위한 군사작전을 준비하기로 의결했으며, 개전은……"

도조 히데키는 잠시 말을 멈췄습니다. 고개를 들어 도조를 바라본 스기야마는 순간 놀랐습니다. 도조 히데키가 울고 있었던 것입니다.

"개전은 12월 초순으로 하고, 12월 1일 0시부로 미국과의 교섭을 중단하기로 결정했습니다."

도조의 눈물은 어느새 오열로 바뀌었습니다. 천황의 지시대로 전쟁을 막지 못하고, 스스로 개전을 결정지은 데 따른 자책이었습니다. 물론 도조 히데키가 평화주의자라서 전쟁을 피하려 했던 것은 절대 아니었습니다. 그는 천황에 대한 비정상적인 충성심에 사로잡혀 있었고, 총리로서 대국적으로 판단하기보다는 천황의 의중만을 살피며 행동하는 무능한 관료에 불과했지요. 결국 그의 눈물은 천황의 기대에 어긋났다는 실망감과 자책에서 흘러나온 것이었습니다.

이렇게 일본의 운명은 결정되었습니다. 일본 군부는 이길 수 없는 전쟁으로 전 국민을 몰아넣고, 이제 미국과의 승산 없는 싸움을 시작해야 했습니다. 그러나 도고 외무대신은 마지막 순간까지도 극적인 외교적 해결이 이루어지리라는 희망을 버리지 않았습니다. 그는 미국과의 대화 창구를 끝까지 붙잡고 개전을 막을 방책을 찾으려 애썼지요. 남은 시간은 11월 한 달뿐. 도고의 지휘 아래 일본의 모든 외교 라인이 총동원되었으나, 그의 노력에도 불구하고 전쟁은 너무나 빠르게 다가오고 있었습니다.

　11월 26일, 쿠릴열도의 조용한 에토로후섬擇捉島의 히토카푸만單冠灣에서 거대한 함선들이 하나둘씩 만을 떠나기 시작했습니다. 이들은 4일 전 일본 각지에서 집결한 항공모함 여섯 척과, 이를 지원하는 전함과 순양함, 구축함들로 구성된 일본 해군의 기동부대였습니다. 그들의 목표는 하와이 진주만이었습니다. 도고 외무대신이 최후까지 교섭을 위해 노력하는 그 순간, 일본 해군은 이미 진주만을 목표로 출동하고 있었지요. 물론 외교가 성공하는 그 즉시 복귀하겠다는 약속은 있었지만, 이미 주사위는 던져진 셈이었습니다.

　12월 1일, 개전을 앞두고 최후의 어전회의가 열렸습니다. 이제, 외교 교섭은 모두 중단되었습니다. 통수부는 다가올 전쟁에서 반드시 승리하겠다고 다짐했고, 도조 히데키 또한 신속히 전쟁의 목적을 달성하겠다고 천황에게 보고했지요. 그의 보고가 진행되는 동안, 대부분의 참석자는 고개를 숙이고 있었으며, 도고 외무대신은 자신이 떨고 있음을 느꼈습니다.

　회의가 끝나자, 해군 군령부 총장 나가노는 곧바로 자신의 사무실로 돌아왔습니다. 그는 부관을 불러 연합함대 사령장관인 야마모토 이소로쿠山本五十六에게 다음과 같은 암호문을 보냈습니다.

　"니타가산을 올라라. 1208ニイタカヤマノボレ一二〇八"

　12월 8일, 예정대로 하와이 진주만을 공격하라는 메시지였습니다.

도조 히데키 내각 출범 기념 사진. 세간의 인식과는 달리,
도조 히데키는 전쟁을 막기 위해 임명된 군부의 실력자였습니다.

개전을 주장했던 나가노 오사미 제독. 그는 해군의 3대 요직을 두루 거친 인물로, '오사카 겨울의 전투'를 예로 들며 서둘러 개전해야 그나마 승산을 기대할 수 있다고 주장했다.

전쟁을 막기 위해 끝까지 군부를 설득했던 도고 시게노리 외무대신. 그러나 그의 노력에도 불구하고 군부는 결국 전쟁을 결정하고 말았다.

1941년 11월 22일, 진주만을 향해 출발하기 전 히토카푸만에 정박한 일본 함대.
왼쪽부터 전함 기리시마, 항공모함 카가, 전함 히에이.

7장

진주만 공습 — 잠자는 거인을 깨우다!
선전포고 없이 시작된 기습작전

메이지明治 시대에 지어진 해군성의 지하실은 11월에 접어들자, 낡은 난방설비 탓에 차가운 공기가 감돌고 있었습니다. 이런 추위 속에서도 몇 주 전부터 해군 내부에서는 몇몇 이상징후가 보이고 있었습니다. 해군성에 출입하는 각 신문사 기자들은 이런 분위기를 감지하고 있었지요. 호치신문사報知新聞의 다구치田口도 그중 한 명이었습니다. 11월 말이 되자, 다구치를 비롯한 여러 신문사의 기자들은 자신들의 정보망을 총동원해 군인들을 집요하게 추궁하고 있었습니다.

 그럴 때마다 공보업무를 담당하던 히라테 히데오平手英夫 대좌는 언제나 "모른다"라고만 답했습니다. 그는 흔들림 없는 표정으로 기자들의 질문에 담담하게 응대하곤 했습니다. 그런데 며칠 전 히라테 대좌가 다구치 기자에게 의미심장한 말을 건넨 적이 있었습니다.

 "이제부터 자네들, 아주 바빠질 걸세."

 다구치 기자는 '올 것이 왔구나'라는 표정으로 물었습니다.

 "어느 쪽입니까? 남쪽인가요?"

 "글쎄. 중요한 건, 작전명령이 떨어졌다는 거지."

"네?"

다구치 기자의 놀란 얼굴에, 히라테 대좌는 '아차' 하는 표정을 지었습니다. 그 뒤로는 단 한 번도 같은 실수를 반복하지 않았습니다. 담담한 태도로 돌아선 히라테는 기자들의 질문 공세에도 대답하지 않았습니다. 마치 창과 방패의 대결 같은 대화만이 이어졌고, 기자들은 더욱 날을 세워 히라테 대좌를 몰아세웠지요.

"지금 구레못 지국에선 '연합함대의 일부만 남아 있고, 항모 기동부대가 보이지 않는다'는 보고가 들어왔습니다. 대체 함대는 어디로 간 겁니까?"

"글쎄, 바다 훈련을 위해 나갔는지도 모르지."

히라테 대좌는 짐짓 답변을 뭉갰습니다.

"아니, 구레 지국장님은 20년 경력의 베테랑입니다. 아무리 그래도 훈련과 출동을 구별 못 하겠습니까? 함대는 출동한 겁니까?"

"글쎄, 나는 잘 모르는 일이네."

"그럼, 어느 쪽입니까?"

"모르겠네."

"남쪽입니까?"

"모르겠네."

지지부진한 공방은 날이 갈수록 무의미하게 반복되었습니다. 이런 일상에 다소 지쳐 있던 다구치 기자는 연신 하품을 하며 12월 8일 자정이 조금 지난 시각 보도반으로 출근했습니다. 그러면서 오늘도 '별다를 것 없는 날이 되겠지' 하고 생각했지요. 겨울 새벽의 추위를 겪은 그는 사무실에 도착하자마자 몸이 노곤해져 자신도 모르게 깊은 잠에 빠졌습니다. 그렇게 어둑어둑한 사무실

한편에서 다구치 기자는 잠시 눈을 붙였습니다. 그러던 중, 갑자기 사무실 불이 환하게 켜졌습니다. 인기척을 느낀 다구치는 깜짝 놀라 눈을 떴습니다. 깔끔한 군복 차림의 히라테 대좌가 자신의 책상 앞에 앉아 있었습니다. 그의 표정은 어딘가 오묘했습니다. 잠시 후, 히라테 대좌가 입을 열었습니다.

"드디어, 시작됐어."

다구치 기자는 눈을 비비며 시계를 보았습니다. 새벽 4시였습니다. 그는 잠에서 깨어 히라테 대좌에게 물었습니다.

"어디서 시작됐습니까?"

"하와이. '전군 돌격하라'는 전문에 이어, '우리는 기습에 성공했다'는 전문도 들어왔다네."

"하와이요? 동남아시아가 아니고요?"

"하와이 진주만에 미 태평양 함대의 주력이 집결해 있으니까. 지금은 '공격에 성공했다'는 전문뿐이지만, 곧 자세한 전과가 들어오겠지."

하리테 대좌는 자리에서 일어나 사무실을 나갔습니다. 잠에서 깬 다구치 기자는 서둘러 해군의 발표를 기다리며 자료를 모았습니다. 새벽 5시가 넘자, 군부의 공식 발표가 시작되었습니다.

"대본영 육해군부 발표. 제국 육해군은 오늘 새벽 서태평양에서 영미군과 전투 상태에 돌입했다······"

다구치는 4년간의 지옥 같은 태평양 전쟁이 시작되었음을 직감했습니다.

그는 눈을 질끈 감았습니다. 드디어, 전쟁이 시작되는구나. 몸의 떨림을 멈추려고 노력했지만, 허사였습니다.

다구치 기자가 잠들어 있던 바로 그 시각, 12월 7일 일요일 아침(일본은 12월 8일 새벽). 하와이 인근의 공해상에서는 거대한 실루엣이 서서히 모습을 드러냈습니다. 일본 해군의 기동부대가 마침내 긴 항해를 마치고 하와이에 도착한 것이었습니다. 저 멀리 밝아오는 아침 햇살 속에서 일본 항공모함의 갑판 위는 분주히 움직이는 수병들로 가득했습니다. 항공모함 여섯 척을 중심으로 편성된 함대를 지휘하는 나구모 주이치南雲忠一 제독과 참모장교들은 함선의 지휘소인 함교艦橋 안에서 지도를 바라보며 공격 비행대를 편성했습니다. 이렇게 편성된 순서에 따라 항공기들이 차례차례 준비되었습니다. 이들의 목표는 진주만에 정박 중인 미 태평양 함대의 주력함들을 모조리 격침하는 것이었습니다.

　이 작전을 위해 일본은 철저한 보안 태세를 유지했습니다. 함선에서 발생하는 매연을 숨기기 위해 연료를 교체한 것은 물론, 불가피하게 미군에게 발각되더라도 그 의도와 규모를 파악하지 못하도록 함대를 분산시켜 출항하는 등 치밀한 대비를 보였습니다. 보안은 그야말로 철저했습니다. 항공모함에 탑승한 승조원들조차 행선지를 알지 못할 정도였으며, 이들은 출발 직전에 이르러서야 목표가 진주만임을 깨달았지요. 11월 26일 히토카푸만을 출발한 함대는 12월 1일, 본국으로부터 "하와이 공격을 12월 8일 예정대로 진행하라"는 전문을 수신했습니다. 함대는 하와이 북서쪽에서 접근해, 다행히 미군 측에게 발각되지 않은 채 하와이 인근 해역에 도달할 수 있었습니다.

　앞서 알아본 바와 같이 일본은 스스로도 미국과의 국력 차이를 잘 알고 있었습니다. 그렇기에 일본의 전략은 간단했습니다.

기습으로 미 태평양 함대를 단숨에 무력화하고, 미 해군이 전열을 가다듬기 전에 동남아시아의 자원 지대를 평정해 자원 부족 문제를 해결한 뒤, 유리한 위치에서 미국과의 해상 결전을 벌여 휴전하고자 했습니다. 이러한 해상 결전을 위한 일본 해군의 작전은 이른바 점감요격작전漸減邀擊作戰이라고 불렀습니다. 적의 전력을 점차 감소시킨 뒤, 원하는 장소에서 적을 요격해 단 한 번의 해상 결전으로 전쟁의 판세를 결정짓겠다는 구상이었지요. 이는 불리했던 러일전쟁의 상황 속에서 쓰시마 해전対馬海戰에서 러시아의 발틱 함대를 격멸하고 전쟁에서 승리했던 경험이 반영된 결과였습니다.

그러나 일본 군부의 계획에는 치명적인 문제가 있었습니다. 그것은 바로 "적이 내가 원하는 대로 행동할 것"이라는 크나큰 착각에 빠져 있었다는 점입니다. 모든 것이 군부의 희망 사항이었습니다. 외무대신과 대장대신은 줄곧 "개전 이후 해상 운송로를 지킬 수 없고, 물자 생산량도 부족할 것"이라고 경고했지만, 군부는 이를 결전이라는 군사적 행동의 결과로 극복할 수 있다고 맹신했습니다. 미국과의 국력 차이를 잘 알면서도, 국가 전략이나 경제적·국제정치적 차원에서의 불리함을 전쟁이라는 최후의 무력 수단으로 해결하려 했던 것이지요. "전쟁은 또 다른 정치의 연속이다"라고 말한 클라우제비츠의 명언23을 떠올려 본다면, 당시 일본은 완전히 반대로 행동하고 있었던 셈입니다. 그리고 지금, 일본의 무모한 행동은 진주만 기습으로 완성된 것입니다.

함대의 기함旗艦24 아카기와 카가에서 각각 첫 항공기가 발진하자, 뒤이어 여러 대의 항공기가 하늘로 날아올랐습니다. 진주만 기습을 위한 첫 번째 공격대 183대의 항공 전력은 비행대장 후치마 미쓰오淵田美津雄 소좌의 지휘 아래 대형을 갖추고 즉시 하와이 방향으로 비행을 시작했습니다. 지상과 해상에 있는 목표물을 타격할 폭격기와 뇌격기雷擊機25는 물론, 진주만 상공에서 이들의 폭격을 엄호할 전투기들도 있었습니다. 편대는 아침 햇살과 구름을 뚫으며 전진했고, 마침내 단 한대의 낙오도 없이 진주만 상공에 도달했습니다.

이들의 눈앞에 펼쳐진 진주만은 그야말로 고요했습니다. 여덟 척의 미 해군 주력 전함이 줄지어 정박해 있었고, 주변의 미군들은 일요일 아침 예배를 준비하며 자리를 정돈하고 있었지요. 햇살 가득한 그날 아침, 일본 해군의 기습작전은 완전히 성공한 것이나 다름없었습니다. 비행대장 후치다 소좌는 즉각 비행대의 전원에게 신호를 보냈습니다. '도·도·도ト·ト·ト' 일본어도 돌격突擊, 도츠게키의 앞 글자를 딴 '전군 돌격하라'는 명령이었습니다. 후치다의 지시에 따라 일본 해군의 조종사들은 수주 동안 연습했던 대로 폭격을 위해 고도를 낮추기 시작했습니다. 이윽고 불벼락이 쏟아졌습니다. 일본의 군사적 도박이 완벽한 기습으로 성공하던 순간, 후치다는 '우리는 기습에 성공했다'는 의미의 '도라·도라·도라ト ラ·ト ラ·ト ラ'라는 암호를 함대에 송신했습니다.

23 『전쟁론(Vom Kriege)』으로 잘 알려진 프로이센의 군인이자 군사 사상가 (1780-1831). 그는 전쟁을 '정치의 연속'으로 규정하고, 전장의 불확실성과 마찰 요소를 강조했으며 근대 이후 군사사상의 기초를 세웠다.
24 함대의 여러 함선 중에서 사령관이 탑승해 깃발을 내걸고 함대를 지휘하는 함선.
25 폭탄이 아닌, 적의 군함을 공격하기 위해 어뢰를 투하하는 폭격기.

여담이지만, 일본어에서 '도라'는 호랑이를 뜻하는 단어입니다. 서구권에서는 이를 직역해 '타이거·타이거·타이거'로 옮기기도 하지요. 또한 돌격을 뜻하는 '토츠게키突擊'와 뇌격을 뜻하는 '라이게키雷擊'의 앞 글자를 따 만든 것이라는 설도 있습니다. 그러나 당시 항공참모였던 겐다 미노루源田實의 증언에 따르면, 이는 당시 오노 간지로小野寬治郎 통신참모에 의해 만들어졌다고 합니다. 오노 통신참모는 '전군 돌격하라'는 의미로 '도를 연속적으로 발신할 것'이라고 정했고, '기습에 성공했다'는 의미에는 돌격의 앞 글자를 뜻하는 '도'에, 일본어로 보라색을 뜻하는 '무라사키紫'의 글자를 조합해 '도무, 도라, 도사, 도키' 중 하나를 발신하도록 했습니다. 1차 공격대를 지휘한 후치다 미쓰오의 전후 회고에 따르면, 그는 미리 약속된 암호를 전해 듣고 1902년생 호랑이띠였던 자신에게 '도라'라는 단어가 최고의 행운을 가져다줄 것이라고 믿었다고 합니다. 실제로 기습이 성공하자, 그는 의도적으로 '도' 뒤에 '라'를 선택해 '도라·도라·도라'라는 유명한 암호명을 만들어 냈던 것이지요.

다시 이야기로 돌아가면, 진주만 기습은 그야말로 완벽한 기습이었습니다. 일본 해군 항공기들은 미 해군 전함을 집중적으로 타격했고, 얼마 지나지 않아 전함 USS 애리조나USS Arizona가 배의 앞부분에서 엄청난 폭발을 일으켰습니다. 탄약고 유폭으로 발생한 이 대폭발은 수만 톤에 달하는 전함을 잠시나마 들썩이게 만들 정도였습니다. 이 폭발로 1,000여 명의 수병들이 함 내에 갇힌 채 전사했으며, 순식간에 진주만은 지옥 같은 아수라장으로 변모했습니다. 또한 일본 뇌격기들은 수면에 닿을 듯 말 듯 낮게 비행하며 어뢰를 발사했습니다. 진주만의 얕은 수심에서는 어뢰가 물에 떨어지는 순간 무게 때문에 해저로 곤두박질칠 위험이 있었습니다. 이를 해결하기 위해 일본 해군은 어뢰를 개조해, 나무로 만든 보조 타를 어뢰의 꼬리 부분에 장착함으로써 얕은 수심에서도 정상적으로 작동하도록 개량하는 데 성공했습니다. 이러한 일본군의 대공습으로 인해 순식간에 미군 전함 여덟 척 중 네 척은 격침되고 네 척은 대파大破26 되었습니다. 또한 지상에서 제대로 대응하지 못한 채 파괴된 미군 항공기는 200여 대에 가까웠습니다.

    뒤늦게 정신을 차린 미군은 즉각 반격 태세에 들어갔습니다. 방공포 요원들은 위험을 무릅쓰고 방공포를 운용하며 일본 항공기에 사격을 가했고, 용감한 미군 조종사들은 전투기를 향해 내달렸습니다. 대공포 사수들의 엄호 속에 구형 P-40 전투기 몇 대가 날아올랐습니다. 그러나 선전포고도 없이 수개월을 준비해 온 일본 해군의 치밀한 계획에는 당해낼 수 없었지요. 결국 미군 전함들은 하나둘씩 진주만의 바다 밑으로 가라앉았습니다. 일본군의 1차 공격대가 모든 탄약을 소모하자, 후치다 소좌는 철수 명령을 내렸습니다. 후치다가 시계를 확인하니, 오전 9시가 조금 지난 시각이었습니다. 그런데 바로 그때, 항모로 복귀하던 후치다 소좌의 항공대 앞에, 진주만을 향해 날아가는 수백 대의 또 다른 항공기가 나타났습니다. 시마자키 시게카즈嶋崎重和 소좌가 이끄는 2차 공격대였습니다.

26   크게 부서지고 망가짐.

임무를 마치고 복귀하는 1차 공격대를 뒤로한 채, 시마자키가 이끄는 2차 공격대는 여전히 혼란에 빠져 있는 진주만을 향해 재차 돌입했습니다. 1차 공격대의 기습 효과가 워낙 확실했기에, 2차 공격대는 표적을 정하는 데 조금 애를 먹었습니다. 그러나 시마자키의 지휘 아래 2차 공격대는 잔존 함선을 공격하는 동시에, 비행장과 항만 시설, 유류 시설油類施設 27 을 타격했습니다. 문제는 1차 공격대 기습의 혼란에서 벗어난 미군이 전열을 가다듬고 본격적인 반격을 시작했다는 점이었습니다. 미군 방공포대는 더 이상 마구잡이로 대응하지 않고, 제대로 준비된 상태에서 일본군 항공기들을 격추했습니다. 또한 혼란 속에서도 이륙에 성공한 몇 기의 미군 전투기가 끈질기게 일본 항공기들과 공중전을 벌였습니다. 시마자키의 2차 공격대는 진주만에 상당한 피해를 입혔지만, 그 과정에서 약 20기의 항공기를 잃기도 했습니다.

 2차 공격대가 불타는 진주만을 뒤로하고 복귀하던 바로 그 순간, 기함 아카기의 함교에서는 함대 사령관 나구모와 참모장교들 사이에 설전이 오가고 있었습니다. 참모들은 즉각 3차 공격을 준비해야 한다고 강하게 건의했습니다. 이미 복귀한 1차 공격대를 재무장하고 급유한 뒤, 3차 공격을 감행해야 한다는 것이었지요. 3차 공격으로 진주만의 유류 저장 시설과 항만 시설을 완전히 파괴해야, 훗날 미국이 함대를 재건하더라도 진주만 항만을 사용할 수 없게 만들 수 있었습니다. 그렇게 된다면 미국은 태평양 한 가운데 있는 중간 기착지인 진주만의 전략적 가치를 활용할 수

---

27 석유 연료와 같은 유류를 저장·관리·운송하기 위해 사용되는 저장 탱크, 송유관, 급유 시설 등을 말한다.

없게 되고, 미 태평양 함대를 재건하더라도 결국 미국 본토에서 먼 원정을 떠나야만 했을 것입니다.

그러나 나구모 사령관은 이를 단칼에 거절했습니다. 항공기 20기의 손실은 그에게 불길한 징조로 보였습니다. 이미 미군이 정신을 차리고 대응하기 시작한 상황에서 3차 공격을 시도하다가 더 큰 피해를 입는다면, 오히려 1, 2차 공격의 성과마저 무색해질 수 있다는 것이 그의 논리였습니다. 게다가 앞서 언급했듯 일본은 미국의 산업 잠재력을 잘 알고 있었습니다. 따라서 미 함대를 격멸하는 것과 동시에 달성해야 할 또 다른 작전 목표는 함대의 전력을 온전히 보존하는 것이었지요. 이런 딜레마 속에서 나구모 사령관은 참모들의 아쉬움과 원성을 뒤로하고 뱃머리를 돌렸습니다. 여섯 척의 항공모함 중 소류蒼龍와 히류飛龍는 웨이크섬 Wake Island을 공격 중이던 일본군을 지원하기 위해 도중에 이탈했고, 나머지 네 척의 항공모함 — 아카기赤城, 카가加賀, 쇼카쿠翔鶴, 즈이카쿠瑞鶴 — 은 무사히 일본 본토로 귀환했습니다.

진주만 공습과 동시에 일본의 동남아시아 자원 지대를 겨냥한 침공 작전도 동시다발적으로 전개되었습니다. 진주만 작전이 진행되는 동안 일본군은 말레이반도를 침공했으며, 홍콩과 필리핀, 괌, 웨이크섬 등지에도 기습 공격을 감행했습니다. 이는 동남아시아에서 미국과 영국, 네덜란드가 공동전선을 형성하는 중요한 계기가 되었지요. 진주만 기습 직후 루스벨트 미국 대통령은 의회 연설에 나서, 훗날 '치욕의 날 연설 The "Day of Infamy" speech'로 불리게 된 명연설을 통해 일본에 대한 선전포고를 요청했습니다. 이로써 태평양 전쟁이 본격적으로 시작되었습니다.

진주만 기습의 시작. 12월 7일 아침, 일본 해군 항공모함 아카기에서 발진하는 A6M 제로센 일본 전투기의 모습.

일본 항공기가 촬영한 진주만 기습 직후의 사진.
미군 전함이 2열로 정박해 있으며,
어뢰에 맞은 미 해군 전함 USS 웨스트버지니아에서
거대한 물기둥이 솟구치고 있다.

8장

일본의 동남아시아 침공, 남방작전 개시!
파죽지세로 밀어붙인 일본군의 진공작전

진주만 기습의 성공 이후, 일본 군부는 매우 들떠 있었습니다. 진주만에서 거둔 대전과뿐만 아니라, 최우선 과제로 삼았던 동남아시아 침공 작전인 남방작전南方作戰의 성공 소식이 각지에서 잇따라 전해졌기 때문이었습니다. 진주만 기습이 시작되던 바로 그때, 일본 육군은 말레이반도 Malay Peninsula와 필리핀, 괌, 홍콩에 대한 공격을 감행하며 파죽지세로 점령해 나갔습니다. 진주만에서 미 태평양 함대가 막대한 피해를 입으면서, 일본군은 일시적으로 동남아시아와 태평양 지역에서 제해권의 우위를 확보하게 되었지요. 이에 힘입어 학수고대하던 수마트라 Sumatra와 자바 Java의 유전 지대를 향해 공세의 강도를 더욱 높여 갔습니다.

일본군의 동시다발적인 공격작전에 연합군은 당황하기 시작했습니다. 동남아시아 지역에 배치된 영국군과 네덜란드군은 병력의 상당수가 식민지인들로 구성되어 있었고, 무장이나 훈련 수준도 매우 낮아 효과적인 방어작전을 전개하기 어려웠습니다. 이러한 문제를 잘 알고 있던 영국은, 독일의 강력한 전함 KMS 비스마르크 KMS Bismarck를 격침시키는 데 공을 세운 강력한 전함 HMS 프린스 오브 웨일스 HMS Prince of Wales와 제1차 세계대전

때부터 이름을 떨친 전함 HMS 리펄스Repulse 두 척을 영국 동양 함대에 파견해 일본의 동남아 진출을 저지하려 했습니다. 미 태평양 함대의 전함 여덟 척 중 네 척이 격침되고, 나머지 네 척이 전투 불능에 빠진 상황에서 영국 전함 두 척의 태평양 파견은 연합군 입장에서 엄청난 전력 보강으로 여겨졌지요.

진주만 기습 직전인 12월 2일, 이미 싱가포르에 도착해 있었던 영국 전함 프린스 오브 웨일스와 리펄스의 원래 임무는 진주만으로 향해 미 태평양 함대에 합류함으로써 일본을 압박하는 것이었습니다. 그러나 진주만이 불바다가 되고 미 태평양 함대가 무너진 지금, 영국 전함은 진주만으로 향하기보다는 일본군의 동남아시아 진출을 저지하는 주력부대로 활용될 수밖에 없었습니다. 12월 8일 일본의 말레이반도 공격이 시작되자, 두 전함은 싱가포르를 출발해 북상하며 일본군의 공세를 차단하기 위해 이동했습니다. 그러나 12월 9일 오후 3시 15분경, 일본 잠수함 I-65가 두 척의 영국 전함을 포착하는 데 성공했으나, 같은 날 오후 5시 20분경 열대지방의 스콜Squall, 짧고 굵은 소나기로 인해 결국 놓치고 말았지요. 다급해진 일본군은 항공 공격대를 편성해 야간에도 적극적인 수색 작전에 나섰습니다.

12월 9일에서 10일로 넘어가는 새벽, 일본 해군의 정찰기는 어둠 속을 항진하는 두 척의 거대한 실루엣을 포착했습니다. 정오가 가까워지자, G3M 폭격기로 편성된 일본 폭격기 부대는 영국 함대를 향해 공습을 시작했습니다. 말레이 해전Naval Battle of Malaya이 시작된 것이지요. 선봉에는 시라이白井 대위가 이끄는 비행대가 있었습니다. 공격 코스에 진입하던 바로 그 순간, 폭음과 함께 시라이 대위의 폭격기가 격렬하게 흔들렸습니다. 영국 해군의 대공포화가 시작된 것이었습니다.

포화 속에서 시라이 대위가 아래를 내려다보니, 총 다섯 척의 영국 군함이 보였습니다. 이들은 항공 폭격을 피하기 위해 회피 기동을 펼치며 각기 다른 방향으로 빙글빙글 돌고 있었습니다. 시라이 대위의 폭격대는 가장 후방에 위치한 영국 전함 리펄스를 목표로 수평폭격을 감행했습니다. 250kg 폭탄 14발이 리펄스를 향해 떨어졌으나, 숙련된 리펄스 승조원들은 노련하게 거대한 전함을 운용했습니다. 단 한 발만이 리펄스의 함미 쪽 갑판에 명중해 검은 연기를 내뿜었지만, 심각한 피해는 아니었습니다. 리펄스의 수병들은 즉각 손상 통제 Damage Control 28에 나섰고, 계속해서 대공포화를 쏘아 올리며 저항했습니다.

시라이 대위의 비행대가 전투 현장 상공을 이탈하는 동안, 두 번째 비행대가 모습을 드러냈습니다. 다카이高井 대위와 이시하라石原 대위가 지휘하는 G3M 폭격기 비행대는 어뢰를 장착하고 있었습니다. 다카이 대위는 리펄스를, 이시하라 대위는 프린스 오브 웨일스를 목표로 삼아 폭격 항로에 진입했습니다. 1분에 약 6만 발의 대공포화를 퍼부을 수 있는 두 전함의 엄청난 화력 때문에 조준하기도 어려웠지만, 이시하라 대위는 어뢰를 성공적으로 발사한 뒤 즉시 기수를 올려 고도를 높였습니다. 뒤를 돌아본 이시하라 대위는 프린스 오브 웨일스에서 불길이 치솟는 것을 확인했습니다. 반대편으로 고개를 돌리자, 리펄스에서도 불기둥이 솟

28   보수. 장비나 선박이 입은 피해에 대해, 수리와 보수를 통해 추가적인 피해를 방지하는 활동.

구치고 있었지요. 일본군 폭격기 부대의 공격으로 두 영국 전함은 심각하게 고전하고 있었습니다. 웨일스는 한때 균형을 잃고 크게 기울었으나, 다시 중심을 잡아 간신히 침몰은 면했습니다.

오후 1시 48분, 영국군에게는 불행히도 일본군의 세 번째 비행대가 전투 현장 상공에 모습을 드러냈습니다. 그러나 싱가포르에 주둔하고 있던 영국 전투기들의 모습은 어디에도 보이지 않았습니다. 싱가포르 주둔 영국 전투기는 비록 구식이었지만, 엄호 전투기 없이 폭격기만 날아온 일본군 비행대를 공격하는 데에는 전혀 문제가 없었지요. 만약 이때 엄호 전투기가 있었다면 일본군 폭격기들은 제대로 대응하지도 못한 채 차례로 격추되었을지도 모릅니다. 그러나 영국 함대 지휘관 톰 필립스 제독은 일본 항공대의 장거리 타격 가능성에 회의적이었기에 별다른 지원 요청을 하지 않았습니다. 이 판단은 결국 영국군의 결정적 패인이 되었지요. 뒤늦은 지원을 요청했지만, 이미 때는 늦었습니다. 미야우치宮内 소좌가 지휘하는 제3 비행대가 공격을 시작했습니다. 기관부가 손상되어 속력이 떨어진 리펄스는 프린스 오브 웨일스의 후방 약 2.5km 지점에 떨어져 있었습니다. 일본군 비행대는 리펄스가 전투 능력을 상실했다고 판단해 조심스럽게 접근했지만, 리펄스는 여전히 건재했습니다. 순식간에 쏟아지는 대공포화에 폭격기들이 하나둘 격추되었고, 전투는 더욱 격렬해졌습니다.

그러나 전황은 점차 영국군에게 불리하게 기울고 있었습니다. 제1차 세계대전에서도 활약했던 구식 전함인 리펄스는 어뢰 공격에 취약하다는 약점이 오래전부터 지적되어 왔습니다. 그리고 마침내 여섯 번째 어뢰가 명중하자, 리펄스는 한계에 이르렀습니다. 오후 2시, 리펄스는 서서히 좌현으로 기울더니 전복되기 시작했고, 2시 20분경 결국 침몰했습니다. 그나마 최신예 전함이었던 프린스 오브 웨일스는 조금 더 버텼지만, 전세를 뒤집을 수는 없었습니다. 여러 차례 폭탄과 어뢰를 얻어맞은 끝에 오후 2시 50분경부터 후미가 바닷속으로 가라앉았습니다. 일본의 남방작전을 저지할 연합군의 마지막 희망이었던 영국 동양함대는 완전히 궤멸했습니다. 반면 일본군의 피해는 폭격기 네 대에 불과했습니다.

말레이 해전의 승리로 일본은 영국 동양함대의 주력 전함 두 척을 모두 격침시키며 기세를 더욱 올렸습니다. 일본군은 주요 석유 산지인 보르네오, 수마트라, 자바에 대한 공세를 더욱 높였고, 특히 수마트라섬에서는 일본군 공수부대가 기습 강하해 유전시설을 확보하는 전과를 올렸습니다. 2월 15일에는 영국의 동남아시아 거점인 싱가포르가 일본군에게 함락되었고, 이로써 일본은 전쟁 수행에 필요한 석유와 고무, 주석 등의 전략자원을 확보하는 데 성공했습니다.

이제 남방작전의 마지막 목표는 자바섬뿐이었습니다. 자바섬은 네덜란드령 동인도의 주요 거점으로, 영국과 미국, 네덜란드 연합군의 사령부가 위치한 곳이었습니다. 일본군은 남방작전을 종결하기 위해 자바섬 상륙작전을 준비했으며, 이 작전의 성공을 보장하기 위해 현지에 남아 있던 연합군 함대를 격멸해야 했습니다. 반대로 연합군은 상륙작전을 수행할 병력이 탑승한 일본 수송선을 발견해 이를 파괴함으로써 자바섬의 안전을 확보해야 했습니다. 이러한 상반된 이해관계 속에서 2월 27일, 양측 함대는 자바섬 동부의 수라바야 Surabaya 인근 해역에서 조우해 치열한 포격전을 벌였습니다. 당시 일본 함대는 순양함 네 척과 구축함 열네 척, 연합군 함대는 순양함 다섯 척과 구축함 열 척으로 구성되어 있었습니다.

연합군 함대는 일본군 함대를 격파한 뒤 계속 서쪽으로 항해해 일본군 수송선단을 격멸한다는 목표를 세우고 있었습니다. 오후 5시 45분, 일본군 순양함 진쓰神通가 적함을 발견하고 포격을 개시했습니다. 양측은 포탄과 어뢰를 서로에게 쏘아붙이며 격렬한 전투를 벌였지만, 거리가 너무 멀었습니다. 포격이 시작된 지 약 한 시간이 지난 오후 6시 38분, 마침내 첫 번째 명중탄이 나왔습니다. 일본군 중순양함 하구로羽黑의 주포가 영국 순양함 HMS 엑세터 HMS Exeter에 명중한 것이었지요. 이어 약 10분 뒤엔 연합군 함대의 구축함 한 척이 하구로의 어뢰에 맞아 격침되어 전세는 점차 일본군 쪽으로 기울었습니다. 물론 일본군의 포술 숙련도도 낮았지만, 연합군 함대의 조직력은 오합지졸에 가까웠습니다. 네덜란드 지휘관 카렐 도어만 Karel Doorman 제독이 영어를 하지 못해 통역장교를 대동한 채 영국과 미국 함선을 통합 지휘하고 있었기 때문입니다.

엑세터는 하필이면 첫 명중탄이 기관부에 적중하는 바람에 속력을 내지 못하고 뒤처지기 시작했습니다. 이에 도어만 제독은 엑세터에게 후방으로 빠지라는 명령을 내렸으나, 문제는 이를 함대 전체에 공유하지 않았다는 점이었습니다. 선두에 있던 엑세터가 속력을 줄이며 방향을 바꾸자, 연합군 함대의 일부 함선들이 이를 함대 전체의 변침 신호로 오해해 함께 방향을 틀어버리면서 함대의 진형은 완전히 무너졌습니다. 이 광경을 지켜본 일본 함대는 호기를 포착했다고 판단하고 즉시 전 함대에 돌격 명령을 내렸습니다. 어느 전투에서든 한 번 무너진 진형을 재편성하는 것은 결코 쉬운 일이 아니지요. 만약 이곳이 육지였다면 조금 더 유리한 지형으로 후퇴해 진형을 다시 짤 수 있었겠으나, 망망대해에서는 그런 것을 기대하기 어려웠습니다. 지형지물이 없는 바다에서는 기상과 진형이 모든 것을 좌우했기 때문입니다. 결국 연합군 함대는 혼란 속에 패주하기 시작했습니다.

    2월 27일 시작된 해전은 3월 1일까지 이어졌고, 그 결과 연합군 함대는 순양함 두 척과 구축함 다섯 척이 격침당한 채 탈출 작전에 나서야 했습니다. 반면 일본군은 해당 지역의 제해권을 장악하는 데 성공했으며, 이어 상륙작전까지 성공하면서 자바섬을 점령해 유전 지대를 확보했습니다. 진주만 기습에 이어 남방작전까지 성공시킨 일본은 이제 새로운 공격 방향을 모색해야 했습니다. 그 가운데 가장 유력한 후보는 남태평양의 주요 연합국 중 하나인 호주였습니다.

말레이 해전의 주역이었던 일본 폭격기 미쓰비시 G4M의 모습.
이 폭격기는 장거리 비행이 가능해 연합군의 예측 범위 밖에서부터 날아와
공격할 수 있었다.

일본 항공기에서 촬영된 영국 전함들의 모습.
왼쪽 아래의 리펄스는 폭탄에 피격되었고, 오른쪽 위의 프린스 오브 웨일스는
심각한 피해를 입은 채 연기를 뿜고 있다.

9장

산호해 해전 — 항공모함끼리 벌인 최초의 해상 항공전!
미국과 일본, 항공모함으로 맞붙다!

진주만 기습 이후 성공적으로 전개된 남방작전, 즉 일본군의 동남아시아 침공은 태평양 전세를 순식간에 뒤집는 전기轉機를 마련했습니다. 100여 년간 이어져 온 동남아의 서구 제국주의 체제는 불과 100일 만에 일본 제국주의 체제로 바뀌었지요. 일본의 입장에서 지금까지의 전쟁 수행은 매우 성공적이었습니다. 모든 것이 계획한 대로 잘 흘러갔습니다. 가장 큰 위협이던 미 태평양 함대는 무력화되어 제대로 대응할 수 없었고, 동남아시아 자원 지대는 단기간에 확보했습니다. 말레이 해전과 자바 해전으로 영국과 네덜란드의 태평양 해군력은 사실상 붕괴되었습니다.

이러한 승리에 도취한 일본 해군은 1942년 봄, 앞으로의 전쟁 수행과 공격 방향을 둘러싸고 점차 격렬한 전략 논의를 벌이고 있었습니다. 일본 해군 군령부는 미국이 태평양 함대를 재편해 반격에 나서기까지의 시간을 최대한 활용해, 남방작전에서 거둔 성과를 확대하고 싶었습니다. 이를 위해 뉴기니섬의 주요 항구인 포트모르즈비 Port Moresby를 점령해, 호주와 미국의 연결을 차단하려 했지요.(일본은 이를 모르즈비의 앞 글자를 따 'MO작전'이라 불렀습니다.) 반면 진주만 작전의 입안자이자 연합함대 사령장관인 야마모토 이소로쿠 제독은 태평양 중부의 미국령 미드웨이섬을 공격해, 마지막 남은 미 해군 전력인 항공모함을 끌어내 격멸해야 한다고 주장했습니다. 조금 더 공세적으로 나아가 미 항공모함을 격파하자는 결전론을 주장한 것이지요.(이 작전은 미드웨이의 앞 글자를 따 'MI작전'이라고 불렀습니다.)

결정을 내리지 못한 채 격론이 이어지던 1942년 4월 18일, 미군 폭격기에 의해 도쿄가 폭격당하는 사건이 발생했습니다. 당시 기술로는 미국에서 일본까지 한 번에 비행해 폭격하는 것은 불가능했습니다. 그리고 일본까지 폭격기가 날아갈 수 있는 미국의 섬이나 비행장도 없었습니다. 그렇지만 미국의 입장에서는 진주만 이후 일본에 한 방 먹일 작전이 반드시 필요했지요. 이를 위해 미국은 항공모함 두 척, USS 엔터프라이즈 USS Enterprise 와 USS 호넷 USS Hornet 에 육군의 B-25 폭격기 29를 탑재해 일본 근해까지 접근한 뒤, 날려 보내 폭격하는 기습작전을 생각해 냅니다. 물론 육중한 육군 대형 폭격기가 다시 항공모함에 착륙하는 것은 불가능했습니다. 그래서 폭격을 마친 B-25는 중국으로 날아가 불시착하겠다는, 그야말로 영화에나 나올 법한 대담한 작전이었던 것입니다.

이 폭격작전은 제임스 둘리틀 James Doolittle 중령의 지휘 아래, 가혹한 훈련을 견뎌낸 조종사들이 수행했습니다. 이들은 도쿄, 요코스카 橫須賀, 요코하마 橫浜, 나고야 名古屋, 고베 神戶 등 주

---

29 당시 미국에는 독립된 공군이 없었기에, 미 육군항공대(USAAF, United States Army Air Forces)라는 이름의 육군 소속 부대였다. 미 공군은 제2차 세계대전이 끝나고 2년 뒤인 1947년 공식적으로 창설되었다.

요 도시를 폭격하는 데 성공하며 일본에 큰 충격을 안겼습니다. 지휘관의 이름을 딴 이 둘리틀 특공대 Doolittle Raiders 의 공습은 실제 피해 규모가 그리 크지 않았습니다. 그러나 일본이 받은 충격은 실로 엄청났지요. 남방작전의 성공 이후 승승장구하던 승리의 열기 속에서 안전하다고 믿었던 본토, 그중에서도 수도 도쿄가 백주 대낮에 속수무책으로 폭격을 당한 것입니다. 이 둘리틀 특공대 사건으로 인해 일본군은 한창 이어지던 공격 방향 논의를 서둘러 종결지었습니다. 해군 군령부의 격렬한 반대에 부딪히던 미드웨이 공격작전, 곧 MI작전이 결국 승인된 것이지요. 이렇게 해서 일본군은 기존에 추진하던 MO작전에 더해 MI작전까지 수행하기로 결정하며, 1942년에도 파죽지세를 이어가고자 했습니다.

미드웨이 공격작전인 MI작전보다 먼저 수행된 것은 포트모르즈비 공격작전인 MO작전이었습니다. 이 작전을 위해 일본군은 육군을 상륙시키기 위한 수송함대를 조직하고 동시에 그 수송함대가 안전하게 이동해 상륙할 수 있도록 이를 엄호하고 호위하는 항공모함 기동부대를 편성했습니다. 이 기동부대에는 진주만 기습에서 공을 세웠던 쇼카쿠와 즈이카쿠, 두 척의 주력 항공모함이 포함될 예정이었습니다. 이 소식을 들은 미군은 태평양에서 당장 임무 수행이 가능한 유일한 항공모함인 USS 요크타운 USS Yorktown 과 USS 렉싱턴 Lexington 을 현장으로 급파해 일본군의 남하를 저지하려고 했습니다. 이 두 함대의 충돌은 호주 동북부의 아름다운 바다, 산호해 Coral Sea 에서 벌어지게 되었지요.

1942년 5월 3일, 일본 해군은 제6전대를 포함한 상륙함대를 툴라기 Tulagi 섬 인근으로 이동시켰습니다. 툴라기섬을 함락한 상륙함대는 그 후에도 계속 남하했습니다. 이 상륙함대는 중순양함 네 척과 다수의 구축함, 그리고 경輕항공모함 쇼호祥鳳로 구성되어 있었으며, 최종 목표인 포트모르즈비를 향해 진격을 이어갔습니다. 반나절 정도 떨어진 해역에는 쇼카쿠와 즈이카쿠가 배치되어 있었습니다. 그러나 일본군도 이 해역 어딘가에 미 항공모함이 존재한다는 사실을 알고 있었습니다. 문제는 이 망망대해에서 서로가 상대의 항공모함을 보지 못하고 있었다는 점이었지요. 세계 최초로 양측 함대가 서로를 직접 발견하지 못한 채 항공기로만 벌이는 해전이 시작된 순간이었습니다. 5월 5일부터 6일까지 양측은 정찰기를 띄워 항공모함의 위치를 찾으려 했으나, 뚜렷한 성과를 거두지 못했습니다.

　그러던 5월 7일, 마침내 항공모함 간의 전투가 시작되었습니다. 홀로 상륙함대와 붙어 있던 경항공모함 쇼호를 미군이 먼저 식별한 것이었습니다. 미군 지휘관 플레처 Frank Jack Fletcher 제독은 쇼호를 발견하자 이를 경항공모함이 아닌 정규 항공모함으로 구성된 주력함대라고 판단하고, 100기에 가까운 항공기를 발진시켜 공격을 개시했습니다. 거의 동시에 일본 측도 미군 항공모함을 식별했다는 보고를 받았고 쇼카쿠와 즈이카쿠도 즉각 항공기를 발진시켜 반격에 나섰습니다. 미군은 쇼호를, 일본군은 미 항공모함 주력함대를 각각 목표로 삼아 공격을 시도한 것이지요.

　그런데 이때 일본군 정찰기가 보낸 '항공모함 발견' 보고는 오인보고였습니다. 널찍하고 육중한 급유선給油船 30 을 발견한 정

30　다른 배에 기름을 공급해 주는 선박을 말한다.

찰기가 '항모를 발견했다!'라고 착각했던 것이지요. 쇼카쿠와 즈이카쿠의 비행대는 항모가 있다고 보고된 지역에 도착한 뒤 허탈함을 감출 수 없었습니다. 이들이 실제로 확인한 미군 함선은 급유선과 구축함 한 척뿐이었습니다. 혹시나 하는 마음에 주변을 샅샅이 뒤졌지만, 미 항공모함은 끝내 보이지 않았습니다. 결국 이들은 급유선과 구축함을 공격할 수밖에 없었습니다. 반면 미군은 상황이 훨씬 나았습니다. 아쉬움이 전혀 없었던 것은 아니지만, 일본군과 달리 미군은 경항공모함 쇼호를 발견하는 데 성공했지요. 아무리 소형이라 해도, 항공모함이라는 존재가 가지는 전략적 의미는 결코 작지 않았습니다.

미군 항공기들은 일제히 쇼호를 향해 몰려들었습니다. 쇼호를 엄호하던 일본군 순양함들은 이를 막기 위해 하늘로 대공포화를 쏘아 올렸습니다. 순식간에 주변 상공은 까만 포연으로 뒤덮였습니다. 그러나 미군 항공기의 수는 너무 많았습니다. 10발이 넘는 대형 폭탄과 좌현에 집중된 7발의 어뢰를 얻어맞은 쇼호는 맹렬한 불길에 휩싸였습니다. 소형 항공모함인 쇼호의 함체가 버티기에는 너무나 많은 타격이었지요. 곧 쇼호는 뱃머리부터 천천히 가라앉기 시작하더니, 함미를 높이 치켜든 채 산호해 바닷속으로 사라졌습니다. 5월 7일 오전 11시 30분경의 일이었습니다. 미군 항공기와의 교전을 마치고 귀환하던 쇼호 소속 전투기들은 돌아갈 항공모함이 사라진 것을 확인하고 당황한 듯 하늘을 빙글빙글 돌았지요. 남아 있던 일본 중순양함 아오바靑葉가 발광신호로 근처 섬의 육상 비행장 위치를 알려주었고, 이들은 공역을 이탈해 후퇴했습니다.

쇼호의 격침 소식을 들은 쇼카쿠와 즈이카쿠는 큰 충격에 빠졌습니다. 그러나 임무 목표였던 포트모르즈비 공격을 멈출 수는 없었습니다. 5월 7일 오후 내내, 일본 측 항공기들은 미군 항공모함을 끈질기게 수색했지만, 끝내 발견하지 못했습니다. 어둠이 내려앉자 결국 귀환하기로 했지요. 어둠 속을 비행하던 쇼카쿠 소속 항공기들은 모함을 발견하고 착륙하기 위해 천천히 다가갔습니다. 쇼카쿠는 불빛 하나 켜지 않은 채 어둠 속에서 흐릿한 형체만 드러내고 있었습니다. 불을 켰다간 미군 항공기에 들킬 위험이 있었기 때문입니다. 조종사들은 깜깜한 항공모함을 보며 어떻게 착륙해야 할지 고민했으나, 이내 어둠 속에서 갑자기 갑판 위 수병들이 몸을 내밀어 수신호를 보내는 것을 보고 착륙을 강행하기로 했습니다. 그러나 쇼카쿠의 조종사들이 모함에 착륙하기 위해 바로 앞까지 접근한 바로 그 순간, 갑자기 유도하던 수병들이 혼비백산하며 달아났습니다. 의아해하던 쇼카쿠의 조종사들은 그제야 항공모함의 모습을 찬찬히 다시 살펴보았지요. 그러나 그것은 쇼카쿠가 아니라, 그토록 하루 종일 찾아 헤매던 미 항공모함 요크타운이었던 것입니다. 요크타운도 너무나 침착하게 착륙을 시도하는 항공기를 보고 당연히 미군 항공기일 것이라 착각해 태연하게 착륙을 유도하고 있었던 것이지요. 쇼카쿠의 조종사들이 황급히 고도를 높여 도망치기 시작한 지 얼마 지나지 않아, 그들의 등 뒤로 요크타운이 쏟아낸 엄청난 대공포화가 날아들었습니다. 이렇게 야간의 해프닝은 막을 내렸고, 쇼카쿠의 항공기들은 그날 밤 무사히 돌아갈 수 있었습니다.

5월 8일 결전의 날 아침이 밝자, 양측은 지난밤 동안 재정비를 마쳤습니다. 서로를 향해 정찰기를 연이어 띄우며, 망망대해 속에서 상대 항공모함을 찾아 격멸하기 위한 수색에 나섰습니다. 그리고 서로를 발견하자, 분주하게 공격 준비에 돌입했습니다. 아침 9시 15분, 양측은 거의 같은 시각에 서로를 향한 공격대를 발진시켰습니다. 일본 함대는 스콜이 쏟아지는 구름을 활용해 함체를 악천후 속에 숨겼지만, 미군 함대는 아침 햇살에 노출되어 있었습니다. 양측 항공기들은 서로의 항공모함을 향해 비행하는 동안, 서로를 스쳐 지나칠 만큼 비슷한 시각에 공격을 개시했습니다. 곧 양측 함대의 상공은 대공포화의 포연으로 뒤덮였습니다. 항공모함들은 적의 폭탄과 어뢰를 피하기 위해 빙글빙글 돌면서 회피 기동을 이어갔습니다. 치열한 항공전이 계속되는 가운데, 양측 지휘관은 조마조마한 눈으로 하늘을 쳐다보고 있을 뿐이었습니다.

격렬한 항공전 속에서 먼저 공격에 성공한 쪽은 미군이었습니다. 10시 57분, 미군 항공기 33기가 쇼카쿠를 향해 날아들었습니다. SBD 돈틀리스 SBD Dauntless 급강하 폭격기가 투하한 폭탄 두 발이 쇼카쿠의 함수 쪽 갑판과 중앙갑판을 강타했습니다. 이로 인해 쇼카쿠는 함수 쪽 갑판과 격납고 엘리베이터가 파손되어, 항공기의 이착륙이 불가능해졌지요. 게다가 격납고에 있던 다량의 연료에 불이 붙고, 소화 및 환기 시스템이 마비되면서 전투 임무 수행은 불가능해졌습니다. 쇼카쿠 옆에 있던 즈이카쿠에도 미군 항공기가 접근했으나, 즈이카쿠는 스콜 구름 속으로 몸을 숨기는 데 성공하면서 운 좋게도 공격을 피할 수 있었습니다.

쇼카쿠가 타격을 입던 바로 그 시간, 일본군 항공대의 반격도 시작되었습니다. 오전 11시 20분, 렉싱턴은 일본 항공기 69대의 집중 공격에 노출되었습니다. 중일전쟁과 진주만 기습, 인도양 공습작전 Indian Ocean raid 31 등에서 잔뼈가 굵은 일본군 항공대는 렉싱턴의 숨통을 확실히 끊기 위해 배의 좌현과 우현에서 동시에 공격 코스로 진입했습니다. 렉싱턴이 기민하게 키를 꺾어 회피 기동을 펼치더라도, 어느 한쪽에서는 반드시 공격 기회를 잡을 수 있었지요. 게다가 일본군은 시간차를 두고 뇌격을 가해 렉싱턴의 반응을 최대한 혼란스럽게 만들었습니다. 혼신의 힘을 다한 회피 기동에도 불구하고, 일본군의 폭탄 두 발과 어뢰 두 발이 각각 명중했습니다. 특히 좌현에 명중한 어뢰 두 발은 추진축과 보일러실에 큰 피해를 주었고, 이는 전장에서 이탈하려는 렉싱턴의 발목을 붙잡았습니다. 렉싱턴의 수리반 인원들은 손상 통제에 나서 화재를 진압하고 항공모함의 균형을 유지하기 위해 사력을 다했습니다. 그러나 전황은 점차 악화되고 있었지요.

바로 옆에 있던 요크타운의 상황도 좋지 않았습니다. 10여 대가 넘는 일본군 뇌격기가 우현을 향해 어뢰를 투하하기 시작했습니다. 요크타운은 회피 기동으로 어뢰를 모두 회피하는 데에는 성공했지만, 높은 고도에서 쏟아지는 급강하 폭격만은 피할 수 없었지요. 요크타운의 갑판에 떨어진 폭탄 한 발은 요크타운의 비행갑판과 보일러실, 엔진실에 큰 타격을 주었고, 보일러 여섯 개 중 세 개를 교체해야 했습니다. 요크타운도 순식간에 불길에

---

31 1942년 3월부터 4월까지 이어진 일본 해군의 인도양 공격 작전. 이 작전에서 영국 해군은 항공모함 HMS 허미즈(Hermes)를 비롯해 순양함 두 척을 잃으며, 인도양의 주도권을 잠시 상실하고 말았다.

휩싸였고, 사방에서 소화반 인원들이 내달리며 불을 끄기 위해 분주히 움직였습니다. 순식간에 미군의 항공모함 두 척 모두가 불붙은 채로 사투를 벌이게 된 것이지요.

11시 30분, 다시 일본군 함대의 상공으로 돌아가 보겠습니다. 두 발의 폭탄을 맞은 쇼카쿠에게 미군의 급강하 폭격기들이 다시 한번 공격을 시도했습니다. 쇼카쿠는 미군의 어뢰를 모두 피하는 데에는 성공했지만, 갑판에 폭탄 한 발을 더 맞으면서 완전히 전투 능력을 상실했습니다. 그러나 일본군에게 다행히도 배의 조타와 이동에는 문제가 없었지요. 쇼카쿠는 구축함 두 척의 호위를 받으며 북쪽을 향해 전투 해역을 이탈했습니다. 즈이카쿠는 함체에 전혀 피해가 없었지만, 소속된 항공대의 손실이 너무 컸습니다.

같은 날 오후, 미국의 플레처 제독은 2차 항공전을 벌일지 고민하다가, 곧 공격을 포기하고 일본군의 태세를 살폈습니다. 이미 항공모함 두 척 모두 전투가 어려운 상태였을 뿐 아니라, 심지어 렉싱턴은 불길이 잡히지 않아 자칫하면 배를 포기해야 할 상황이었기 때문입니다. 일본군의 상황도 녹록지 않았습니다. 쇼카쿠는 전투 능력을 상실한 채 북쪽으로 이탈했고, 즈이카쿠는 함체는 멀쩡했지만 더 이상 출격시킬 항공 전력이 없었습니다. 이 산호해 해전에서 쇼카쿠와 즈이카쿠가 입은 항공 손실률은 거의 80퍼센트에 육박했습니다. 일본군 지휘관 이노우에 시게요시 井上成美 제독은 더 이상 MO작전을 진행하기 어렵다고 판단하고, 전투해역의 서측에서 포트모르즈비를 향해 전진하던 상륙함대에 퇴각 명령을 내렸습니다. 미군도 그날 오후 전투 해역에서 물러나면서,

세계 최초로 항공모함끼리 벌어진 해전은 겉보기에는 무승부로 끝났습니다. 그러나 일본의 연합함대 사령장관 야마모토 제독은 이 퇴각 소식을 듣고 매우 기분이 좋지 않았다고 합니다. 두 척의 미군 항공모함을 빈사 상태에 몰아넣었을 뿐, 아무런 결정적 전과를 거두지 못했다는 것이 야마모토의 판단이었지요. 확실히 항모를 격멸했거나 포트모르즈비를 점령했거나, 둘 중 하나라도 성공했어야 했던 일본군으로서는 아쉬운 결과였습니다. 그나마 일본 해군에게 위안이 된 것은, 렉싱턴이 그날 오후 늦게 폭발을 일으키며 결국 침몰했다는 사실이었습니다.

전술적으로 본다면 산호해 해전은 일본군이 우세한 판정승이었습니다. 비록 쇼호를 잃었지만 경항공모함일 뿐이었고, 쇼카쿠와 즈이카쿠도 모두 무사히 귀환할 수 있었습니다. 반면 미군은 항공모함 렉싱턴이 격침되었고, 요크타운도 전치 3개월에 달하는 뼈아픈 손상을 입었습니다. 이 전투의 결과, 미군이 태평양에서 가용할 수 있는 항공모함은 USS 엔터프라이즈와 USS 호넷 두 척뿐이었지요. 그러나 이 두 척은 둘리틀 특공대의 공습작전을 수행한 뒤 재보급 중이었기에 산호해 해전에 참가할 수 없었습니다.

그러나 전략적으로 본다면 이는 미군의 승리였습니다. 일본군이 개전 이후 처음으로 작전목표를 달성하지 못한 채 퇴각했다는 점에서 산호해 해전은 매우 중요한 의미를 지니고 있습니다. 일본군은 포트모르즈비 점령에도 실패했으며, 항공모함 두 척을 모두 격멸하는 데에도 실패했습니다. 개전 이래 일본군은 태평양과 동남아시아 지역을 무대로 공격의 큰 그림을 그려왔고, 실제로도 그 계획을 충실히 실행해 왔습니다. 그러나 이 MO작전의 실패로 인해 그 큰 그림에 균열이 생기기 시작한 것이지요. 게다가 항공모함끼리 벌인 최초의 해전은, 이제 현대 해전의 중심이 거대하고 육중한 전함이 아니라, 먼 거리까지 항공력을 투사할 수 있는 항공모함으로 이동하고 있음을 보여주는 상징적인 사건이기도 했습니다.

전치 3개월의 판정을 받은 요크타운은 너덜너덜해진 채로 진주만에 입항했습니다. 모두가 망연자실해 있던 그때, 미 태평양함대 사령관인 체스터 니미츠 Chester Nimitz 제독은 "3일 안에 작전에 투입할 수 있도록 수리 속도를 높이라"고 지시했습니다. 일본 해군 연합함대의 주력이 항공모함 네 척과 전함 두 척을 중심으로 편성되어 미드웨이를 향해 몰려오고 있었습니다.

산호해 해전의 시작. 항공모함 쇼카쿠에서 날아오른 일본 비행대가
미군 함선을 찾고 있다. 가운데 항공기 동체에 하얀 줄은
이 항공기가 쇼카쿠 소속임을 나타낸다.

폭발 중인 미군 항공모함 USS 렉싱턴. 왼쪽 지평선 너머로 작게 USS 요크타운이 보인다.

폭탄에 피격되어 완전히 파괴된 쇼카쿠의 전방 갑판.
이 피해로 인해 쇼카쿠는 미드웨이 해전에 참가할 수 없게 되었다.

10장

미드웨이 해전(上) — 몰려오는 일본 항공모함
일본군, 미드웨이 공격을 개시하다!

산호해 해전에서 포트모르즈비 점령에는 실패했지만, 일본 해군의 분위기가 결코 나쁘기만 한 것은 아니었습니다. 열 척의 항공모함으로 전쟁을 시작한 일본은 겨우 경항공모함 쇼호 한 척만을 잃었을 뿐이었지요. 반면 미국은 태평양에서 작전 중인 항공모함이 단 다섯 척뿐이었고, 그중 정규 항공모함이었던 렉싱턴 한 척을 잃으면서 가용한 항공모함이 네 척으로 줄어든 불리한 상황이었습니다. 게다가 항공모함 USS 요크타운은 전치 3개월에 해당하는 심각한 피해를 입은 상태였고, USS 사라토가 USS Saratoga 도 일본 잠수함의 어뢰 공격을 받아 수리 중이었습니다. 이런 상황에서 야마모토 사령장관이 강력한 의지로 MI작전을 개시한다면, 지금 당장 가용한 항모가 고작 두 척인 미 태평양 함대로서는 이를 감당하기 어려웠습니다. 당장 미드웨이로 공격해 올 일본 항모가 네 척으로 판단되는 상황에서, 미군은 절대적으로 열세였지요. 그렇기에 미군은 3개월이 필요한 요크타운의 수리를 단 3일 만에 긴급히 진행했습니다. 비록 완벽하진 않았지만 전투 수행이 가능할 정도로 상태를 회복시킨 것이었습니다. 그리고 마침내 요크타운을 미드웨이 전선에 투입하며 투혼을 발휘했습니다.

이런 배경 속에서 일본군의 미드웨이 공략작전이 시작되었습니다. 야마모토는 미 태평양 함대의 본거지인 하와이를 위협하면, 이를 막기 위해 미 항공모함이 모습을 드러낼 것이라고 판단했습니다. 그래서 일본의 대규모 함대를 동원해 미드웨이를 향한 공세를 펼치고자 했습니다. 공세의 주축은 진주만 기습을 현장에서 지휘한 나구모 주이치 제독의 지휘 아래 모인 네 척, 아카기·카가·소류·히류였습니다. 쇼카쿠는 산호해 해전에서 입은 피해로 인해 참가가 아예 불가능했고, 즈이카쿠는 함선은 멀쩡했지만 항공대를 거의 잃어 작전에 참여할 수 없었지요.

여기서 일본 해군의 항공모함 운용에서 아쉬움이 드러나는데요, 그것은 바로 경직된 항공대 배치 방식이었습니다. 당시 일본 해군은 항공모함과 그 예하 항공대를 하나의 묶음으로만 운용했습니다. 예를 들어 즈이카쿠에 배치된 비행대는 즈이카쿠에서만 운용될 수 있었습니다. 그렇기에 산호해 해전에서 예하 비행대가 엄청난 피해를 입자, 즈이가쿠는 함체가 멀쩡했음에도 출동조차 할 수 없었던 것입니다. 반면 미군은 항공모함과 비행대가 별도로 배치될 수 있었고, 실제로 미드웨이 해전을 앞두고는 수리 중인 USS 사라토가의 비행대를, 산호해 해전에서 심각한 피해를 입은 USS 요크타운에 새로 배치하며 유연한 병력배치를 보였습니다. 만약 일본이 즈이카쿠에 새로운 비행대를 편성해 미드웨이 해전에 투입했다면, 역사는 바뀌었을지도 모르지요.

미드웨이 공략을 위해 야마모토는 일본 해군을 여러 방향으로 나누어 편성했습니다. 먼저 알래스카를 위협할 수 있는 알류샨열도 Aleutian Islands 의 애투 Attu 섬과 키스카 Kiska 섬을 공격하기 위해 AK작전 32에 북방함대를 투입했습니다. 미드웨이 방면으로는 나구모 주이치가 지휘하는 제1항공함대를 배치했고, 곤도 노부타케近藤信竹 제독이 이끄는 공략함대와 미드웨이에 상륙전을 벌일 함대가 뒤를 이었습니다. 후방에서는 야마모토 사령장관이 직접 지휘하는 본대가 움직였으며, 그는 세계 최대의 전함이자 일본 해군의 결전병기인 전함 야마토大和에 승선해 전체적인 작전을 지휘할 예정이었지요. 알류샨열도 공략 함대를 제외한 일본 해군의 출동 규모는 항공모함 8척(정규 항공모함 4척, 경항모 4척), 전함 11척, 중순양함 11척, 경순양함 9척, 구축함 65척, 함재기 248기를 보유한 대부대였습니다.

이에 맞서는 미드웨이 작전의 미군 함대는 일본 해군에 비해 수적 열세에 있었습니다. 미군의 전력은 항공모함 3척, 중순양함 7척, 경순양함 1척, 구축함 17척, 함재기 233기, 육군 항공기 127기의 규모였고, 전함은 한 척도 없었습니다. 게다가 일본군이 다양한 방향으로 함대를 편성해 움직이자, 미군은 일본군의 진짜 주공이 어디인지 판단하기도 어려웠습니다.

그러나 3일간의 긴급 수리를 마치고 돌아온 요크타운, 미드웨이섬에서 출격할 수 있는 육군 항공대의 존재, 그리고 진주만 기습 이후 "12월 7일을 기억하라! remember december 7th"는 구호로 상징되는 미군의 높은 전투의지는 상황이 그리 암울하지만은 않다는 증거였습니다. 여기에 가장 중요한 것은, 미군 암호해독반이 일본군의 암호 대부분을 감청하고 해독하고 있었다는 사실이

---

32 애투섬과 키스카섬의 앞 글자를 따서 AK작전이라는 이름이 붙었다.

었지요.

로슈포르 중령 Joseph John Rochefort은 하와이에 있는 미군 암호 해독 기구인 하이포 Hypo에 소속된 암호분석관으로, 산호해 해전 당시 일본 해군이 포트모르즈비를 공격할 것임을 정확히 예측해 낸 유능한 인물이었습니다. 그의 판단 덕분에 요크타운이 홀로 지키던 산호해에 렉싱턴을 추가 파견할 기회를 마련할 수 있었습니다. 미 태평양 함대 사령부의 정보장교 에드윈 레이튼 Edwin Thomas Layton 중령은 로슈포르의 이러한 천재성을 높이 평가했고, 미 태평양 함대 사령관 니미츠 제독도 그들을 전적으로 신뢰했습니다. 로슈포르는 일본군이 다음 목표로 "AF"를 공격한다는 첩보를 청취하고, 곧바로 분석을 시작했지요. AF가 어디를 지칭하는 단어인지 다양한 분석과 직관이 오고 간 결과, 로슈포르 중령은 AF가 미드웨이로 추정된다고 보고했습니다. 그러나 산호해 해전 때와 마찬가지로, 워싱턴의 정보기관은 이를 신뢰하지 않았습니다. 기지를 발휘한 로슈포르는 "미드웨이 기지에 식수 공급 장치가 고장 났다"는 허위 메시지를 일부러 일본 측에게 흘렸지요. 며칠 뒤, 로슈포르와 그의 팀은 "AF에 식수 부족"이라는 일본군의 암호 메시지를 청취하는 데 성공했습니다. AF가 미드웨이라는 사실을 그 스스로 증명해 낸 것이지요. 로슈포르는 이에 멈추지 않고 계속해서 일본군 무선감청으로 얻은 정보의 조각들을 모아 니미츠에게 제공했습니다. 니미츠는 이러한 정보를 바탕으로 본격적인 기습작전을 준비하기 시작했습니다.

둘리틀 특공대를 무사히 출격시킨 미 항공모함 USS 엔터프라이즈와 USS 호넷은, 일본의 미드웨이 공격이 약 열흘 정도 임박한 5월 25일 되어서야 진주만에 입항할 수 있었습니다. 니미츠는 둘리틀 특공대를 성공적으로 출격시킨 윌리엄 홀시 William Halsey 제독을 격려하기 위해 찾아갔는데, 홀시가 매우 고통스러워하며 목을 벅벅 긁는 모습을 보게 됩니다. 니미츠는 그의 피부 상태를 보고 곧바로 진료를 받게 했고, 결과는 대상포진이었습니다. 국가의 명운이 걸린 해상 결전에서는 작은 실수조차 용납될 수 없었습니다. 대상포진으로 인한 가려움과 통증, 스트레스가 홀시의 전투지휘에 영향을 미칠 것이라 판단한 니미츠 제독은 그에게 휴식을 명했고, 대신 조용하고 신중한 성격의 스프루언스 Raymond Spruance 제독을 함대 지휘관으로 임명했습니다. 불같은 성격의 홀시와 달리, 신중한 그의 기질이 지금 상황에서 더욱 빛을 발하리라 생각한 것이었지요. 양측은 각자의 준비를 마쳤고, 태평양 전쟁의 운명을 가를 해상 결전을 치를 순간이 다가오고 있었습니다.

    1942년 6월 4일 새벽, 동이 트는 일출 속의 미드웨이섬. 미군 수비대 병사들은 팽팽한 긴장 속에 연신 하늘을 올려다보며 경계 태세를 늦추지 않았습니다. 암호해독반의 활약 덕분에 일본군의 대규모 공격이 바로 오늘 오전부터 시작될 것이라는 사전 경보가 이미 전파되어 있었기 때문입니다. 더구나 6월 3일 아침의 항공 정찰에서는 일본의 대규모 함대가 미드웨이로 향하고 있다는 사실도 파악할 수 있었습니다. 이러한 정보전에서의 우세 덕분에 미군은 항공모함 세 척으로 이루어진 함대를 미드웨이 동북방 해역에 미리 배치해 두고 일본군의 공격을 기다리고 있었습니다. 이는 '미군 항공모함은 미드웨이 공격이 시작된 뒤에야 진주만에서 출발할 것'이라고 믿었던 일본군의 예상을 완전히 뒤엎는 결과였지요.

일본 해군은 미드웨이를 기습 점령하면, 그제야 미군 항공모함이 당황해 달려올 것이라 믿었습니다. 그리고 그 시점에 나구모의 항공모함 함대와 야마모토의 본 함대가 합류해 미 함대를 격멸하겠다는 목표를 세웠습니다. 그러나 일본군의 미드웨이 공격은 기습이 아니었고, 미 항공모함 함대도 진주만에 있지 않았습니다. 이렇게 느긋한 일본 해군의 작전계획은 쉽게 말해 적의 행동을 나의 의도에 맞춘 결과였습니다. 즉, 내가 생각한 대로 적이 움직여 줄 것이라는 단순한 생각이었지요. 이러한 작전계획은 적이 나의 의도대로 움직이지 않을 때 급속도로 무너질 수밖에 없는 내재적 한계를 안고 있었습니다.

6월 4일 새벽 6시, 미드웨이 해역의 미군 레이더에 대규모의 비행기가 포착되었습니다. 미드웨이섬을 폭격하기 위해 나구모의 항공모함에서 날아오른 일본군 비행대였습니다. 이 첩보를 접수한 미군은 USS 엔터프라이즈와 USS 호넷의 비행대, 미드웨이섬에 주둔한 육군 폭격기를 출격시켜 일본 함대를 공격하기로 했습니다. 동시에 미드웨이섬의 방공체계를 점검하고 전투 태세에 들어갔습니다. 6시가 조금 지난 시각, 미드웨이섬 상공에 나타난 일본군 비행대를 요격하기 위해 미군의 전투기가 출격했지만, 경험 많은 노련한 일본 제로센A6M, ゼロ戰 전투기에 가로막혀 큰 피해를 입고 물러날 수밖에 없었습니다. 제공권을 확보한 일본군 폭격기들은 미드웨이섬의 비행장과 격납고, 탄약고 등을 향해 폭격을 퍼부었습니다.

그러나 이미 전투준비를 마친 미드웨이는 진주만과는 달랐습니다. 미군의 대공포는 계획된 담당구역을 향해 포탄을 쏟아내며 일본군 항공기를 하나둘 격추하기 시작했지요. 일본군 조종사들은 맹렬한 미군의 대공포화에 당황했지만, 공세를 멈추지 않았습니다. 한 시간 동안 이어진 폭격의 결과, 미드웨이섬의 피해는 미미했으나 일본군 항공대는 25기가 격추되거나 심각한 손상을 입었고, 30기가 크고 작은 피해를 받아 재정비가 필요했습니다. 출동한 항공기의 20퍼센트가 넘는 피해였지요. 미드웨이 해전의 전초전이라 할 수 있는 미드웨이 상공에서는 미군이 유리하게 초반전을 펼치고 있었습니다.

많은 피해를 입은 일본군 비행대는 기함 아카기에서 지휘 중인 나구모에게 다급히 무전을 보냈습니다. 비행대가 입은 피해가 막심하며, 미드웨이 상륙작전을 위해서는 2차 폭격이 반드시 필요하다는 보고였지요. 이 소식을 들은 나구모는 2차 공격을 결심하고 즉각 명령을 하달했습니다. 그 명령은 "항공모함에서 대기 중인 2차 비행대는 지금 장착하고 있는 대함對艦, 함선 대상용 무장을 모두 떼고, 육상 공격용 폭탄으로 바꿔 장착하라"는 것이었습니다. 이는 사령장관 야마모토 제독이 출동 전 지시한 "대기 중인 항공기의 절반은 무조건 대함용 어뢰를 장착할 것"이라는 지시를 어기는 결정이었습니다. 야마모토 제독은 혹시라도 미군 항공모함이 예상보다 빨리 나타난다고 하더라도 즉각 대응할 수 있는 대비책을 마련해 두고자 했기에 이런 지시를 내렸던 것이지요. 그러나 나구모는 지금까지 철저히 정찰을 벌였음에도 미군 항공모함이 발견되지 않았다는 점33을 들어 대함용 무장을 해제하고,

지상 공격용 폭탄을 장착하라는 명령을 내렸습니다. 지시를 받은 항공모함의 수병들은 투덜거리면서도 지상 공격을 위한 무장 전환 작업에 나섰습니다.

그때였습니다. 일본 함대 상공에 미군 항공기들이 갑작스럽게 모습을 드러냈습니다. 미군 항공모함에서 날아온 폭격기와 뇌격기, 그리고 미드웨이에서 발진한 육군 폭격기들이 약 한 시간에 걸쳐 일본 함대를 공격했습니다. 순식간에 일본 함대는 아수라장이 되었고, 각 항공모함들은 미군의 폭탄 투하를 피하려고 서로 다른 방향으로 원을 그리며 회피 기동에 나섰습니다. 함대 진형은 완전히 흐트러졌고, 계속되는 회피 기동과 대공포화, 전투의 소음이 일본 함대를 뒤덮었습니다. 회피를 위해 거대한 항공모함이 좌우로 크게 기우뚱거릴 때마다 무장 전환 작업은 중단되기 일쑤였고, 그 결과 항공모함 내부의 격납고는 엉망진창의 지저분한 상황 속에서 시간을 보낼 수밖에 없었지요.

그럼에도 불구하고 미군 항공기들은 막대한 피해를 입으면서도 공격을 이어갔습니다. 특히 일본 함대의 상공을 엄호하던 일본 전투기들의 근접전에 큰 타격을 입었지만, 미군은 공격을 멈추지 않았습니다. 상공에서는 일본 전투기와 미군 항공기가 치열하게 교전을 벌였고, 함선에서는 대공포화가 연이어 하늘로 솟구쳤습니다. 여기에 항공모함 내부에서는 무장 전환 작업으로 인한 어수선함까지 겹쳐 일본군의 피로는 누적되고 있었지요. 아마 나구모 제독의 머리는 폭발하기 일보 직전이었을 것입니다. 주변

---

33 사실 미군 항공모함은 이 시점에서 이미 미드웨이 해역에 있었다. 다만 일본군이 발견하지 못했을 뿐이었다.

에서는 참모들이 계속해서 정신없이 다양한 보고를 올리며 결심을 재촉했고, 미군 항공기는 공격해 오는 데다 무장 전환 작업은 여전히 진행 중이었습니다.

여기에 엎친 데 덮친 격으로, 미드웨이 공격을 마친 1차 공격대가 착륙하기 위해 항공모함으로 귀환하면서 그야말로 일본군의 지휘체계는 엉켜버리고 말았습니다. 게다가 갑자기 마른하늘에 날벼락과 같은 보고가 전해졌습니다. 일본군 중순양함 토네利根의 정찰기로부터 "인근 해역에서 미군 함대 발견"이라는 보고가 들어온 것이었습니다. 이 소식을 들은 나구모의 머릿속은 복잡해졌습니다. 1차 공격대를 먼저 항공모함에 착륙시키자니 공격대의 발진이 늦어질 테고, 그렇다고 공격대를 먼저 발진시키자니 1차 공격대가 연료 부족으로 모두 바다에 떨어질 위험이 있었지요. 게다가 자신의 명령으로 대함용 무장을 지상 공격용 폭탄으로 바꾸고 있는 지금, 미군 항공모함이 나타난 것이라면 다시 대함용 무장으로 되돌려야 했습니다. 이런 판단 속에서 또다시 미군 항공기의 공습이 시작되었고, 나구모는 과부하 상태에 빠지고 말았습니다. 나구모의 고민을 종합하자면 다음과 같습니다.

"미군 함대가 왜 지금 여기 있지? 항공모함이 포함된 함대일까? 그럼 난 미드웨이 공격을 속행해야 하나, 아니면 미군 함대를 격멸해야 하나? 무장 전환 작업은 멈춰야 하나, 그대로 진행시켜야 하나? 1차 공격대를 먼저 착륙시켜야 하나, 아니면 새로운 공격대를 먼저 출격시켜야 하나?"

고민에 고민을 거듭하던 나구모는 우선 무장 전환 작업을 멈추고, 미군 함대에 대한 정찰을 강화하기로 했습니다. 무엇보다도 미군 항공모함의 존재 여부가 가장 중요한 판단기준이었지요. 그러나 그는 10분이 넘는 황금 같은 시간을 허비하며 결단을 내리지 못한 채 안절부절못하고 있었습니다. 좁디좁은 아카기의 함교 안에서는 참모들이 언성 높이며 토론을 벌였고, 나구모는 그 속에서 완전히 혼란에 빠져 있었습니다. 항공모함 히류에 탑승한 불같은 성격의 야마구치 다몬山口多聞 제독은 끊임없이 나구모에게 2차 공격대 먼저 발진시키자고 요청했지만, 그의 제안은 끝내 받아들여지지 않았습니다.

　잠시 뒤, 일본군 정찰기로부터 추가 정보가 들어왔습니다. "미 항공모함이 보인다"는 보고였습니다. 이 소식은 나구모와 참모들을 충격에 빠뜨렸습니다. 나구모는 즉각 무장 전환 작업을 중단하고, 다시 원래대로 대함용 무장으로 되돌리라는 지시를 내리는 한편, 복귀한 1차 공격대를 먼저 착륙시키라고 명령했습니다. 그러나 이 결정은 이미 너무 늦은 것이었지요.

　한편, 미군은 막대한 피해를 입으면서도 일본 항공모함에 대한 공격을 멈추지 않았습니다. USS 호넷 소속 제8뇌격기대대의 15기, USS 엔터프라이즈 소속 제6뇌격기대대의 14기, USS 요크타운 소속 제3뇌격기대대의 12기가 일본 함대를 향해 돌진했습니다. 전투기의 호위조차 없는, 그야말로 혈혈단신의 용감한 돌격이었지요. 그러나 제8, 제3뇌격기대대는 모두 일본 제로센 전투기에 전멸당했고, 제6뇌격기대대는 겨우 4기만이 귀환했습니다. 요크타운에서 함께 날아온 소수의 미군 전투기가 목숨을 걸고 뇌격기들을 지켰지만, 일본 제로센 전투기는 수와 성능 모두에서 그들을 압도한 결과였습니다. 그야말로 엄청난 피해였습니다.

　나구모도 점차 혼란에서 벗어나면서 일본 함대는 전열을 가다듬기 시작했습니다. 당시 일본 항공모함은 신속한 공격대 발진을 위해, 각 항공모함에서 서로 다른 종류의 항공기를 띄워 혼합 편대로 운용하는 방식을 택하고 있었습니다. 균형 잡힌 공격을 위해서는 전투기·폭격기·뇌격기의 항공기가 혼합되어야 했습니다. 그런데 만약 한 척의 항공모함에서 이들 모두를 발진시키려면 시간이 너무 많이 걸렸습니다. 반면 세 척의 항공모함에서 각각 전투기·폭격기·뇌격기 비행대를 발진시킨다면, 적군이 한 개의 비행대를 띄우는 동안 이쪽은 세 개의 비행대를 발진시켜 즉각 공격에 나설 수 있었고, 2차·3차 공격대를 남겨두어 향후 작전에 활용할 수도 있었습니다. 미군 함대의 뇌격기를 거의 전멸시킨 지금, 신속히 항공기를 발진해 공격했다면 일본군의 승리는 확실했을 터였습니다.

　바로 그때였습니다. 일본 함대 상공에 갑자기 미군 폭격기들이 나타났습니다. 수면을 스치듯이 날아오는 뇌격기들을 잡느라, 일본군 전투기들은 모두 해면 가까이에서 비행하고 있었습니다. 그 순간, 고공에서 미군의 급강하 폭격기들이 등장한 것이었지요. 일본 제로센 전투기 조종사들은 재빠르게 엔진 출력을 높여 급강하 폭격기들이 폭격 코스에 진입하는 것을 막으려고 상승했습니다. 그러나 은빛 폭포처럼 미군 급강하 폭격기들은 혼란에 빠진 일본 함대 한가운데로 내리꽂히기 시작했습니다. 일본군에게는 최악의 순간에, 미군의 반격이 시작된 것이었습니다.

1942년 4월 인도양 작전에서 항공기를 발진시키는 아카기의 모습.
일본 함대의 기함으로, 거대한 함체를 자랑했다.

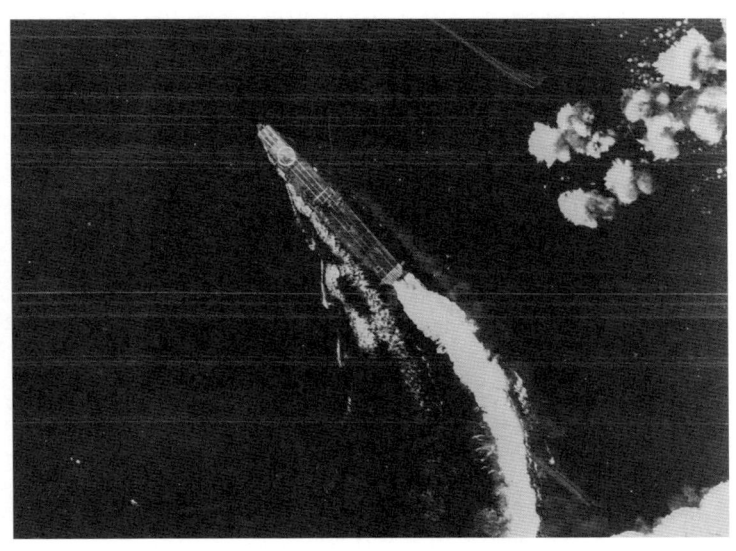
미드웨이섬에서 발진한 미군 B-17 폭격기의 공격을 회피하는
일본 항공모함 '히류'의 모습. 일본 해군은 미군 항공모함의 공세와 함께
미드웨이섬에서 날아온 공격에도 동시에 대응해야 했다.

11장

미드웨이 해전(下) — 미군, 전세를 뒤집다!
일본 항공모함 전멸, 승부의 향방이 바뀌다

항공모함 히류에 탑승한 야마구치 다몬 제독은 답답한 마음으로 전장을 바라보고 있었습니다. 미군 항공기들의 공격은 여전히 이어지고 있었지만, 우유부단한 나구모의 판단 탓에 일본 함대의 반격은 시작조차 하지 못하고 있었습니다. 오전 10시경, 미군의 뇌격기 수십 대가 파도처럼 몰려와 일본 항공모함을 향해 돌진했습니다. 그러나 그들은 일본 제로센 전투기의 맹렬한 추격에 차례로 격추되어 바다에 떨어졌습니다. 그 현장을 바라보던 야마구치는 곧 함대의 혼란이 끝날 것이라 생각했습니다. 이제 미군도 재정비가 필요할 테니, 이제는 자신들이 공격할 차례라고 믿었던 것입니다. 그런데 그때였습니다. 높은 하늘 구름 속에서 어둠처럼 미군 급강하 폭격기들이 나타났습니다.

미군 급강하 폭격기들이 카가 쪽으로 날아들자, 히류는 즉각 카가에게 신호를 보내 미군기의 출현을 알렸습니다. 카가는 '수신 완료'라는 답신을 보낸 뒤, 서서히 방향을 틀어 회피 기동에 들어가며 동시에 대공포화를 퍼부었습니다. 미군 급강하 폭격기들이 투하한 폭탄이 카가 주변 바다에 잇달아 떨어지며 하얀 포말과 함께 거대한 물기둥이 솟구쳤습니다. 공격받는 카가의 모습은 아카기에서도 보였지요. 바다 위로 치솟는 물기둥을 바라보던 아카기의 장교들은 카가가 회피하는 데 성공할 것이라 생각했습니다. 얼마 지나지 않아 그 희망은 절망으로 바뀌었습니다. 카가의 후방 갑판에서 갑자기 불길이 솟아올랐습니다. 카가의 후방 엘리베이터와 격납고는 순식간에 파괴되었고, 화재가 발생했습니다. 이후 카가 지휘부가 피격에 대응하려던 바로 그 순간, 미군의 폭탄이 카가의 함교에 명중하며 지휘부 인원 다수가 현장에서 전사했습니다. 폭발의 충격으로 주변으로 튕겨 나간 수병들은 고개를 들어 함교를 바라보았으나, 이미 함교는 불길 속에 휩싸여 있었습니다. 지휘부를 잃은 카가에서 수병들은 이제 각자의 위치에서 생존을 위해 뛰어야만 했습니다.

히류의 좌현 너머로, 불길에 휩싸인 카가의 모습이 뚜렷이 보였습니다. 이를 본 야마구치는 쌍안경을 들어 다른 항공모함들의 상황을 확인했습니다. 좌현 쪽의 아카기는 아직 멀쩡했습니다. 그러나 고개를 돌려 우현 측의 소류를 바라본 순간, 그 상공에도 무언가가 보였습니다. 카가와 거의 동시에 진입한 미군 급강하 폭격기였습니다. 구름 사이에서 모습을 드러낸 미군 급강하 폭격기들이 소류의 거의 머리 위에서 수직으로 낙하했습니다. 소류는 대공포의 화력을 최대한 집중하기 위해 좌측으로 배를 틀고, 우현의 대공포를 쏘아대며 필사적으로 저항했습니다. 그러나 소류도 운명을 피할 수 없었습니다. 갑판에만 세 발의 폭탄을 맞은 소류는 거대한 폭발과 함께 순식간에 화염에 휩싸였습니다. 카가와 마찬가지로, 소류의 내부 격납고에는 아침부터 번복된 무장 전환 지시로 인해 다양한 종류의 폭탄과 탄약, 연료가 무질서하게 어지럽게 널려 있었습니다. 이런 상황에서 터진 미군의 폭탄은 그 야말로 재앙과도 같았습니다. 시뻘건 화염이 소류의 선체를 집어 삼키기 시작했습니다.

미군이 급강하 폭격을 시작할 때, 미군 급강하 폭격기 조종사 리처드 베스트 Richard Best 대위는 아카기와 카가 중 카가를 목표로 공격할 생각이었습니다. 그런데 무선통신의 혼선으로 지휘 체계가 뒤섞이면서, 동료 조종사 모두가 카가를 향해 급강하를 시작하자, 그는 재빠르게 급강하를 포기했습니다. 이미 카가를 공격하려고 급강하를 하다가 멈췄기 때문에 고도가 조금 낮아진 상태였지요. 잠시 뒤 동료들의 공격으로 카가에서 불길이 솟아오르는 것을 본 베스트 대위는, 자신과 함께 비행 중이던 2기의 동료들과 함께 새로운 목표를 아카기로 정했습니다. 그리고 단 3기의 급강하 폭격기로, 일본 최대의 항공모함이자 미드웨이 해전의 기함인 아카기를 향해 곧장 급강하하기 시작했습니다.

다른 동료가 먼저 수행한 급강하 폭격의 첫 폭탄은 함교 바로 옆 바다에 떨어지며 거대한 물기둥을 만들어 냈습니다. 그 물기둥이 그대로 함교를 덮쳤고, 함교에서 지휘하던 나구모와 참모 장교들은 그대로 물벼락을 맞았습니다. 이어 베스트 대위가 투하한 두 번째 폭탄은 비행 갑판의 중앙 부분에 그대로 명중했고, 어지럽게 쌓여 있던 격납고 내부에서 폭발하며 대규모 화재를 일으켰습니다. 마지막 세 번째 폭탄은 함미에 떨어져 아카기의 키를 파손시켰고, 이로 인해 아카기는 방향 전환이 불가능해졌습니다. 나구모가 번복한 무장 전환 지시는 결국 엄청난 나비 효과를 불러왔습니다. 미드웨이 작전에 참가한 네 척의 항공모함 중 카가,

소류, 아카기가 순식간에 화염에 휩싸이기까지 걸린 시간은 불과 5분. 단 5분 만에 세 척의 항모가 전투 불능에 빠졌습니다. 그야말로 눈 깜짝할 사이에, 미드웨이 해전의 극적인 전세 역전이 시작된 순간이었습니다.

일본 함대의 기함 아카기의 함교에서, 나구모는 멍하니 서서 불타는 항공모함을 묵묵히 바라보고 있었습니다. 그때 아카기 함장 아오키 타이지로青木泰二郎 대좌가 나구모에게 즉시 배를 떠날 것을 건의했습니다. 그러나 나구모는 퇴함을 거부하고, 치명상을 입은 아카기에서 계속 지휘를 하겠다고 고집했습니다. 그는 이미 현실을 부정하고 있었습니다. 세계 최대의 항공모함 함대를 지휘하던 그는, 순간의 방심으로 인한 패배를 결코 받아들이려 하지 않았던 것이지요. 아오키 함장은 나구모를 설득했습니다.

"배를 구하는 것은 함장인 저의 의무입니다. 그러나 함대를 지휘하는 것은 나구모 제독님의 의무입니다. 아직 해전은 끝나지 않았습니다."

아오키 함장의 설득에 나구모는 서서히 목석 같던 몸을 일으켰습니다. 덮쳐오는 불길을 피해 나구모와 참모들은 아오키 함장을 뒤로한 채 구명보트를 내려 탈출했습니다. 나구모의 퇴함을 확인한 아오키 함장은 곧바로 배를 살리기 위한 노력을 이어갔지만, 이미 불바다가 된 아카기를 살리는 것이란 불가능에 가까웠습니다. 아카기, 카가, 소류의 승조원들은 이제 미군이 아닌 화재와 싸우며 살아남아야만 했습니다.

일본 함대가 엄청난 피해를 입으며 순식간에 수세에 몰린 것은 사실이었지만, 해전은 아직 끝나지 않았습니다. 히류가 남아 있었기 때문입니다. 나구모가 아카기를 떠나면서 잠시 지휘 공백이 생기자, 히류에 탑승해 있던 야마구치 다몬 제독은 평소의 적극적이고 불같은 성격답게 히류에 있는 모든 항공기를 공격대로 편성해 급히 발진시켰습니다. 이어 요크타운에서 날아온 미군 항공기들을 전멸시킨 그는, 중순양함 치쿠마筑摩에 탑승해 있던 아베 히로아키阿部弘毅 제독에게 다음과 같은 발광신호를 보냈습니다.

"전기全機 지금 발진, 적 공모空母 34를 격멸할 것임."

이제 히류는 혼자서 엔터프라이즈, 요크타운, 호넷 세 척을 상대해야 했습니다. 그러나 야마구치는 미 항모가 한 척, 아니 많아야 두 척일 것이라고 판단했습니다. 그렇기에 만약 히류가 남은 두 척의 미군 항모를 격침시킨다면, 기울어진 승부의 무게추를 되돌릴 수 있을지도 모른다고 생각했습니다. 그때 모습을 드러내지 않았던 나구모가 무선통신에 등장했습니다. 그는 불타는 아카기에서 떠나 경순양함 나가라長良에 탑승해 다시 지휘를 시작한 것이었지요. 나구모에게는 아직 항공모함 한 척히류, 전함 두 척, 순양함 세 척, 구축함 다섯 척이 남아 있었습니다. 나구모는 어떻게 해서든 자신의 실수를 만회하고 싶었습니다. 그는 나가라의 속도를 높이며 전 함대에 집결 명령을 내리고, 자신에게 오라는 통신을 계속 발신했습니다. 히류가 항공력으로 적의 항모를

---

34 일본에서 항공모함을 줄여 부르던 명칭이다.

상대하는 동안, 남은 함대는 모두 미군 함대에 돌격해 근접 야간 전투로 격멸시키겠다는 계획이었습니다.

정오가 조금 지난 시각, 히류의 공격대는 미군 항공모함을 발견했습니다. 산호해 해전에서 큰 피해를 입고, 급한 수리만을 받은 채 미드웨이로 출동한 요크타운이었지요. 미군 항공모함 세 척은 서로의 전투기 부대를 유기적으로 운용하며 함대의 상공을 엄호했고, 히류 공격대의 절반이 넘는 기체가 격추되었습니다. 그러나 일본군의 폭탄 세 발이 요크타운의 갑판과 기관부, 연돌을 차례로 명중시키며 피해를 입혔습니다. 미군은 즉시 대응에 나섰습니다. 가연성 물질과 폭탄을 과감히 바다에 모두 버리고, 지난번처럼 급속 수리에 들어갔습니다. 엄청난 속도로 화재를 진압한 요크타운은, 다시 전투준비를 마쳤습니다.

바로 그때, 히류의 2차 공격대가 요크타운 상공에 다시 등장했습니다. 그들은 곧바로 요크타운을 향해 달려들었습니다. 피해가 막심했지만, 일본군의 노련한 전술은 여전히 위협적이었습니다. 2차 공격대는 먼저 어뢰 한 발을 요크타운에 발사했습니다. 요크타운이 어뢰를 피하기 위해 방향을 잡고 회피 기동에 들어가자, 일본군은 그 움직임을 예측해 또 다른 어뢰 한 발을 발사했습니다. 이렇게 시간차를 두어 요크타운을 공격한 결과, 요크타운은 두 발의 어뢰를 맞고 치명적인 피해를 입었습니다. 점차 바닷물이 선내로 밀려들었고, 수리반원들의 적극적인 수리에도 불구하고 요크타운은 서서히 가라앉았습니다.

그러나 일본군은 한 가지 오판을 하고 있었습니다. 자신들이 미군 항공모함 두 척을 격침시켰다고 착각한 것이었지요. 이 착각의 원인은 바로 요크타운이 보여준 놀라울 만큼 빠른 수리 속도에 있었습니다. 히류의 2차 공격대가 요크타운을 발견했을 때, 요크타운은 완전히 새로운 항공모함처럼 보일 정도로 복구되어 있었습니다. 그렇기에 일본군은 방금 전까지만 해도 불길에 휩싸여 있던 그 배가 요크타운이라고는 전혀 알지 못했고, 새로운 항공모함인 엔터프라이즈로 착각한 채 공격을 시도했던 것이었습니다.

이런 착각 때문이었을까요. 일본군은 다시 적극적으로 전투에 임했습니다. 히류의 분투로 미 항공모함 두 척(실제로는 한 척)을 격침시켰다고 믿었고, 전함과 순양함 등 일본 해군의 남은 전력은 여전히 미군을 압도하고 있었습니다. 이제 나구모가 이끄는 함대가 미군에 근접해 돌입하기만 하면, 이 길고도 힘겨웠던 해전의 승리를 자신들이 가져올 수 있다고 생각했습니다.

그러나 실상은 전혀 달랐습니다. 일본의 예상과 달리 미군 항모는 총 세 척이었고, 히류가 보유한 항공기는 이제 열 손가락으로 셀 수 있을 정도였습니다. 게다가 이른 아침부터 이어진 전투로 인해 살아남은 조종사들마저 식사를 거른 채 계속 비행하고 있었습니다. 늦은 오후, 해가 뉘엿뉘엿 지자 식사가 배급되었고, 조종사들은 주린 배를 움켜쥔 채 식사를 시작했습니다. 그러나 오래 지나지 않아 그들은 꾸벅꾸벅 졸기 시작했습니다. 이미 히류는 군함도, 사람도 한계에 다다른 상태였습니다.

바로 그때, 히류의 상공에 미군 급강하 폭격기 25기가 나타났습니다. 미군은 석양을 등지고 일제히 히류에게 날아들었습니다. 히류는 급히 몸을 틀어 폭격을 피하려 애썼고, 나가라를 비롯한 주변의 순양함과 전함들은 일제히 대공포화를 쏟아붓으며 미군 폭격기의 진입을 방해하려 했습니다. 그러나 너무 늦었습니다. 나구모가 지켜보는 앞에서 히류는 갑판에 네 발의 폭탄을 얻어맞으며 불길에 휩싸였습니다. 너무나 무모했던 공격이 불러온 대참사가 완성되는 순간이었습니다. 히류는 화재로 인해 갑판이 타버리면서 전투 기능을 잃었지만, 군함 자체의 항해 능력은 남아 있었습니다. 그러나 문제는 걷잡을 수 없이 번져가는 불길이었습니다. 야마구치 제독은 화재를 진압하려 했으나, 역부족이었습니다. 불타는 관이 되어버린 히류는 점차 가라앉기 시작했습니다. 히류를 지키기 위해 날아올랐던 일본 제로센 전투기들은 돌아갈 곳을 잃은 채, 히류 주변 하늘을 의미 없이 선회하고 있었습니다. 이대로 가면 히류가 미군에게 포획될 것을 우려한 일본 해군은, 승조원 전원이 탈출한 것을 확인한 뒤 어뢰를 발사해 격침을 결정했습니다. 야마구치 제독은 끝내 퇴함하지 않고 남았으며, 결국 히류와 운명을 함께했습니다.

　　마지막 남은 항공모함마저 전투 불능에 빠지는 것을 본 나구모는 절망에 빠졌습니다. 히류의 항공엄호 없이, 미 함대가 있을 것으로 판단되는 지점까지 160km를 항진해 나갈 수는 없었습니다. 유일한 희망은 밤이 빨리 찾아와 어둠이 함대를 숨겨주는 것이었습니다. 야간이 된다면, 함대를 숨긴 채 은밀하게 미군에게 접근할 수 있을지도 모른다고 생각했습니다. 그러나 미군도 바보가 아니었지요. 히류의 침몰을 확인한 미군은 즉시 일본군의 반대 방향으로 키를 돌려 전속력으로 해역에서 이탈하기 시작했습니다. 미군은 아직 항모가 두 척이나 남아 있었기에, 밤이 되면 일본 함대와 거리를 벌리고, 다시 아침이 밝으면 항공기를 출격시

커 일본 함대를 타격하면 그만이었습니다. 일본 함대는 다른 선택지가 없었습니다. 나구모는 이 모든 상황을 야마모토 제독에게 보고하고 철수를 건의했습니다. 그나마 일본군에게 위안이 된 것은, 전투불능에 빠져 수리를 지속하던 USS 요크타운이 결국 침몰했다는 사실뿐이었습니다.

미드웨이 해전이 끝난 지 일주일째 되던 날, 아카기에 종군기자로 탑승해 미드웨이 해전의 한복판에 있었던 마키시마 타다시 牧島貞 기자는 지친 몸을 이끌고 경순양함 나가라에 올라 군항 구레옷에 입항했습니다. 전쟁의 공포와 피로를 온몸으로 겪은 그는, 한시라도 빨리 육지에 발을 딛고 싶었습니다. 수천 명이 죽어간 미드웨이의 바다를 본 뒤로는, 울렁이는 파도 속 깊은 바다를 내려다보는 것만으로도 섬뜩함이 밀려왔습니다.

'곧 입항 수속이 끝나면 상륙할 수 있어. 그리고 곧바로 도쿄로 돌아가는 거야!'

그는 스스로를 다독이듯 입술을 굳게 다물었습니다. 주변의 수병들도 면도를 하고, 새 전투복을 꺼내 입으며 상륙 준비에 분주했지요. 그러나 들떠 있던 그들에게 돌아온 것은 야마모토 제독이 직접 내린 상륙 금지 명령이었습니다.

미드웨이 해전은 개전 이후 승승장구하던 일본 해군이 처음으로 맛본 실패였고, 항공모함 네 척을 잃는 엄청난 피해를 가져온 참혹한 패배였습니다. 게다가 항공모함의 손실뿐만 아니라, 3,000여 명의 정예 수병들 또한 태평양 바닷속으로 사라졌습니다. 일본 해군은 이 뼈아픈 패배를 숨겨야만 했습니다. 그러나 미드웨이 해전에서 살아 돌아온 이들만도 3,000명에 달했습니다.

이들을 상륙시킨다면, 아무리 언론을 통제하더라도 소문은 빠르게 퍼져 나갈 것이고, 전쟁 수행을 위한 국민 통제가 어려워질 것을 그들 스스로도 잘 알고 있었습니다. 미드웨이에서 돌아온 이들은 상륙과 외부와의 접촉이 모두 금지된 채 시간을 보내야 했고, 시간이 지나자 각자 새로운 부임지로 임명되어 상륙은커녕 곧바로 다른 함대로 이동해야 했습니다. 생존자들은 남방의 외딴섬이나 최전선의 함대에 배치되었습니다. 일본 군부는 입을 막지 않아도, 전쟁의 참혹함이 스스로 그들의 입을 닫게 만들기를 기대했던 것입니다. 그리고 실제로 많은 이들이 전장에서 전사하면서, 군부의 의도는 현실이 되었습니다. 목숨을 걸고 싸워 살아 돌아온 자들에 대한 대우는 이토록 처참했습니다.

그러던 중 한 장교가 마키시마 기자를 불러 경고했습니다. 마키시마가 침몰한 일본 해군의 기함 아카기에 승선했던 인물이었기 때문이었습니다. 그 장교의 표현에 따르면, "특히 항공모함에 타고 있던 전투 참가자는 전과자 취급을 받게 된다"는 것이었습니다. 그리고 "이젠 살아서는 도쿄에 돌아갈 수 없을 것"이라며, "만약 도쿄에 발을 붙이는 순간 헌병대에 의해 즉각 체포될 것"이라고 덧붙였습니다. 미드웨이 해전의 패배를 눈앞에서 생생히 목격한 마키시마는 이제 묵묵히 고개를 숙이고 그 말을 받아들였습니다. 그리고 해군 보도부의 히라테 대좌 앞으로 자신의 유서를 보냈습니다. 자신이 죽으면 가족에게 꼭 전달해 달라고 말이지요. 다른 전장으로 하나둘 떠나가던 장교들은 이제 거의 모두 떠났고, 나구모 제독과 그의 참모장 쿠사카 류노스케草鹿龍之介, 그리고 마키시마 기자만이 남았습니다. 마키시마는 힘없이 농담을 건넸습니다.

"이제 제가 이 세 사람뿐인 함대에서 참모장님 다음으로 높은 사람이 되었군요."

쿠사카는 웃으며 대답했습니다.

"그럼 이제 자네가 선임 참모일세."

며칠 후, 마키시마 기자는 '인도양에 다녀오라'는 명령을 받고, 중순양함 쿠마노熊野로 갈아탔습니다. 쿠마노는 구축함들의 호위를 받으며 구레를 출항해 다시 인도양으로 향하는 긴 항해를 시작했습니다. 갑판 위에 선 마카시마는 육지가 멀어져 시야에서 완전히 사라질 때까지 눈을 떼지 않았습니다. 그리고 고개를 떨군 채 생각했습니다.

이번에야말로 살아서 돌아오지 못할 것이라고 말입니다.

미 항공모함 USS 호넷 소속 SBD 돈틀리스(Dauntless) 급강하 폭격기가 일본 함대를 향해 비행하고 있다.

미드웨이 해전 도중, 불타는 요크타운의 모습.
일본군 폭탄 세 발에 피격되었지만, 요크타운은 신속하게 수리를 마치고 다시 전투에 나섰다.

불타는 히류의 모습. 화재로 전방갑판이 완전히 소실되어
전투 임무 수행이 불가능해졌고, 결국 침몰했다.

12장

과달카날 전투(上) — 일본 해군의 야간 기습작전
미군의 허를 찌른 일본 해군의 근접전!

미드웨이 해전의 패배는 일본군에게 엄청 뼈아픈 타격이었습니다. 진주만 공습에서 인도양 작전에 이르기까지 종횡무진 활약하던 일본의 항공모함 네 척과, 함께 운용되던 숙련된 조종사와 수병들이 순식간에 증발해 버렸으니까요. 물론, 미드웨이 해전의 결과 하나만으로 전쟁의 주도권이 완전히 미국으로 넘어간 것은 아니었지만, 일본군은 이제 개전 초반의 압도적인 해군력을 과시할 수 없게 되었습니다. 일본의 쾌속 진격은 예리함과 강력함을 잃었고, 전쟁은 잠시 소강상태에 들어갔습니다.

    그에 반해 미군은 미드웨이 해전의 승리로 잠시나마 숨을 고를 수 있었습니다. 그러나 전쟁에서 최종 승리를 거두기 위해서는 더 큰 성과가 필요했습니다. 미군은 이제 수세적 입장에서 벗어나, 일본의 공세에 종지부를 찍을 수 있는 목표를 찾기 시작했습니다. 그렇게 된다면 공세의 주도권은 일본이 아닌 미국으로 넘어올 것이기 때문이었습니다. 그리고 마침내 미군이 찾아낸 목표물은 호주 동북방 솔로몬제도 Solomon Islands 의 작은 섬, 일본군이 점령하고 있는 과달카날 Guadalcanal 이었습니다.

    과달카날은 뉴기니 New Guinea 에서 동쪽으로 뻗어 나온 솔로몬제도의 동남쪽에 위치한 섬입니다. 거기서 다시 동남쪽으로 꺾어 내려가면 뉴질랜드가 나오지요. 미국에서 호주로 진입하기 위해서는 반드시 거쳐야 하는 관문과 같은 곳이었습니다. 이러한 사실은 일본군도 아주 잘 알고 있었기에, 미군의 접근을 차단하기 위해 이미 1942년 5월 과달카날섬을 점령했습니다. 그리고 미드웨이 해전의 패배 소식이 전해지자, 7월에는 3,000여 명의 공사 인부(많은 수가 조선인이었습니다)와 소수의 경비병력을 과달카날섬으로 급파해 비행장 건설에 착수했습니다. 미드웨이 해전에서 항공모함 네 척을 잃은 일본은, 이곳을 거점으로 미국과 호주의 연결을 끊고, 견고한 항공 거점을 마련하고자 했던 것입니다. 이곳에 비행장을 건설한 뒤 일본의 제로센 전투기와 폭격기를 배치한다면, 항공모함이 없어도 미군 함대를 효과적으로 견제할 수 있을 테니까요. 같은 이유로 미군도 이 과달카날을 무척이나 탈환하고 싶어 했습니다.

    1942년 8월 7일, 약 2만여 명의 미 해병대가 과달카날에 상륙하며 미군의 반격이 시작되었습니다. 상륙에 성공한 미군 해병대는 곧바로 룽가 Lunga 곶 인근에 있던 일본군 비행장을 장악했습니다. 두 달 동안 이어진 공사로 완공 직전이던 이 비행장은, 대부분 강제 징용된 조선인 노무자들의 손으로 지어지고 있었습니다. 마무리 공사를 진행하던 인부들과 소수의 해군 경비 인원은 대응을 포기하고 해안을 떠나 섬 중앙의 정글로 도망칠 수밖에 없었습니다. 척박한 남태평양의 밀림섬에서 두 달 동안 고생해서 지은 일본군 비행장은 이렇게 손쉽게 미군의 손에 넘어갔습니다. 미군은 이 비행장을 '핸더슨 Henderson 비행장'이라고 불렀습니다. 이는 미드웨이 해전에서 자신의 기체가 일본군 대공포화에 맞아 귀환이 어려워지자, 일본 항공모함 카가를 향해 자신의 불타는 기체를 몰고 돌격한 로프턴 핸더슨 Lofton Henderson 소령을 기리기 위한 것이었습니다.

미군이 과달카날에 상륙해 비행장을 빼앗겼다는 소식은, 일본 대본영大本營 35을 충격에 빠뜨렸습니다. 그 이유는 두 가지였습니다. 첫째는 '미군의 반격 시점이 너무 빠르다'는 것이었습니다. 일본은 진주만 공격으로 미 태평양 함대를 무력화하는 데 성공했으므로, 미군이 이 피해를 극복하고 공세로 전환하기까지는 최소한 1943년 중반은 되어야 할 것으로 예상하고 있었습니다. 그렇기에 과달카날에 비행장을 건설하면서 거점을 준비하기 시작했던 것이지요. 그러나 1942년 8월에 미군의 예상치 못한 반격이 시작되자 당혹스러울 수밖에 없었습니다. 두 번째 이유는, 해군을 제외한 대본영의 육군과 심지어 각 부의 대신들까지도 과달카날에 비행장을 건설하고 있었다는 사실은커녕 과달카날이라는 지명조차 처음 듣는 수준이었습니다. 해군은 과달카날에 비행장을 건설하면서, 이 사실을 정부나 심지어 육군에게도 알려주지 않고 있었습니다. 사태가 심각해진 뒤에야 회의의 주요 안건으로 '과달카날의 비행장 탈환 작전'을 해군이 요청했지만, 정부와 육군은 기가 막힐 뿐이었습니다. 이는 전통적으로 일본 군부 내 존재해 온 육군과 해군의 갈등과 대립에서 비롯된 것이었습니다.

회의 결과, 일본군은 과달카날섬의 전략적 중요도를 고려해

35　통수부(육군 참모본부, 해군 군령부)를 주축으로 하는, 일본 육군과 해군의 전쟁지도 기구.

즉각 반격 작전을 펼치기로 결정했습니다. 이를 위해 원래 미드웨이섬을 공략하기 위해 집결시켰던 육군 부대를 재편성해 과달카날로 파견했습니다. 이 부대는 지휘관의 이름을 따서 '이치키 지대支隊 36'라고 불렸습니다. 이치키, 어디선가 들어본 이름이지 않습니까? 그렇습니다. 그는 바로 중일전쟁의 발단이 된 루거우차오 사건에서 무다구치 연대장의 명령을 받고 중국군에게 처음으로 총격을 퍼부은 장교였습니다. 당시 이치키는 미드웨이섬에 상륙·점령하는 임무를 받고 대기 중이었으나, 일본 해군이 미드웨이 해전에서 패배하며 상륙이 취소되자 괌에서 대기하고 있었습니다. 새로운 임무를 받은 이치키 지대는 곧 과달카날로 향했습니다. 그 임무는 태평양 전쟁에서 미군과 벌이는 첫 육상전에서 비행장을 탈환하는 것이었지요.

이치키 지대가 과달카달을 향해 이동하는 동안, 과달카날 인근 해역의 수비를 맡고 있던 일본군 제8함대는 미군의 상륙을 가만히 보고만 있을 수 없었습니다. 제8함대 사령장관 미카와 군이치三川軍一 제독은 즉각 역습에 나설 함대를 편성했으며, 자신은 중순양함 초카이鳥海에 탑승해 선두에 서기로 결정했습니다. 여기에 제6전대 소속 중순양함 아오바青葉, 후루타카古鷹, 카코加古, 키누가사衣笠를 포함해 총 다섯 척의 중순양함이 투입되어, 과달카날 해안에 정박한 미군 함대를 야간에 기습할 계획이었지요. 이 소식을 들은 연합함대 사령장관 야마모토는 난색을 표했습니다. 과달카날 인근 해역의 미군 함대는 항공모함을 포함한 강력

---

36 특별한 임무에 근거해, 본대에서 분리되어 일시적으로 편성된 독립된 임시 편성 부대.

한 함대로 추정되었고, 얼마 전 미드웨이 해전에서의 패배로 일본군 수뇌부는 잔뜩 위축되어 있었습니다. 그럼에도 미카와는 의견을 굽히지 않았으며, 야마모토가 "상부의 정식 명령은 아니다"라고 확실히 못 박으면서 제8함대의 야간 기습은 결정되었습니다.

미카와의 함대가 출격을 앞둔 시점, 구형 경순양함 텐류天龍와 유바리夕張, 구축함 유나기夕凪가 작전에 추가 참여하겠다는 의사를 밝히자, 미카와의 머릿속은 복잡해졌습니다. 이 함선들은 상대적으로 매우 노후했고, 실전 경험도 부족해 풍부한 경험이 필요한 야간 기습 근접전에 적합하지 않았습니다. 특히 경순양함 유바리는 세 개의 스크류 중 한 개가 고장 난 상태였고, 이런 유바리 하나 때문에 온 함대의 속력을 30노트로 낮춰야 했습니다. 원래 미카와는 36노트의 고속으로 미 함대 사이를 빠르게 돌파해 야간 난전을 벌일 계획이었지만, 이들의 합류로 작전은 시작부터 삐걱거리게 되었습니다.

이런 위험부담과 많은 이들의 우려 속에서도, 미카와는 출격을 감행했습니다. 기함 초카이의 수뢰장水雷長37은 초카이에 승선한 종군기자에게 "이번 작전에서 살아 돌아오지 못할 것 같다. 그러니 당신은 내리는 것이 좋겠다"라고 말했을 정도였습니다. 그만큼 미카와의 이번 작전이 일본군 스스로에게도 얼마나 무모한 일인지 잘 알고 있었던 셈입니다. 다만 일본군에게 다행이었던 점은 미카와가 분별력 있는 지휘관이었다는 사실이었습니다. 미카와는 경험이 부족한 함선들이 참가한다는 점을 고려해, 함선

---

37   함선에서 어뢰나 기뢰같이 수중에서 폭발하는 무기를 관리하는 직책.

을 길게 일렬로 배열해 꼬리를 물고 진입하는 단종진單從陣으로 통일함으로써 통제를 용이하게 했습니다. 그리고 작전에 참가한 함선은 돛대에 하얀색 일본식 깃발인 후키나가시吹流를 달아 어둠 속에서도 서로를 알아볼 수 있게 조치했지요.

    8월 8일 이동을 시작한 일본 제8함대는 그날 저녁, 과달카날 북서쪽의 부건빌Bougainville섬을 지나 사보Savo섬 인근 해역에 도착했습니다. 이동하던 도중 미 구축함과 아슬아슬하게 스쳐 지나가는 위험한 순간도 있었지만, 미 구축함들이 '설마 이 시간에 이동하는 일본군 함대가 있겠어?' 하고 방심한 덕분에 들키지 않을 수 있었지요. 미 함대는 과달카날과 사보섬 사이의 좁은 수로에 북쪽과 남쪽으로 나뉘어 배치되어 있었습니다. 미카와는 이 남북으로 나뉜 미 함대의 중앙을 서에서 동으로 가르면서 남쪽부터 공격할 예정이었습니다. 공격은 재빠르고 날카로워야 했습니다. 공격 후 신속히 이탈하지 못해 아침 해가 떠버린다면, 미 항공모함에서 발진한 항공기의 폭격을 고스란히 받아야 할 테니까요.

    그러나 그날 밤, 과달카날 앞바다에는 미 항공모함이 없었습니다. 미군의 상륙이 시작된 8월 7일, 라바울Rabaul 등에서 날아온 일본군 폭격기들이 과달카날 앞바다의 미군 함선을 공격하자, 미 해군은 항공모함을 보호하기 위해 이를 후방으로 물려둔 상태였습니다. 그래서 미군 상륙함대는 항공모함의 엄호 없이, 순양함과 구축함의 호위 아래 상륙을 마친 뒤 보급품을 내리고 장비를 정리하는 마무리 작업을 하고 있었지요.

    8월 8일 밤 11시 30분. 어둠 속에서 기회를 엿보던 미카와는 "전군 돌격하라"는 통신을 전 함대에 하달합니다. 이어 자신이 직접 탑승한 초카이가 선두에 서서, 함정들이 일렬로 꼬리를 물고 미군 함대가 주둔한 수로로 돌입하기 시작했습니다. 먼저 남쪽에 위치한 미군 함대를 격파한 뒤, 동북방의 수로 출구로 빠져 나가면서 북쪽의 미군 함대를 공격하는 대담한 계획이었습니다.

남측의 미군 함대에는 미군을 도우러 달려온 호주 해군의 중순양함 HMAS 캔버라 HMAS Canberra 가 포함되어 있었습니다. 어둠 속에서 이 캔버라를 포착한 일본 함대는 즉각 어뢰를 쏟아부었습니다. 몇 분 뒤 어뢰를 발견한 캔버라가 전투 태세로 전환했지만, 너무 늦었습니다. 어두운 밤바다에 갑자기 불빛이 번쩍이며, 캔버라에서 폭발이 일어났습니다. 이어 일본 중순양함의 8인치 (20cm) 주포탄이 빗발치듯 쏟아졌습니다. 불과 2-3분 만에 어뢰 두 발과 주포 수십 발을 얻어맞은 캔버라는 전투 불능 상태에 빠졌습니다. 이를 시작으로 미 해군 중순양함 USS 시카고 USS Chicago 와 구축함 두 척도 일본 해군의 공격을 받고 퇴각했습니다.

기습의 성공을 확인한 미카와는 함대를 북쪽으로 이동시켰습니다. 이미 남쪽 미군 함대와 교전 중이었지만, 북쪽 16km 지점에는 미군 북쪽 함대가 육안으로 보일 정도였지요. 조명탄이 터져 잠시나마 밝아진 수로에서 일본 해군은 북상하기 시작했습니다. 북쪽의 미군 함대는 남쪽에서 들려오는 포성과 불빛을 바라보며 무슨 일이 벌어지는지 어리둥절해하고 있었습니다. 일본 해군은 이 순간을 놓치지 않았습니다. 일제히 북쪽 미군 함대에 어뢰를 쏟아부은 뒤, 어뢰가 명중하는 시간을 고려해 5분 뒤 일제히 탐조등探照燈38을 켰습니다. 북쪽에 배치되었던 미군 중순양함 'USS 아스토리아 USS Astoria'는 갑자기 눈앞이 대낮처럼 환해

지자 놀랄 수밖에 없었습니다. 이미 남쪽 소동으로 전투배치는 끝냈지만, 갑자기 누군가가 자신에게 탐조등을 쏘니 놀랄 수밖에 없었습니다. 그리고 바로, 엄청난 포탄이 아스토리아를 향해 쏟아졌습니다.

함장이 잠들어 있던 아스토리아는 갑자기 쏟아지는 포탄에 막대한 피해를 입었습니다. 그 옆에 있던 미 해군 중순양함 'USS 퀸시 USS Quincy', 'USS 빈센스 USS Vincennes'도 마찬가지였습니다. 어둠 속에서 불시에 벌어진 일본 해군 순양함과의 야간 근접전은 미군에게 매우 불리하게 흘렀습니다. 어뢰와 포탄에 얻어맞아 만신창이가 된 퀸시는 최후의 일격으로 미카와의 기함 초카이를 향해 주포를 쏘았습니다. 퀸시의 포탄 두 발이 초카이 함교 뒤편에 명중했지만, 불발탄이어서 미카와는 무사할 수 있었습니다.

캔버라와 아스토리아, 퀸시, 빈센스가 모두 전투 개시 후 수십 분 만에 바닷속으로 사라지자, 홀로 남게 된 미군 상륙함대는 아무런 보호를 받을 수 없게 되었습니다. 순식간에 과달카날 해역은 일본 해군의 손에 넘어갔습니다. 아무도 예상하지 못했던 대승리를 거둔 미카와의 참모들 중 일부는, 남아 있는 미군 상륙함대를 격퇴하자고 주장했지만 미카와는 이를 거부했습니다. 어둠 속에 남아 있는 미군 전력이 어떤 상태인지 알 수 없었기 때문입니다. 더구나 날이 밝으면 미 항공모함의 항공기들이 공습을 감행할 것이 분명했기에, 미카와는 현재의 전과에 만족하고 귀환을 선택했습니다. 이 선택에 대해서는 지금도 의견이 갈립니다.

38   어둠 속의 적을 찾기 위해, 밝은 빛을 쏘아 적을 찾는 조명장치.

"현실적으로 함대를 보존하면서 미군에 최대 피해를 입히는 데 성공했다"는 옹호론과, "거기서 모든 함대를 다 잃더라도 과달카날 방위를 위해 미군 상륙함대를 전멸시켜야 했다"는 비판론이 팽팽하게 대립하고 있습니다.

일본에서는 제1차 솔로몬 해전 第一次ソロモン海戰, 미국에서는 사보섬 해전 The Battle Of Savo Island이라 부르는 이 해전은 일본군의 대승으로 끝났습니다. 이 전투로 미군 중순양함 네 척을 격침시킨 일본군은 과달카날 해역에서 일시적으로 제해권 制海權과 제공권 制空權을 확보하는 데 성공했으며, 이미 과달카날에 상륙해 있던 미 해병대를 고립시키는 데에도 성공했습니다. 밴더그리프트 Alexander Vandegrift 장군의 지휘 아래, 미 해병대는 이제 과달카날에서 고립된 채 외로운 싸움을 시작해야 했습니다. 일본군이 버리고 간 물자를 활용하며, 주요 거점인 비행장을 사수하기 위한 방어전을 준비했지요.

이렇게 치열한 해전이 벌어진 지 얼마 지나지 않은 8월 18일, 이치키 기요나오 대좌가 이끄는 916명의 선발대가 미군의 교두보 동쪽 30km 지점에 상륙했습니다. 이제, 앞으로 몇 년간 태평양의 군도에서 이어질 혈전이 막 시작되고 있었습니다.

8월 7일, 과달카날 해변에 상륙하는 미 해병대.
그들은 일본군의 격렬한 저항을 예상했지만, 의외로 조용히
상륙할 수 있었다.

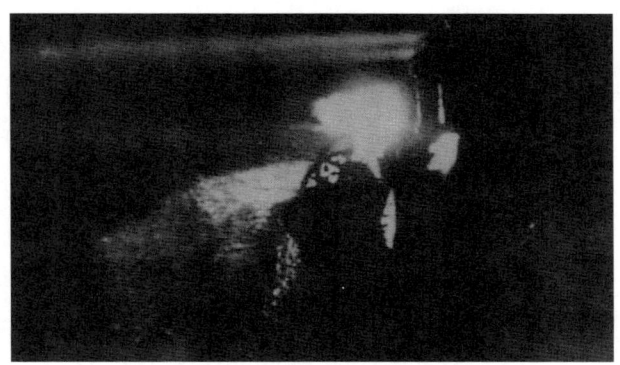

일본 해군 순양함 '유바리'에서 촬영한 야간 전투 장면.
미군의 북쪽함대를 향해 탐조등을 비추며 돌격하고 있다.

13장

과달카날 전투(下) — 미군의 대반격 시작!
태평양 전쟁에서 드디어 시작된 총공세

1942년 8월 18일 밤, 916명의 일본군이 구축함에서 내려 조용하고 은밀하게 해안에 상륙했습니다. 이치키 기요나오 대좌가 지휘하는 이치키 지대는 완공을 눈앞에 두고 미군에게 빼앗긴 과달카날의 비행장을 다시 탈환해야 하는 막중한 임무를 부여받았지요. 앞서 말씀드린 것처럼 이치키 대좌는 중일전쟁의 포문을 열었던 대대장으로, 원래는 미드웨이 상륙작전에 투입될 예정이었습니다. 그러나 미드웨이 작전이 실패하자, 이번엔 남태평양의 최전선인 과달카날에 투입된 것이었습니다.

수송선이 부족했던 탓에, 이치키 지대는 전투함인 구축함 여섯 척에 나눠 타고 투입되었으며 비교적 가벼운 장비로 무장하고 있었습니다. 물론 구축함에 최대한 많은 인원을 태우려고 장비를 가볍게 챙긴 것도 있었겠지만, 이들은 과달카날에 주둔한 미군의 전력을 지나치게 얕보았기 때문입니다. 현장의 병사들과 장교들 사이에서는 "껌이나 씹으며 군기가 빠진 미군은 우리 보병의 돌격 한 방이면 나가떨어질 것"이라는 환상마저 퍼져 있었습니다. 노몬한 사건ノモンハン事件39에서 강력한 적군이었던 소련군에게 패배한 이후, 장비의 열세를 정신력으로 극복하려던 당시 일본군의 한계를 보여주는 것이었지요.

　이치키 지대는 상륙 후 '제이컵 보우자 Jacob Charles Vouza'라는 이름의 원주민과 마주쳤습니다. 일본군은 즉각 그를 체포하고 몸수색을 진행했는데, 그의 짐에서 작은 미국 국기가 나오자 그를 나무에 묶고 고문하기 시작했습니다. 퇴역 경찰관 출신인 제이컵 보우자는 연합군의 해안 감시대 Coastwatchers의 정찰병이었습니다. 일본군의 상륙을 보자 곧바로 미군에게 알리려 했으나, 그만 일본군에게 붙잡힌 것입니다. 일본군의 심한 고문에도 보우자는 입을 열지 않았고, 화가 난 일본군은 그의 얼굴과 배, 목, 팔을 칼로 난자한 뒤 현장을 떠나버렸습니다. 과다출혈로 죽음이 눈앞에 이른 상황에서도 보우자는 자신을 묶고 있던 줄을 이로 물어 끊어 탈출하는 데 성공했습니다. 그는 곧 미군 제1해병연대의 제2대대장 에드윈 폴록 Edwin A. Pollock 중령에게 일본군의 상륙 사실을 알렸습니다. 이 소중한 정보 덕분에 미군은 일본군이 과달카날에, 그것도 아주 가까운 지점에 상륙했다는 사실을 인지하고 급히 방어준비에 들어갔습니다.

　일본군은 이러한 사실을 전혀 알지 못한 채 미군의 핸더슨 비행장 방향으로 진격했습니다. 혹시라도 미군 정찰 항공기에 노출될 것을 우려해 낮에는 모두 풀숲에 숨어 잠을 자고, 밤에 행군하는 방식으로 비행장을 향해 나아갔습니다. 이런 노력의 결과, 이치키 지대는 8월 20일 일루강 Ilu river 에 도착했습니다. 여담으로,

---

39　1939년 5월부터 9월까지 몽골과 만주 국경 지역에서 벌어진 소련과 일본군의 무력 충돌 사건. 전투의 승리는 소련군에게 돌아갔으며, 일본군 기갑부대와 항공 전력의 미약함이 여실히 드러났다.

미군은 오래된 지도를 사용하고 있어 자신들이 점령한 이 강이 일루강이 아니라 테나루강이라고 알고 있었다고 합니다. 이러한 오인으로 인해 이 전투는 테나루강 전투 Battle of the Tenaru 로도 알려지게 되었습니다. 흥미롭게도 일본군은 이 전투를 일루강 도하전 イル川渡河戰 등으로 기록하고 있습니다. 이해를 돕기 위해 여기에서는 실제 지명을 우선하여 일루강으로 통일해 표기하겠습니다.

이치키 지대는 모두 약 2,300명의 병력으로 구성되어 있었습니다. 지휘관 이치키와 함께 상륙한 916명은 선발대였고, 나머지 병력은 후발대로 추후 상륙할 예정이었지요. 상륙 당시 이치키는 보유한 병력을 활용해 지형을 정찰하고, 미군의 전투력을 파악하며, 세부적인 작전계획을 세워야 했습니다. 그러나 그는 미군의 규모가 작을 것이라 판단하고, 후속 병력을 기다리지 않은 채 선발대만으로 비행장을 공격해 탈환하겠다는 아주 대담한 계획을 세웠습니다. 이를 위해 남에서 북으로 흐르는 일루강 동쪽에서 미군이 주둔한 서쪽으로 과감한 돌입 작전을 계획했지요.

그러나 이러한 일본군의 기대와는 달리, 미군은 일루강의 지형을 활용해 강력한 방어진지를 구축하고 일본군의 공격에 대비하고 있었습니다. 제1해병연대는 남북으로 길게 뻗은 이 일루강을 따라 북쪽에 2대대, 남쪽에 1대대를 길게 배치에 일본군의 도하에 대비했습니다. 8월 21일 새벽 1시 30분, 미군 해병대 2대대는 전방에서 들려온 갑작스러운 고함에 놀랐습니다. 일본군이 얕은 모래톱을 이용해 진지로 돌격하기 시작했습니다. 일본군은 2대대의 제1참호에 진입해 미군과 육박전을 벌였습니다. 미군 제1대대는 후방에서 대기하던 예비 중대를 참호선에 투입해 대응했고, 일본군의 공격을 성공적으로 막아냈지요.

1차 공격이 수포로 돌아가자, 이치키는 곧 2차 공격을 시도했습니다. 그러나 미군은 이미 1차 공격의 충격에서 벗어나 전열을 정비한 상태였습니다. 2차 공격대는 미군의 십자포화十字砲火, crossfire 40에 당해 속수무책으로 쓰러질 뿐이었습니다. 이때 이치키 지대의 선발대는 이미 절반가량 전사한 상태였습니다. 이치키는 부하 장교들의 만류에도 불구하고 한 번 더 공격을 감행했으나, 일본군의 공격은 모두 실패로 돌아갔습니다.

8월 21일 날이 밝자 이치키 지대의 전투력은 급격히 저하된 상태였습니다. 공세는커녕 방어로 전환하더라도 버틸 수 없는 수준이었으며, 미군은 이를 잘 파악하고 있었습니다. 미군은 즉각 반격으로 전환해 거꾸로 강을 넘어 남쪽과 동쪽에서 이치키 지대를 포위했습니다. 이후 M3 스튜어트 M3 Stuart 경전차 다섯 대를 돌입시켜 일본군 보병을 그대로 밀어붙였습니다. 전투의 결과는 너무나도 뻔한 것이었지요. 오후 5시가 넘어가면서 이치키 지대의 조직적인 저항은 모두 분쇄되었고, 이치키 본인은 부대 깃발을 태운 뒤 스스로 목숨을 끊었다고 전해집니다.

이 전투에서 겨우 살아남은 126명의 병사들은 다시 왔던 길을 되돌아 상륙지점으로 향했습니다. 상륙지점에는 이치키가 남겨둔 병력 약 60여 명이 있었는데, 이들은 "부대가 전멸했다"는 소식을 듣고 사기가 완전히 꺾였습니다. 게다가 미군은 이치키 지대가 궤멸된 8월 21일부터, 핸더슨 비행장을 완성하고 항공전

40 서로 다른 진지에 배치된 자동화기들이 서로 교차하며 한 지점을 향해 집중적으로 사격을 퍼붓는 것.

력을 보충하고 있었습니다. 이제 항공모함이 없어도, 비행장에서 출격하는 강력한 공군 폭격을 언제든 활용할 수 있게 된 것입니다. 미군은 일본군의 과달카날 거점을 보기 좋게 빼앗음으로써 공격과 방어의 효과를 모두 누릴 수 있게 되었습니다.

반면 일본은 울며 겨자 먹기로 다시 공세에 나설 수밖에 없었습니다. 핸더슨 비행장이 완공되어 미군의 항공거점이 새로이 생겨났고, 여기에 미 해군까지 속속 증원되고 있었기 때문입니다. 일본군은 이에 맞서 추가 병력을 과달카날에 더욱 상륙시키는 한편, 미군의 추가 상륙을 막기 위해 다시 한번 과달카날 해전을 결정하는데, 이것이 바로 동부 솔로몬 해전 Battle of the Eastern Solomons입니다. 일본 측에서는 이를 제2차 솔로몬 해전 第二次ソロモン海戰이라 부르고 있지요. 제1차 솔로몬 해전은 앞 장에서 살펴본 사보섬 해전입니다.

일본군은 쇼카쿠, 즈이카쿠(참 자주 등장하는 항모들이지요?), 히요飛鷹, 준요隼鷹, 류조龍驤, 즈이호瑞鳳의 여섯 척의 항공모함으로 함대를 재편성했습니다. 지휘관으로는 미드웨이 해전에서 패배했던 나구모 주이치가 다시 임명되었습니다. 이들을 엄호하기 위해 주변 섬의 일본군 비행장에서도 수많은 폭격기를 동원할 예정이었습니다. 일본군은 이를 기회로 삼아 핸더슨 비행장과 미 항공모함을 격멸하고, 나아가 최종적으로는 과달카날의 제해권을 탈환하기를 바랐습니다. 이를 위해 대규모 병력을 실은 수송함대를 과달카날로 파견하고, 항공모함 함대가 이를 지원하는 방식의 작전을 구상한 것이었지요.

미군은 핸더슨 비행장이 정상적인 항공거점으로 역할을 시작하자, 제공권을 확보하며 전세를 유리하게 이끌고 있었습니다. 또한 과달카날의 중요성을 충분히 인식하고 있었기에, 추가 병력을 섬에 보충하기를 원했습니다. 그러나 미드웨이 해전에서 승리한 이후에도 미군은 여전히 항공모함의 절대적인 수에서 일본에 비해 부족한 상황이었습니다. 미 항공모함 USS 와스프 USS Wasp가 연료 보충을 위해 후방으로 잠시 떠난 틈을 타, 일본군의 공격이 시작되었습니다. 양측 항공모함은 서로를 향해 비행대를 발진시켰고, 일본군은 항공모함 류조를 미끼로 삼아 미군의 공격을 유도한 뒤, 비어 있는 미 항공모함을 기습하는 작전을 세웠습니다. 미군은 미끼였던 류조를 향해 항공 폭격을 가했고, 류조는 결국 허망하게 격침되었습니다. 그러나 일본군의 유인작전은 작은 성공을 거두었고, 일본군 비행대는 미 항공모함 USS 엔터프라이즈에 폭탄 세 발을 명중시키는 데 성공했습니다. 하마터면 격침될 뻔한 위험한 상황에서, 일본군의 2차 공격대가 실수로 엔터프라이즈를 놓치면서, 엔터프라이즈는 가까스로 살아 돌아갈 수 있었지요.

 바다에서는 장군멍군식으로 서로 주먹을 주고받는 접전이 이어졌지만, 과달카날 지상전에서는 미군의 일방적 우세가 계속되었습니다. 미군의 화력과 항공력에 밀린 일본군은 밀림에 몸을 숨긴 채, 야간 돌격으로 맞설 수밖에 없었지요. 더 이상 정상적인 방법으로는 이길 수가 없었습니다. 게다가 미군의 증원 속도는 일본군보다 훨씬 빨랐습니다. 그러나 일본군의 가장 큰 문제는 병력을 과달카날에 상륙시킨 이후부터 생겨났습니다. 병력을 과달카날에 상륙시키는 데까지는 성공했지만, 그 병사들이 쓸 탄약과 먹을 식량의 보급은 제대로 이루어지지 않았습니다. 과달카날의 일본군은 미 해병대뿐만 아니라, 기아飢餓와도 싸워야 했습니다. 먹을 것이 없어 완전히 탈진한 병사들이 밀림 곳곳에 힘없이 쓰러져 죽음을 기다리는 부대도 있었습니다. 건강한 병사들은 강력한 미군 방어진지에 돌격해야 했고, 병약한 병사들은 밀림 속에서 죽음을 맞이해야 했습니다. 개전 후 1년도 되지 않아, 일본의 전시 해상수송 능력은 이미 한계에 다다랐습니다. 이미 총력전 연구소가 예견했던 그대로였습니다.

일본 함대는 수송 작전을 성공시키기 위해 수송함대를 보내는 한편, 미군의 주의를 돌리기 위해 중순양함을 핸더슨 비행장 앞바다로 출격시켜 함포 사격을 가했습니다. 그리고 비행장을 지키기 위해 미 해군이 접근하면, 사보섬 해전(제1차 솔로몬 해전)처럼 야간 근접전을 벌여 또 이득을 보려는 심산이었지요. 그러나 이렇게 벌어진 야간 해전인 에스페란스 곶 해전 Battle of Cape Esperanc에서는 일본군이 자신의 장기인 야간 근접전에서 패배했습니다. 일본군이 그나마 거둔 성과는 잠수함의 어뢰 공격으로 미 항공모함 USS 와스프를 격침한 것이었습니다.

과달카날 전투에서 점차 패색이 짙어진 일본군은 육군으로 핸더슨 비행장을 돌격하고, 해군으로 이를 포격하는 입체적 작전을 구상했습니다. 육군의 공격 시점에 맞춰 해군 전함이 함포 사격으로 비행장을 타격해 효과적으로 미군을 제압하겠다는 계획이었습니다. 이 작전을 위해 진주만 기습과 미드웨이 작전 등을 입안했던 일본의 야마모토 제독은 쇼카쿠, 즈이카쿠, 준요, 즈이호 네 척으로 구성된 항공모함 함대를 재편해 과달카날로 파견했습니다. 이번에도 지휘관은 나구모 주이치였습니다. 이때 일본 해군은 막대한 피해를 감수하고 항공모함의 항공대를 적극 발진시켜 공세에 나섰고, 그 결과 USS 엔터프라이즈를 중파中破, Moderate damage 시키고, USS 호넷을 격침하는 전과를 올렸습니다.

이렇게 벌어진 산타크루즈 해전 Battle of the Santa Cruz Islands 의 결과, 미군과 일본군 모두 엄청난 피해를 입었습니다. 표면적으로는 항공모함 한 척을 중파시키고, 한 척을 격침한 일본의 승리처럼 보였습니다. 그러나 항공대가 막대한 피해를 입은 일본 해군은 지속적인 작전수행이 불가능해졌고, 과달카날의 하늘은 핸더슨 비행장을 보유한 미군의 주도권 아래 놓이게 되었지요. 즉, 비록 항공모함은 잃었지만, 궁극적으로 과달카날 사수라는 전략적 목적을 달성한 미 해군의 승리였습니다.

항공모함 전력이 큰 피해를 입자, 야마모토 제독은 대본영에 철수를 건의했지만 묵살되었습니다. 일본은 이미 과달카날을 포기하기에는 너무 많은 물자와 병력을 소모했습니다. 바로 그 점이 일본을 계속 과달카날에 더욱 집착하게 만들었습니다. '내가 어떻게 여기까지 왔는데!' 하는 마음이 앞선 것이었습니다. 이를 위해 일본군은 다시 한번 마지막 해전인 과달카날 해전 Naval Battle of Guadalcanal 을 벌이게 되었지요. 일본에서는 이를 '제3차 솔로몬 해전第三次ソロモン海戰'이라고 부르고 있습니다.

이틀에 걸쳐 벌어진 과달카날 해전의 결과, 일본 해군은 히에이比叡와 기리시마霧島 전함 두 척, 중순양함 키누가사와 구축함 세 척이 격침되면서 과달카날 인근 해역의 제해권을 상실했습니다. 기세를 올린 미군이 핸더슨 비행장과 USS 엔터프라이즈에서 발진한 비행대를 통해 일본군의 마지막 수송선을 격침시켰고, 살아서 과달카날에 도착한 병력은 겨우 4,000명에 불과했습니다. 가뜩이나 보급품이 부족해 주둔 병력이 굶고 있는 상황에서, 4,000명의 입이 더 늘어난 셈이지요. 그러나 이 4,000명의 병력은 미군의 공습을 뚫고 살아 도착했다는 안도감보다, 기아와 질병이 만연한 남태평양의 밀림 섬에 갇혔다는 공포를 먼저 느껴야 했습니다.

1942년의 마지막 날, 도쿄의 황거에서는 어전회의가 열렸습니다. 의제는 '과달카날 철수'였지요. 천황의 재가가 떨어지자, 그토록 자신만만하던 군부도 과달카날 철수작전에 착수했습니다. 일본군은 남은 해군 군함을 동원해 무력시위를 벌이는 한편, 마지막 대공세를 준비하는 듯한 기만작전을 펼쳤지요. 수송선 부족으로 전투함인 구축함까지 수송 작전에 동원해 세 차례에 걸친 철수작전을 속행했고, 2월 9일 일본군의 철수가 완료되면서 치열했던 약 반년간의 과달카날 전투는 미군의 승리로 막을 내렸습니다.

이제 태평양의 주도권은 일본에서 미국으로 넘어갔습니다. 미국은 강력한 산업력을 바탕으로 항공모함 중심의 강력한 함대를 재편성했습니다. 그러나 일본은 이런 미국의 생산력을 따라갈 수 없었습니다. 그러나 태평양은 여전히 너무 넓었고, 승리를 거둔 미군도 만만치 않은 피해를 입고 있었습니다. 양측은 잠시 숨을 고르며 전열을 가다듬었습니다. 그리고 드디어 미국의 반격이 시작될 차례였습니다.

과달카날에 상륙한 뒤, 교전 지역으로 이동 중인 일본군 보병들의 모습.
이들은 미군과의 전투뿐 아니라 정글 속의 질병과 굶주림과도 싸워야 했다.

1943년 2월, 과달카날 핸더슨 비행장에서 이륙하는 미군 전투기.

14장

일본 제국의 몰락 — 임팔작전과 대륙타통작전
해상뿐 아니라 지상에서도 시작된 패배

1943년 2월 9일, 과달카날 전투가 미군의 승리로 끝난 이후 태평양 전쟁의 전세는 미국 쪽으로 급격하게 기울어졌습니다. 일본은 수많은 항공기 손실을 보충해야 했고, 이제는 수세에 몰린 채 미군 함대의 공격을 기다리는 수밖에 없었습니다. 게다가 전쟁 초반 태평양과 동남아시아의 여러 섬을 점령한 결과, 그 섬들에 대한 보급 체계를 운용, 관리하는 과정에서 해상운송에 한계를 느끼고 있었습니다. 물자 부족도 문제였지만, 그 물자들을 실어 나를 수송선 자체가 절대적으로 부족했습니다.

그에 반해 미군은 여유로웠습니다. 전쟁 전부터 이미 강력했던 산업력을 바탕으로, 항공기와 수송선, 군함을 엄청난 속도로 생산하기 시작했지요. 이제 미군은 자신이 원하는 시간과 장소에서 전투를 벌일 수 있었습니다. 또한 일본의 전시경제와 군사 보급체계를 마비시키기 위해 잠수함을 활용해 수송선을 공격하는 통상파괴通商破壞 41 작전에서도 성과를 거두면서, 일본을 압박하고 있었습니다. 또한 진주만 기습과 미드웨이 해전 등을 입안했

---

41 적의 군함이 아닌, 적의 해상경제를 담당하는 수송선과 무역선 등을 집중적으로 타격하는 해상 전략.

던 연합함대 사령장관 야마모토 이소로쿠마저 1943년 4월 18일, 전선시찰을 위해 수송기에 타고 이동하던 중 암호를 해독하고 미리 대기하던 미군 전투기의 공격을 받아 격추되어 사망했습니다. 이 사건으로 일본군의 사기는 땅에 떨어졌습니다.

일본은 미군의 공세를 막기 위해 1943년 9월 절대국방권絶對國防圈을 설정했습니다. 이름 그대로, 향후 전쟁 수행을 위해 반드시 지켜야 하는 국방권이라는 뜻이지요. 필리핀, 동남아시아, 마리아나제도 Mariana Islands, 뉴기니 서부 등 절대국방권으로 설정된 지역들은 철저히 요새화되었습니다. 그러나 미군은 이런 요새화된 섬들을 모두 회피하고, 일본이 가장 대비하지 못한 섬에만 상륙작전을 감행했습니다. 그 상륙작전이 성공한 뒤엔 비행장을 건설하고 항공력을 투입해 또 다른 항공작전 거점을 확보했지요. 일본 해군이 이에 대응해 기동조차 할 수 없도록 강력한 항공 전력을 작전지역에 유지하기 시작하면서, 미군은 행동의 자유를 얻게 되었습니다.

미군이 이런 개구리 뜀뛰기 Leapfrogging 식 전술을 계속 구사할 수 있었던 것은, 태평양에서 제해권을 거의 다 장악했기 때문이었습니다. 일본 해군의 역습을 걱정할 필요 없이, 원하는 시간과 장소를 골라 타격할 수 있었던 것이지요. 일본 해군은 여전히 거대한 전함과 중순양함을 다수 보유하고 있었지만, 항공모함의 전력이 크게 소모되어 해전을 벌이기까지는 시간이 조금 더 필요했습니다. 이렇게 바다에서 잠시 재충전이 필요했던 상황 속에서, 육군의 주도하에 대륙에서 전쟁의 활로를 열어보려는 움직임이 싹트기 시작했습니다.

이런 배경 속에서 일본군 최악의 졸전으로 유명한 인도 진공 작전, 임팔 전투 Battle of Imphal가 1944년 3월, 10만 일본군이 진격하면서 개시됩니다. 동시에 중국 대륙에서도 여전히 치열한 전투가 이어지는 가운데 일본군은 '대륙타통작전大陸打通作戰'을 개시했습니다. 이름 그대로 '중국 대륙을 때려서 뚫는다'는 대담하고도 거대한 작전이었지요. 약 50만 명에 달하는 일본군이 지지부진하던 중국 전선을 종결짓기 위해 과감한 공격을 시도한 것입니다.

그러나 일본군은 엄청난 대실패를 맛봐야만 했습니다. 특히 임팔작전이 그 대표적인 경우였는데, 이 작전이 승인된 과정을 살펴봐야만 그 뼈대를 이해할 수 있습니다. 버마 인근에 주둔한 일본군 제15군 사령관 무다구치 렌야는 인도로의 진공 작전을 위해 공격을 건의했습니다. 무다구치 렌야, 기억하시나요? 중일전쟁의 시작인 루거우차오 사건에서, 그는 자신의 예하 대대장이었던 이치키 소좌에게 무턱대고 공격 명령을 내렸던 연대장이었습니다. 과달카날에서 이치키는 전사했지만, 무다구치는 살아남아 제15군 사령관의 자리에 올랐습니다. 그는 버마 Burma, 현재의 미얀마에서 인도를 공격하면, 인도 내부의 영국 저항 세력이 일어나 영국군을 몰아내고 인도를 일본의 새로운 동맹으로 끌어올 수 있었다고 믿었지요. 여기까지는 그렇다 치더라도, 문제는 그다음이었습니다. 작전 지역이 빽빽한 밀림과 험준한 산악지형을 뚫고 나아가야 하는 지형적 특성을 고려하지 않은 채, 그는 무려 10만 대군을 투입하겠다는 고집을 끝내 꺾지 않았습니다.

그의 무능함과 파벌을 중시하는 성향을 고려하면, 이러한 막무가내식 행동은 크게 이상하지 않을 정도였습니다. 그러나 문제는 그뿐만 아니었습니다. 루거우차오 사건 당시와 마찬가지로, 무다구치의 상관이었던 가와베 소장 또한 중국에서 그랬듯 지금도 그의 상관 자리에 있었던 것입니다. 무다구치는 가와베를 설득하는 한편, 도쿄의 중앙 군 수뇌부에 계획을 보고해 승인을 받아내려 했습니다. 도조 히데키는 물론, 히로히토 천황마저 공격계획을 듣고서는 고개를 저을 정도였습니다. 그럼에도 무다구치는 멈추지 않았습니다. 부하들이 "아무것도 없는 척박한 밀림에서 보급 문제는 어떻게 해결하시겠습니까?"라고 묻자, 그는 "적의 것을 빼앗으면 되잖아!" 혹은 "길가에 널린 풀을 먹으며 진군하면 되잖아!"라고 말했다는 야사가 전해질 정도로, 일본군의 보급 준비 상태는 형편없었습니다.

　　무다구치의 집요한 승인 요청이 이어지자, 상급부대인 남방군 참모장 이나다 마사즈미稻田正純는 작전안을 검토한 뒤 강경하게 반대 입장을 밝혔습니다. 제15군을 관리하며 남방군 사령부의 통제를 받는 중간 조직인 미얀마 방면 사령부는 "무다구치가 너무 막무가내로 작전을 요구해 곤란하다"는 내용의 도움 요청을 이나다에게 보낼 정도였지요. 이나다는 즉각 무다구치를 만나기 위해 제15군 사령부로 향했습니다. 무다구치는 일곱 기수 아래인 이나다에게 "나는 벵골bengal에서 죽고 싶어! 부디 나를 (공격작전에) 써주게!"라며 감정적으로 호소했습니다. 그러나 이나다는 선배인 무다구치에게 물러서지 않고 "산악지대 일부분을 점령하는 작전이라면 모를까, 산악을 점령한 뒤 곧바로 인도로 진공하는 작전이라면 보급 없이는 불가능합니다. 남방군 사령부로서는 반드시 말려야 합니다!"라며 단호하게 제지했습니다.

그러나 무다구치는 끝까지 막무가내였습니다. 이에 이나다는 사령부에 건의해 지도상에서 가상 워게임을 통해 가능성을 검토하자고 제안했습니다. 이를 통해 논리적으로 무다구치의 계획을 무너뜨려, 작전 시행을 막으려 했던 것이지요. 가와베 사령관까지 참석한 가운데 진행된 워게임의 결과는 마찬가지였습니다. 공세를 통해 기습에 성공한다 하더라도, 산악지대의 유리한 지역까지만 나아가야지, 그곳에서 임팔 지역으로 진격하는 것은 병참 차원에서 절대 불가능하다는 결론이 나왔습니다. 그러나 무다구치는 여기서도 속 터지는 소리를 늘어놓았습니다. 그는 목소리를 높이며 참석자들에게 도리어 화를 내기 시작했습니다.

"저 옛날 미나모토노 요시츠네源義經42가 이치노타니 전투一ノ谷の戰い43에서 보여준 기습과도 같은 기습전법임을 왜 모르느냐?"

이런 상황에서도 고사를 인용하며 자기 뜻을 굽히지 않는 무다구치의 모습을 보며, 이나다 참모장은 고개를 떨구었습니다. 참석자들은 모두 사령관 가와베를 쳐다보았습니다. 이제 무다구치를 멈출 수 있는 사람은 그뿐이었기 때문입니다. 잠시 숨을 고른 가와베는 말을 이어나갔습니다.

"나는 무다구치 중장의 마음속 생각을 잘 이해하고 있다. 최

---

42 일본 가마쿠라 시대 초기의 유명한 무장으로, 일본인들 사이에서 인기 있는 명장.
43 1184년에 있었던 전투로, 요시츠네가 깎아지른 절벽 아래로 뛰어들어 적을 기습, 허를 찔러 대승을 거둔 전투를 말한다.

종적인 판단은 필요에 따라 내가 내릴 테니, 그때까지는 무다구치의 적극적인 의욕을 충분히 존중하라."

이나다를 비롯해 이 무모한 작전을 막으려던 사람들의 모든 노력이 수포로 돌아가는 순간이었습니다. 무다구치는 이 회의를 기점으로 작전 준비에 돌입했습니다. 작전이 승인되자, 그는 예하의 사단장들을 모두 집결시킨 뒤 다음과 같이 훈시했습니다.

"나는 군에 30년간 몸담으며 각종 실전을 체험했다. 그러나 이번 작전만큼 필승의 신념必勝の信念이 가슴속에 솟아오르는 느낌을 받은 적은 없다. 임팔작전의 성공은 의심의 여지가 없다. 영국과 인도군은 중국군보다도 약하다. 과감히 포위하면 반드시 퇴각할 것이다. 보급을 걱정하는 것은 어리석은 일이다."

완전히 무모할 정도의 낙관론이었습니다. 보급은 적에게서 취하면 되고, 만일 영국과 인도군을 만난다고 하더라도 쉽게 격퇴할 수 있다고 본 것입니다. 이는 미드웨이 해전에서 보인 일본군의 한계를 명확히 보여주는 예로, '적의 행동을 나의 의도와 입맛대로 맞춰서 예측하는' 버릇을 버리지 못한 결과였습니다.

이렇게 진행된 임팔작전의 결과는 너무나도 참혹했습니다. 일본군은 척박한 밀림을 아무런 보급 없이 뚫고 나가야 했고, 그 와중에 영국 공군의 공격에도 노출되었습니다. 적과 싸워보기도 전에 이미 기진맥진한 병사들은 총을 들 힘조차 없었지요. 이런 처참한 상황 속에서 일본 제15군 예하의 제31사단장 사토 고토쿠佐藤幸德의 항명 사건이 벌어졌습니다. 제대로 된 보급을 해주지 않으면서 "현지 주민들과 적에게서 보급을 탈취하라"고만 명령하는 제15군 사령부를 향해 독설을 퍼붓기 시작했습니다. 사토 사단장은 부하들에게 "우리 위에는 세 개의 멍청이가 있다. 제15군 사령부와 (미얀마) 방면군 사령부, 남방군 사령부다"라고 말할 정도였지요.

이렇게 분노한 사토를 진정시키기 위해 제15군 사령부에서는 정보 참모와 보급 책임자를 31사단 사령부로 내려보내서 달래려 했지만, 그들의 얼굴을 본 사토는 오히려 더욱 얼굴을 붉혔습니다. "적은 영국군이 아니라, 바로 네놈들 제15군이다!"라고 면전에서 호통을 칠 정도였습니다. 결국 사토는 사령부의 명령을 모두 무시하고 퇴각을 결정했습니다. 공격하며 나아갔던 밀림을 다시 뚫고 나가야 하는 지옥의 행군이었습니다. 지친 병사들은 중화기를 모두 버리고 몸 하나만 건사해서 밀림을 넘기 시작했습니다. 행군 도중 기아에 시달린 병사들은 밀림 곳곳에 쓰러져 하늘만 멍하니 바라보며 죽음만을 기다리기도 했습니다.

상황이 이렇게 되었는데도 무다구치는 철수 명령을 내리는 것을 거부했습니다. 중일전쟁에 이어 이번 임팔작전에서도 그의 상관이었던 가와베가 무다구치의 사령부를 방문했습니다. 여기서 가와베는 무다구치가 고집을 꺾고 철수해 주기를, 무다구치는 가와베가 자신의 고집을 꺾어 철수 명령을 내려주기를 바라는 희대의 명장면을 연출했지요. 가와베는 "무다구치가 무언가 말하고 싶어 하는 듯 보였지만, 물어보지는 않았다"라고 회고했고, 무다구치는 "장군에게 나의 본심을 말할 수는 없었다. 먼지투성이인 나의 모습을 보고 가와베가 내 상황을 알아차려 철수 명령을 내려주기를 바랐다"고 하니, 이쯤 되면 정상의 범주를 완전히 벗어난 비정상의 연속이었습니다. 이러한 그들의 행동은 일본 사회의

한 단면인 하라게이腹芸, はらげい, 즉 직접적으로 표현하기보다는 암시적인 표정과 행동, 제스처 등으로 상대방의 의중을 짐작하는 문화 때문이라는 분석도 있습니다. 다시 말해 완곡하고 모호한 표현, 의도적인 긴 침묵, 맥락을 통해 전달되는 의사소통 방식의 문제라는 것입니다.

이런 상황 속에서 명령을 거부하고 독단으로 철수작전을 진행해 임팔작전을 망쳐버린 사토 사단장은 무다구치에게 눈엣가시이자 동시에 좋은 핑곗거리였습니다. 그는 상급부대에 "사토가 정신병에 걸려 철수하는 바람에 잘 진행되던 작전이 실패하게 생겼다. 정신감정을 해야 한다"라고 주장했습니다. 이 소식을 들은 도조 히데키는 뒷목을 잡으며 "해당 부대에서 알아서 조치하라. 본국은 거기에 간섭하지 않겠다"라며 발을 뺐습니다. 도조 또한 이런 작전 실패의 책임에서 벗어나고 싶었던 것이었습니다. 그러나 정신감정 결과는 무다구치의 기대와 달랐습니다. "(사토 사단장의) 작전 중의 정신 상태는 정상이었으며, 현재의 정신 상태도 매우 정상적이다"라는 소견이 나왔다는 점이 참 흥미롭습니다.

이렇게 해서 일본군의 임팔작전은 실패로 돌아갔습니다. 9만 명의 병력 중 3만여 명이 전사, 2만 명은 아사餓死했습니다. 이 실패로 인해 일본군의 동남아시아 방위에는 커다란 구멍이 생겼습니다. 게다가 함께 중국 대륙에서 진행된 대륙타통작전도 계획한 지역까지 점령하는 데에는 어느 정도 성공했지만, 전쟁 말기까지 일본군이 축적해 둔 물자, 특히 석유를 대량으로 소모하면서 장기적인 큰 그림을 그리는 데 더욱 큰 제약을 받게 되었습니다.

결국 일본 육군의 막판 뒤집기는 실패로 돌아갔습니다. 이러한 일본의 공세가 진행되는 가운데, 일본은 다시 태평양 전선에 관심을 기울여야 했습니다. 잠시 쉬고 있던 대규모 미 항공모함 함대가 필리핀 인근 해상에 출현했기 때문입니다.

중일전쟁의 시작부터 임팔작전까지,
전쟁 내내 시종일관 무능한 모습을 보여준 무다구치 렌야.
전쟁 이후에도 자신의 잘못을 인정하지 않고 변명만 늘어놓았다.

정글의 험한 지형 속에서 임팔을 향해 진군하는 일본군 보병들.

15장

사이판 전투 — 무너지는 절대국방권
사이판에서 시작된 미군의 대대적인 반격

임팔작전이 실패로 돌아가던 1944년 중순, 태평양에는 다시 전운이 감돌고 있었습니다. 미군의 압도적인 전력이 서서히 일본의 절대국방권에 다가오고 있었기 때문입니다. 특히나 뉴기니 방면에서 동남아시아를 향해 거침없이 진격하는 맥아더 Douglas MacArthur 장군의 행보는 일본에 큰 압박이 되었습니다. 게다가 스프루언스 제독이 이끄는 미 해군 제5함대는 중부 태평양에서 압도적인 해상전력을 전개하며 일본의 사이판 Saipan 과 괌을 압박하기 시작했지요. 미군이 마침내 일본의 절대국방권의 대문을 두드리기 시작한 것입니다.

일본군도 미군의 공세를 예상하고 있었습니다. 이에 과달카날 인근에서 벌어진 여러 해전에서 소모된 항공모함 함대와 함공기를 보충하며, 미군의 공격이 시작되면 항공모함과 육상에서 발진한 항공기의 협격挾擊44으로 미군을 물리쳐 절대국방권을 확보한다는 목표를 세웠습니다. 이를 위해 일본 해군은 1943년 중순 이후부터 공세 작전을 중단하고, 미군이 공격해 오더라도 소

---

44   양쪽에서 끼고 협동해서 시행하는 공격.

극적으로 대처하며 절치부심하고 있었습니다. 만약 미 함대의 출현이 확실해지면, 그때까지 온전히 보존해 둔 항공모함 함대를 활용해 즉각 출격하고 마지막 해상 결전을 벌일 예정이었습니다.

　1944년 6월 6일, 지구 반대편에서는 '지상 최대의 작전'이라 불린 노르망디 상륙작전 Battle of Normandy 이 시작되었습니다. 같은 날, 마치 약속이라도 한 듯이 스프루언스 제독의 미 제5함대도 기항지를 떠나 사이판을 향한 항해에 올랐습니다. 지구 반대편의 각 전선에서, 미국은 독일과 일본을 향해 동시에 강력한 일격을 가하는 대규모 공세에 나섰습니다. 이렇게 출발한 제5함대는 6월 11일, 사이판이 위치한 마리아나제도 인근 해역에 도착했습니다. 미군은 1,100여 대의 대규모 항공기를 출격시켜 사이판과 괌을 비롯한 마리아나제도의 일본군 기지를 일제히 공격했지요. 미군의 공세가 시작된 것입니다.

　그러나 압도적인 미군 항공기 규모에 비해 일본은 약 100기의 항공기로 대응할 수밖에 없었습니다. 이미 육상기지를 지킬 항공기는 턱없이 부족한 상황이었지요. 이제 일본군이 기대할 수 있는 건, 항공모함에 속한 비행대의 항공기들이 자신들을 구원하러 날아와 주는 것뿐이었습니다. 미군의 대규모 공습이 시작되자, 일본 해군 수뇌부는 혼란에 빠졌습니다. 절대국방권을 돌파해 올 미군의 주력은 과연 어디를 향하는 것일까요? 맥아더가 이끄는 동남아시아 전선일까요? 아니면 사이판과 필리핀을 잇는 중부 태평양 전선일까요? 판단은 엇갈렸고, 해군은 우왕좌왕했습니다.

　일본 해군의 현장 지휘관들은 "미군의 공습 규모로 보아, 사이판으로 올 것이 확실하다!"라고 주장했지만, 해군 군령부의 의견은 달랐습니다. 물론 군령부도 미군의 목표가 사이판일 가능성이 유력하다는 점에는 동의했지만, 조금 더 신중해야 한다는 의견을 내비쳤지요. 결전 작전이 발동되면 해군은 일제히 출동해야 할 텐데, 만약 공격 방향을 잘못 판단해 엉뚱한 곳으로 향한다면, 연료 부족으로 작전 자체가 불가능해질 수 있었기 때문입니다. 즉, 일본의 석유 비축량이 서서히 한계를 드러냈기 때문에 동남아시아든 사이판이든 미군의 의도가 확실히 드러나야만 함대 출동을 허락하겠다는 입장이었습니다.

6월 13일, 사이판 앞바다에서 미군은 항공기 폭격뿐만 아니라 치열한 전함 포격까지 퍼부으며 사이판을 뒤흔들고 있었습니다. 이는 누가 보아도 대규모 상륙작전의 전조였습니다. 일본군은 이미 맥아더가 공격 중인 다른 전선에 소규모 함대를 파견해 대응하고 있었지만, 사이판 방면에서는 여전히 결정을 내리지 못하고 있었습니다. 6월 15일, 대규모 미군이 사이판에 상륙했다는 소식을 듣고 나서야, 일본 해군은 아호작전ぁ号作戰, 즉 사이판 방위를 위한 결전 작전을 발동했지요. 이제, 미드웨이와 과달카날에서의 패배 이후 절치부심하며 전력을 재정비한 일본 해군의 항공모함 함대가 다시 한번 출격하게 되었습니다.

이렇게 전투 시작 전부터 우여곡절을 다 겪은 일본 항공모함 함대를 이끄는 제독은 '오자와 지사부로小澤治三郞'였습니다. 미드웨이와 콰달카날에서 항공모함 함대를 이끌다 패배한 나구모 주이치의 후임으로 항공모함 함대를 이끌게 된 것이지요. 여담이지만, 나구모는 이 시점에 사이판섬에 있었습니다. 중부 태평양 함대 사령관으로 보직되어 사이판과 마리아나제도의 방위를 책임지고 있었습니다. 항공모함 지휘에 나름대로 일가견이 있던 오자와는 미군을 막기 위해 함대와 육상 발진 항공기의 협격을 활용하기로 했습니다. 이를 위해 그는 항공모함 다이호大鳳, 쇼카쿠, 즈이카쿠(이젠 익숙한 이름이지요?), 준요, 히요, 그리고 경항공모함 즈이호, 치토세, 치요다, 류호龍鳳를 총 세 개 그룹으로 편성했습니다.

오자와의 작전 계획은 이렇습니다. 먼저 경항공모함 즈이호, 치토세, 치요다를 앞세워 미군의 공격을 유도합니다. 경항공모함은 다른 정규 항공모함보다 작고 빠르며, 격침되더라도 전력 손실 부담이 적기 때문이지요. 이어 미군 함대가 발견되면, 다른 항공모함의 함재기와 육상 발진 폭격기들이 미군보다 더 멀리서부터 출격해 항속거리에 아슬아슬하게 먼저 닿도록 비행하는, 이른바 '아웃레인지 전술'로 적 함대를 공격한다는 계획이었습니다. 미군 항공모함을 공격한 뒤에는 항공기가 반드시 소속 항공모함으로 돌아갈 필요가 없었으며, 가까운 일본 점령하의 육상 비행장으로 복귀하면 그만이었습니다. 이렇게 함으로써 일본군은 항공기의 항속거리를 크게 늘려, 일본 항모를 미군의 반격으로부터 안전하게 지킨 채 공격할 수 있다고 믿었습니다. 이제 오자와는 미 함대 격멸과 이를 통한 사이판 구출, 나아가 절대국방권 사수라는 중대한 임무를 떠맡게 된 것입니다.

미군의 사이판 상륙 이후 나흘째인 6월 19일, 이렇게 야심찬 목표를 가진 오자와의 함대가 사이판 인근 해역에 도달해 미군 함대를 찾기 위한 탐색에 들어갔습니다. 오자와는 이른 새벽 3시 30분부터 정찰기를 연이어 띄워 미군 항공모함을 찾는 노력을 계속하는 한편, 미군 항공기가 닿지 못하는 원거리에서 공격대를 발진시킬 준비를 끝마쳤습니다. 미군 항공기들은 괌 공격을 수행하느라 정신이 팔려 있었지요. 이를 확인한 오자와는 오전 7시 25분, 준비한 모든 항공기를 발진시켰습니다. 미군의 항속거리 밖에서, 일제히 달려들어 타격한다는 것이 그의 작전이었습니다. 그러나 미군은 이미 레이더를 활용해 이러한 오자와의 기도를 완전히 파악하고 있었습니다.

미군 함대를 향해 비행하던 오자와의 1차 공격대 조종사들은, 미 항공모함이 있을 것으로 추정된 작전지역에 도달하기도 전에 미군 전투기를 만나야만 했습니다. 미군은 레이더로 일본군 비행대의 비행 경로를 이미 파악하고 있었고, 일본군 폭격기들을 중간에서 요격하려는 의도였습니다. 원래 미군 항공모함 가까이에서 벌어져야 할 항공전이 미군 함대와 100km 떨어진 망망대해에서 시작되자 일본군 조종사들은 당황할 수밖에 없었습니다. 일본군 공격대는 무려 4차까지 편성되어 하늘로 날아올랐으나, 그때마다 미군 전투기에 포착당한 뒤 격추되기 일쑤였습니다. 미군 전투기에서 탈출한 몇몇 폭격기들이 미 함대를 공격하는 데 성공했으나, 미군이 받은 피해는 매우 경미했습니다.

일본군이 총 240여 대의 항공기를 잃은 반면, 미군의 손실은 겨우 31대에 불과했습니다. 더 이상 작전을 이어가고 싶어도 오자와에게는 더 이상 공격에 투입할 항공기가 남아 있지 않았습니다. 그러나 일본군의 진정한 재앙은 아직 시작되지 않았습니다. 만약 항공대만 잃었다면, 남은 함대라도 살려 본토로 도망쳐 훗날을 기약할 수 있었습니다. 그러나 미군은 이제 일본군의 항공모함을 살려둘 생각이 없었습니다. 오자와가 탑승해 있던 함대의 기함 다이호에 미군 잠수함이 발사한 어뢰 두 발이 날아들었습니다. 이 가운데 한 발은 다이호의 갑판에서 막 이륙한 조종사가 항공기로 몸을 날려 막아냈지만, 나머지 한 발까지는 막지 못했습니다.

다이호는 하필이면 연료 저장탱크에 어뢰를 맞았고, 그 순간부터 폭발성이 강한 가스가 탱크에서 유출되기 시작했습니다. 쉽게 말해 휘발유가 기화되어 공기 중에 완전히 퍼져버린 것이지요. 손상통제반은 즉각 이 가스를 외부로 빼내기 위해 안간힘을 썼지만, 양이 너무 많아 역부족이었습니다. 곧 가스는 함내 전역에 퍼졌고, 다이호는 그야말로 움직이는 시한폭탄이 되었습니다. 수병들은 즉시 배 안의 모든 환풍기를 가동하며 함선을 살리려 했으나, 오후 5시 32분에 발전기에서 발생한 스파크로 대규모 폭발이 일어났습니다. 너무나 급작스럽고 거대한 이 폭발로 다이호에 탑승한 약 2,200여 명의 승조원 중 1,700여 명이 목숨을 잃었습니다. 일본의 기대를 한몸에 받던 장갑 항공모함 다이호는 첫 출격에서 바로 불귀不歸의 객이 되고 말았습니다. 오자와는 중순양함 하구로羽黑로 옮겨타, 해전을 계속 지휘했습니다.

그러나 일본 함대의 피해는 여기서 끝나지 않았습니다. 같은 날 정오 즈음, 또다시 미군 잠수함이 발사한 어뢰에 의해 항공모함 쇼카쿠가 피격되었습니다. 쇼카쿠는 잘 알려진 대로 진주만 기습에도 참전했던 고참 항공모함이었지요. 쇼카쿠 또한 전방의 항공기 연료 저장탱크에 어뢰를 맞았고, 화재는 걷잡을 수 없이 함 전체로 퍼지면서 많은 희생자를 냈습니다. 일본 해군은 이 상징적인 항공모함을 살리기 위해 분투했지만, 결국 가스 폭발로 함체가 완전히 절단된 쇼카쿠는 필리핀해 심해 속으로 자취를 감추었습니다. 단 하루 만에 주요 항공모함 두 척과 병력 3,000여 명, 300대에 가까운 항공기가 증발해 버린 일본 해군은 더 이상 작전을 이어갈 수 없었습니다.

해전에서 승기를 잡은 미군은 총공세에 나섰습니다. 다음 날인 6월 20일, 미군 항공대는 일본 항공모함 히요를 발견하자 집중 공격을 펼쳤습니다. 원래 호화여객선으로 건조되다가 중간에 항공모함으로 개조된 히요는 어뢰와 폭탄을 뒤집어쓰고 격침되었습니다. 오자와는 남은 즈이카쿠와 준요, 경항공모함들을 살리기 위해 항모를 후방으로 이동시키는 한편, 결전을 위해 마지막까지 남겨둔 초대형 전함 야마토大和와 무사시武蔵를 미군 함대를 향해 전진시켰습니다. 항공기가 없는 상황에서 일본군은 유일하게 자신 있다고 믿은 야간 근접전을 벌이려 했던 것입니다.

그러나 일본 함대에는 더 이상 연료가 남아 있지 않았습니다. 이 상태에서 미군 함대와 교전을 계속한다면, 항구로 돌아가지도 못한 채 그대로 바다에서 표류할 수 없는 상황이었습니다. 어둠이 찾아오던 저녁 7시 40분, 연합함대 사령장관의 공식적인 '이탈' 명령이 함대에 하달되었습니다. 오자와는 결국 '아호작전'의 중지를 명령했고, 함대는 결국 북서쪽으로 퇴각했습니다. 너무나도 완벽한 미군의 압도적인 승리였습니다. 미군 조종사들은 이 전투를 가리켜 마리아나의 칠면조 사냥The Mariana Turkey Shoot이라는 별칭으로 불렀습니다. 마치 칠면조 사냥을 하듯, 일본군 항공기를 손쉽게 요리했다는 뜻이었지요. 이미 미군은 수적으로나 질적으로 일본군을 모든 면에서 압도하고 있었습니다.

또한 필리핀해 해전에서는 1943년 말부터 사용되어 오던 VT 신관VT fuse이 제대로 위력을 발휘했습니다. 기존 대공포 탄환은 항공기를 직접 명중시켜야만 격추할 수 있었습니다. 그러나 VT 신관은 진공관을 이용해 주변으로 전파를 발산하고, 이 전파가 적군의 항공기에 맞아 되돌아오는 순간 폭발하도록 설정된 새로운 방식의 신관이었습니다. 즉, 엄청난 속도로 하늘로 쏘아 올린 모든 미군의 탄환에는 일본군 항공기의 근처만 스쳐도 자동으로 폭발하는 전파 기술이 적용되어 있었던 것입니다. 이로 인해 일본군 항공기들은 미군의 대공포화에 엄청난 피해를 보았습니다. 하늘에 수천 발의 탄을 순식간에 쏘아 올리는 대공포의 특성상, 그 모든 탄환마다 이렇게 주파수를 날릴 수 있는 값비싼 신관을 달아두는 미군의 경제력이 빛을 보는 순간이었습니다.

한편, 사이판을 지키던 일본 육군 병사들의 운명도 이 해전의 결과와 함께 결정되었습니다. 6월 19일, 사이판 앞바다에 머물던 미군 함대가 물러나는 모습을 본 일본군 병사들은 만세를 불렀습니다. 아호작전이 발동되었으니, 숨죽이고 있던 연합함대가 몰려와 미군 함대를 쫓아낸다고 생각했던 것입니다. 일본 연합함대가 미 해군을 물리쳐 준다면, 이제 사이판에서 공세로 전환해 이미 상륙한 미 해병대를 궤멸시킴으로써 절대국방권을 사수할 수 있을지도 모른다고 생각했습니다. 그러나 6월 22일, 미 함대가 더 큰 규모로 불어난 채로 사이판 앞바다에 출현하자, 이들의 마지막 희망은 모두 무너졌습니다. 미 해군이 떠났던 것은 일본 해군을 두려워해서가 아니라, 오히려 공격을 준비하기 위해서였습니다. 나구모의 지휘 아래에 있던 사이판은 이제 완전히 고립되었습니다.

그럼에도 일본군은 사이판에서 강경하게 저항했습니다. 사이판 전투는 과달카날 등 이전 전투와는 전혀 다른 성격을 띠고 있었기 때문입니다. 그것이 무엇이냐 하면, 바로 사이판은 전쟁 발발 이전부터 일본의 점령하에 있던 곳이었고, 이제 미군이 일본의 본래 영토에 침입하기 시작했다는 뜻이었습니다. 과달카날이나 동남아시아 등은 일본이 전쟁을 일으킨 이후 진격 과정에서 미군과 충돌한 지역이었을 뿐, 일본이 오랫동안 점령해 온 세력권이 직접 침공을 받은 것은 아니었습니다. 또한 미군이 사이판을 점령한다면, B-29 폭격기가 중간 기착지 없이 곧바로 일본 본토로 비행해 폭격 작전을 수행할 수 있게 됩니다. 바로 이 때문에, 전투 현장의 일본군 병사부터 도쿄 대본영의 도조 히데키까지, 일본 전체가 이 사이판 전투에 모든 것을 쏟아부었던 것입니다.

일본군은 민간인들을 방패로 삼아 공격하거나, 심지어 미군에게 살아서 포로로 잡히면 끔찍한 고문과 성폭행을 당할 것이라고 민간인들을 세뇌했지요. 그 결과 민간인들은 미군의 만류에도 불구하고 미군이 보는 앞에서 절벽에 스스로 몸을 던져 생을 마감하는 경우가 벌어졌습니다. 그 수가 무려 5,000여 명에 달했다고 하니, 그 참혹함은 이루 말할 수 없습니다. "덴노 헤이카 반자이! 天皇陛下万歲, 천황 폐하 만세!"를 외치면서 죽어간 이들의 외침 때문에, 지금도 그들이 뛰어내린 바위는 '만세 절벽 Banzai Cliff'이라고 불리고 있습니다. 이런 참혹한 상황 속에서도 미군은 7월에 접어들며 섬을 차근차근 점령해 나갔습니다. 결국 7월 5일, 나구모 주이치가 사이판의 한 동굴에서 권총으로 스스로 목숨을 끊으면서 사이판에서 일본군의 조직적인 저항은 종결되었습니다. 이를 두고 어느 미군 지휘관은 "진주만, 미드웨이에서는 살았지만, 마지막 사이판에서 세 번째 스트라이크를 잡았다!"라고 하니, 나구모를 잡고 싶어 했던 미군의 심정을 짐작할 수 있습니다.

이렇게 사이판이 미군의 손에 넘어가자, 일본은 엄청난 충격에 빠졌습니다. 이제 미군 B-29 폭격기는 한 번에 일본 본토를 제 집 드나들듯 폭격할 수 있게 되었고, 도조 히데키가 자신만만하게 주장하던 절대국방권의 환상은 깨져버렸습니다. 이 패배로 도조 히데키는 총리직에서 물러났으며, 그 뒤를 이어 조선총독이었던 고이소 구니아키小磯國昭를 총리로 하는 새로운 내각이 출범했습니다. 고이소 총리는 미군에게 큰 타격을 가해 조금이라도 유리한 위치에서 휴전 협상에 나선다는 큰 그림을 그리며 집권했지요. 그러나 그는 무능했고, 특히 폭주하는 기관차처럼 질주하던 일본 육해군을 통제할 카리스마나 리더십도 없었습니다.

사이판이 함락되면서 일본이 전쟁에서 승리할 수 있는 그나마 희박한 확률마저 완전히 0퍼센트가 되어버렸지요. 『일본은 왜 더 큰 전쟁으로 나아갔을까』의 저자 가토 요코에 따르면, "사이판 함락으로 인해 일본이 전쟁에서 패배할 것은 이미 100퍼센트 확실해졌다"라고 지적합니다. 그럼에도 일본은 사이판 함락 이후에도 약 1년을 더 버텼습니다. 왜 이런 무모한 전쟁을 1년간이나 수많은 인명을 갈아 넣으며 지속했느냐는 비판에 대해 일본은 의미 없는 전장에 몰아넣은 수많은 자국의 젊은이들에게 제대로 된 설명을 내놓지 못하고 있습니다.

이제 태평양의 주도권을 잡은 미군은 일본에 더 큰 타격을 가하기 위한 새로운 작전에 들어갔습니다. 단 한 번의 일격으로 일본 해군의 주력은 물론, 전시 경제 자체까지 마비시킬 수 있는 최적의 목표가 떠올랐기 때문입니다. 이제 맥아더의 지휘 아래 필리핀 탈환전이 본격적으로 시작되려 하고 있었습니다.

필리핀해 해전 도중, 치열한 공중전이 남긴 구름 흔적을
미군 수병들이 올려다보고 있다.

미군이 점령한 뒤의 사이판 비행장의 모습.
활주로에는 미군의 B-29폭격기가 가득 정렬해 있다.

16장

레이테만 해전(上) — 일본 해군 최후의 해상 결전
남은 함대로 마지막 총공세를 펼치다!

사이판 함락 이후, 미군은 태평양 전선의 주도권을 완전히 거머쥐었음을 실감했습니다. 1944년 9월, 펠렐리우섬 Peleliu Island에 상륙한 미군은 일본의 절대국방권을 완전히 무력화시켰습니다. 이제 미군은 개전 초기에 빼앗겼던 자신들의 주요 세력권, 필리핀을 탈환하고 싶어 했습니다. 석유 산지인 동남아시아와 일본 사이에 위치한 필리핀을 장악하면, 일본의 석유 공급 루트를 완전히 끊어 전쟁 수행 능력을 근본적으로 무너뜨릴 수 있었습니다. 이미 연료 부족으로 적극적인 작전 수행이 어려웠던 당시 일본군의 상황을 감안하면, 이는 일본에 재앙과도 같은 결과를 가져올 것이 분명했습니다. 미군은 강력한 항공모함의 호위를 받는 대규모 상륙함대를 편성해, 레이테 Leyte 섬 상륙작전을 준비했습니다. 만약 이 상륙작전을 막기 위해 일본 해군이 출동한다면, 미군으로서는 굳이 찾아 나설 수고를 덜 수 있는 셈이었습니다.

이에 반해 이를 대비해야 하는 일본군의 상황은 좋지 않은 수준을 넘어, 거의 빈사 상태였습니다. 필리핀해 해전에서 항공모함에서 운용할 항공기 대부분을 잃은 일본 해군은 이제 전함을 활용한 근거리 전투를 준비해야 했습니다. 그러나 문제는, 수백 킬로미터 밖에서 항공기를 날려대며 아웃복싱하듯 공격하는 미 함대에 대항해 겨우 수십 킬로미터 거리에서 직접 포탄을 발사해야 하는 일본 함대를 어떻게 접근시키느냐였지요. 이를 위해 일본군은 치밀하면서도 거대한 작전계획을 짜게 됩니다. 그 계획을 단계화해서 설명하면 다음과 같습니다.

1. 오자와 지사부로 제독이 지휘하는 항공모함 함대를 필리핀 북방에 일부러 노출시켜, 미군의 주력함대를 유인한다.(이하, 오자와 함대로 명명)
2. 시마 키요히데 志摩清英 제독이 이끄는 함대(이하, 시마 함대)와 니시무라 쇼지 西村祥治 제독이 이끄는 함대(이하, 니시무라 함대) 또한 레이테만 남쪽의 좁은 수리가오 해협 Surigao Strait을 통과해 미군의 주력함대를 유인한다.
3. 이렇게 각각 북쪽과 남쪽으로 미군의 주력함대를 유인하면, 수송선으로만 구성된 미군 상륙함대만이 남아 있는 레이테만에 구리타 타케오 栗田健男 제독이 이끄는 주력함대(이하, 구리타 함대)가 돌입해 수송선단을 섬멸하고, 미군의 필리핀 공격을 저지한다.

즉, 미군의 레이테 상륙이 시작되면 북쪽의 오자와 함대, 남쪽의 시마·니시무라 함대가 미군의 강력한 주력 함대를 각자 방향으로 유인하고, 수송선만 남은 미약한 미 상륙함대를 강력한 전함으로 무장한 구리타 함대가 박살 낸다는 계획이었습니다. 언뜻 보면 개연성 있는 계획처럼 보였지만, 각 함대의 유인 시점과 돌입 시점을 정밀하게 맞춰야 하는 매우 복잡한 작전이었습니다. 게다가 일본군은 작전 성공을 위한 보안 유지라는 명목으로 무선침묵을 고수했지만, 이는 오히려 작전을 방해하는 결과를 낳았습니다. 네 개의 함대가 서로 타이밍을 맞추며 유기적으로 움직여야 했지만, 미군에게 들킬까 두려워 시도한 무선침묵은 이런 유기적 함대 운용을 불가능하게 만들었습니다. 물론 일본군에게는 이보다도 더 효과적인 작전계획을 세울 선택권이 이미 없었지만요.

여기에 더해, 일본 해군 내부의 불온한 움직임도 일본군에게는 또 다른 부담이었습니다. 미군의 필리핀 공세가 확실시된 이상, 전함 함대를 편성해 이 상륙을 막아야 한다는 데에는 이견이 없었지요. 그러나 작전목표를 설정하는 과정에서 연합함대의 수뇌부와 현장 지휘관들의 의견은 극명하게 갈렸습니다. 해군 수뇌부는 무슨 일이 있어도 미군의 상륙함대와 그 병력 수송선들을 격멸해야 한다고 주장했습니다. 즉, 모든 함대를 다 잃는 한이 있더라도 작전의 목표는 미 항공모함 함대가 있든 말든 미군의 상륙을 저지한다는 것이었지요.

그러나 일본 해군의 현장 지휘관들은 이에 반발했습니다. 만약 미군 함대를 격멸하지 않고 단순히 상륙함대만 격멸한다면, 미군은 곧 새로운 상륙함대를 편성해 다시 상륙작전을 감행할 것이 분명했습니다. 따라서 이들은 상륙함대가 아니라, 항공모함과 전함 등으로 구성된 미군 주력함대를 격멸해 아예 전쟁의 승기를 잡아야 한다고 주장했습니다. 의견대립이 극심해지고, 작전 구상 과정에서 현장 지휘관들이 아예 작전 수용을 거부하자, 해군 수뇌부는 참모들을 현장으로 내려보내 직접 설득하는 과정을 거쳐야 했습니다.

카미 시게노리神重德 연합함대 참모는, 코야나기 토미지小柳富次 제2함대 참모장과 회담을 가졌습니다. 제2함대는 초대형 전함 야마토를 주력으로 하는, 일본군 최후의 전함 함대였습니다. 8월 10일, 마닐라에서 모인 사령부 요원들과 코야나기는 작전 내용을 전달하러 온 카미를 맞이했습니다. 그러나 그는 '적 수송선단 격멸'이 아닌, '적 주력함대 격멸'을 작전의 최우선 목표로 삼아야 한다고 거듭 주장했습니다. 두 인물의 주요 대담은 다음과 같습니다.

코야나기 토미지(제2함대 참모장)

"이 계획은 적 주력 격멸을 포기하고, 적 수송선단을 작전목표로 삼고 있습니다. 우리는 어디까지나 적 주력을 격멸하는 것을 제1 목표로 삼아야 한다고 생각합니다. 만일 적이 가득한 레이테만에 돌입해 수송선단을 격멸하는 것이라면, 그것도 하겠습니다. 다만, 연합함대 사령부는 이 돌입작전으로 함대를 모두 잃어도 상관없다는 결심입니까?"

카미 시게노리(연합함대 참모)

"필리핀을 빼앗기면 남방과 본토의 연결이 끊겨 일본은 서서히 말라죽게 됩니다. 그렇게 되면 함대를 보존하고 있어도 아무 소용이 없습니다. '어떤 일이 있어도 필리핀은 내줄 수 없다. 이 결전으로 연합함대를 모두 잃는 한이 있더라도, 후회는 없다!'…… 이것이 사령장관의 결심입니다."

코야나기 토미지

"사령장관님이 그 정도 결심을 하셨다면 잘 알겠습니다. 단, 돌입작전이란 그렇게 간단히 이뤄지는 것이 아닙니다. 적 함대는 우리의 돌입을 전력을 다해 저지하려 할 것입니다. 따라서 원하든 원하지 않든, 적 주력과의 결전을 거치지 않고서는 돌입작전을 실현할 수 없습니다. 그러므로 우리 함대는 명령대로 수송선단을 목표로 레이테만을 향해 돌진하겠지만, 도중에 적의 주력함대와 조우하여, 적의 수송선단과 주력함대 중 하나를 선택해야 할 상황이 오면 수송선단을 포기하고 적 주력의 격멸에 전념하겠습니다. 이의 없으시겠습니까?"

카미 시게노리

"이의 없습니다."

코야나기 토미지

"이건 매우 중요한 사안입니다. 사령장관께 반드시 잘 전해 주십시오."

— 코야나기 토미지(小柳冨次)
『구리타 함대 — 레이테만 해전 비록(栗田艦隊 — レイテ沖海戰秘錄)』

이런 복잡한 상황 속에서 10월 20일, 미군의 레이테섬 상륙이 시작되었습니다. 맥아더의 지휘 아래, 다시 돌아오겠다던 맥아더가 직접 필리핀에서 첫 상륙작전을 시작한 것이었지요. 미군은 항공모함 함대를 주력으로, 진주만에서 피해를 입고 수리했던 네 척의 전함까지 함대에 합류시키며 복수의 칼을 제대로 갈아왔습니다. 그들은 걱정 속에서 상륙작전을 진행했으며, 곧 벌어질 일본 해군의 마지막 해상 결전에 대비하고 있었습니다.

10월 22일, 상륙을 개시한 미군을 막기 위해 일본 함대가 출동했습니다. 복잡하고 세밀한 작전계획에 따라 네 개 함대로 나뉘어 전개된 일본 해군의 마지막 공세이자, 인류 역사상 가장 큰 규모로 벌어진 해전인 '레이테만 해전 The Battle of Leyte Gulf'이 시작된 것입니다.

일본 함대의 출항 소식을 들은 미군은 즉각 정찰기를 띄워 일본 해군의 공격목표가 어디가 될지를 판단하려고 했습니다. 이러한 정찰 과정에서 가장 먼저 식별된 것은 주력함대인 구리타 함대와, 남쪽에서 움직이는 유인부대인 니시무라 함대였습니다. 이윽고 미군이 시마 함대까지 발견했지만, 정작 미끼 역할을 제대로 수행해야 할 오자와 함대는 끝내 발견되지 않았습니다. 일본군의 계획은 시작부터 뭔가 이상하게 돌아갔습니다. 함대 규모로 보아 니시무라와 시마 함대는 수가 너무 적었기 때문에, 미군은 자연스럽게 구리타 함대가 일본 해군의 주력임을 꿰뚫어 보았습니다.

10월 22일에서 23일로 넘어간 자정 무렵, 구리타 함대는 팔라완 해로 Palawan Passage를 지나고 있었습니다. 이 팔라완 해로를 지나 산 베르나르디노 San Bernardino 해협을 통과해 결전장인 레이테만으로 진입하기 위해서였습니다. 짙은 어둠이 미군 항공기로부터 숨겨주리라 기대했지만, 그 희망은 곧 산산조각 나고 말았습니다. 구리타가 직접 탑승해 있던 기함 중순양함 아타고愛宕

가 갑자기 엄청난 폭발과 함께 기울기 시작한 것이었습니다. 미군 잠수함의 기습적인 어뢰 공격으로 아타고는 네 발의 어뢰를 맞았습니다. 불시에 당한 아타고는 순식간에 침몰해 버렸고, 함대 사령관인 구리타마저도 구명정에 타지 못한 채 바다에 빠질 정도였습니다. 이후 구출된 구리타에게 주변의 참모 장교가 물었습니다.

"어떤 배에 탑승해 지휘하시겠습니까?"

구리타는 잠시 숨을 가다듬으며 고민한 뒤, 내뱉었습니다.

"야마토로 가겠다."

세계 최대 크기를 자랑하는 초대형 전함, 야마토에 직접 탑승하겠다는 결의를 보인 것이었지요. 그러나 일본 함대의 굴욕은 거기서 끝나지 않았습니다. 또다시 중순양함 타카오高雄와 마야高雄가 불길에 휩싸였습니다. 사방에는 이미 미군 잠수함이 포진해 있었습니다. 마야 또한 어뢰 공격을 받고 함체가 서서히 기울다 결국 침몰했고, 일본에겐 불행 중 다행으로 타카오만이 두 척의 구축함 호위를 받으며 출항지로 겨우 돌아갈 수 있었습니다. 전함 5척, 중순양함 10척, 경순양함 2척, 구축함 15척으로 이루어진 구리타 함대는 전투를 시작하기도 전에 중순양함 두 척 격침, 한 척 중파, 구축함 두 척 귀환이라는 손실을 입었습니다. 구리타 함대를 보호하기 위해 일본군은 필리핀의 지상 비행장에서 발진한 항공기로 미군의 항공모함 함대를 선제공격했고, 미군의 경항공모함 USS 프린스턴 USS Princeton 을 격침하는 전과를 올렸지만, 미군의 강력한 대공포에 막혀 그 이상의 피해를 주지는 못했습니다.

10월 24일 오전 10시 27분, 전날의 피해에도 불구하고 산 베르나르디노 해협을 통과 중이던 구리타 함대의 머리 위에 미군 항공기들이 나타났습니다. 미군 지휘관 홀시 William Halsey 제독은 일본군의 주력이 구리타 함대임을 잘 알고 있었습니다. 미군 항공대의 공격은 특히나 거대한 초대형 전함 야마토와 그 자매함 무사시에 집중되었습니다. 무사시는 우현에 어뢰 한 발을 맞는 등의 피해를 입었으나, 일본이 심혈을 기울여 만든 초대형 전함이었던 만큼 신속히 응급 수리 후 임무를 수행했습니다. 그러나 문제는 미군의 공습이 여기서 멈추지 않을 것이라는 점이었습니다. 미군은 끊임없이 공격을 시도했고, 이날 오후까지 무사시는 어뢰 14발을 추가로 더 얻어맞습니다. 태평양 전쟁의 흐름을 함께 살펴온 독자라면 이미 잘 아시겠지만, 어뢰는 두세 발만 맞아도 전함을 격침시킬 수 있을 정도로 치명적인 무기입니다. 그런데 무사시는 그 어뢰를 무려 10발이 넘게 맞고도 버텨낼 만큼 거대한 전함이었습니다. 이날 무사시가 입은 피해는 모두 17발의 폭탄과 19발의 어뢰였습니다.

    미군의 맹렬한 공습을 받은 구리타는 더 이상 공격은 불가능하다고 보았습니다. 아타고 격침 후 구조된 이후부터, 그는 극심한 스트레스를 받아오고 있었습니다. 목석처럼 움직이지 않던 그도 이제는 퇴각을 결정해야만 했습니다. 이미 너무 많은 공격을 받아 천천히 좌현 쪽으로 기울며 침몰해 가던 무사시는, 이제 퇴각에 참여할 수 없음이 분명해졌습니다. 구리타는 무사시에게 구축함 두 척을 호위로 붙여준 뒤 내버려두고, 나머지 함대는 모두 뱃머리를 돌려 출발지로 회항하라는 명령을 내렸습니다. 이를 본 미군은 구리타 함대의 공격을 저지했다고 보고, 정찰기를 모두 회수한 뒤 재정비에 들어갔습니다. 미군의 항공 세력이 모두 사라지자, 구리타는 마음을 바꿔 다시 공격하기로 했고, 약 한 시간 뒤에는 자신들이 버리고 간 무사시를 지나쳐 다시 산 베르나르디노 해협을 통과했습니다. 무사시는 그날 오후 7시경, 결국 침몰했습니다.

주력부대였던 구리타 함대가 이처럼 미군에게 집중 공격을 받는 동안 정작 항공모함을 미끼로 미군을 유인해야 했던 오자와 함대는 여전히 미군에게 발견되지 않은 상태였습니다. 미끼 역할을 위해 남쪽으로 이동하던 오자와는 미군의 통신을 감청하던 중, '구리타 함대가 퇴각한다'는 사실을 알게 되었습니다. 주력함대가 철수해 버리면 자신이 곧바로 위험에 빠질 수 있다고 판단한 오자와는 항공모함 보전을 위해 해역을 이탈하고 즉시 북상하기로 결정합니다. 그러나 10월 24일 오후, 미군은 구리타 함대를 공격하던 도중 오자와 함대의 존재를 포착했습니다. 그 순간 미군은 '주력은 구리타가 아니라 항공모함을 보유한 오자와 함대구나!'라고 생각을 바꾸었고, 즉시 주력을 오자와 함대 쪽으로 이동시켰습니다. 뜻밖에도 일본군의 유인작전이 성공하는 순간이었습니다.

북쪽의 유인이 성공을 거두는 가운데, 남쪽에서의 유인작전도 차츰 잘 풀려가고 있었습니다. 전함 위주의 니시무라 함대와 순양함 위주의 시마 함대는 레이테만의 남쪽, 수리가오 해협 방향으로 나아가고 있었습니다. 10월 24일 밤 20시, 수리가오 해협의 입구에 도달한 니시무라 함대는 해군 사령부에 "25일 새벽에 레이테만으로 돌입하겠음"이라는 무전을 보냈습니다. 그러나 시마 함대를 기다리지 않은 채 곧바로 해협으로 진입했습니다. 시마 함대를 기다리는 동안 미군에게 발각된다면, 기습 효과가 무너져 버릴 것이 분명했기 때문이었습니다. 시마 함대는 니시무라 함대를 바짝 뒤쫓으며, 함께 수리가오 해협으로 돌입하기 위해 속도를 높였습니다.

미군의 올덴도르프 Jesse Barrett Oldendorf 제독이 이끄는 제77기동부대는 해협의 좁은 수로에 단종진을 펼치고, 일본 함대가 들어오기를 기다리고 있었습니다. 진주만에서 침몰했다가 다시 돌아온 전함 메릴랜드 USS Maryland, 테네시 USS Tennessee, 캘리포니아 USS California, 펜실베이니아 USS Pennsylvania 도 이 함대에 포함되어 있었습니다. 미군은 이미 니시무라 함대의 돌입을 예상하고 있었습니다. 올덴도르프 제독은 이 밖에도 구축함과 어뢰정을 좁은 해협 양쪽에 배치해 두었습니다. 돌격해 들어오는 일본 함대를 사방에서 동시에 타격해 전멸시킬 작정이었던 것입니다.

이제 어둠이 내려앉은 수리가오 해협은 살기로 가득 차 있었고, 양측 함대는 잔뜩 긴장한 채 소리 없는 전투준비에 들어갔습니다.

10월 23일부터 24일 낮까지 이어진 초전은 미군의 완벽한 승리로 끝났습니다. 그러나 일본군의 유인 자체는 성공했고, 25일로 넘어가는 밤의 어둠이 깔리자, 일본 해군의 주력 전함들이 일제히 레이테만을 향해 돌입을 시작하며 미군을 압박하고 있었습니다.

이제 결전의 날이 밝아오고 있었습니다.

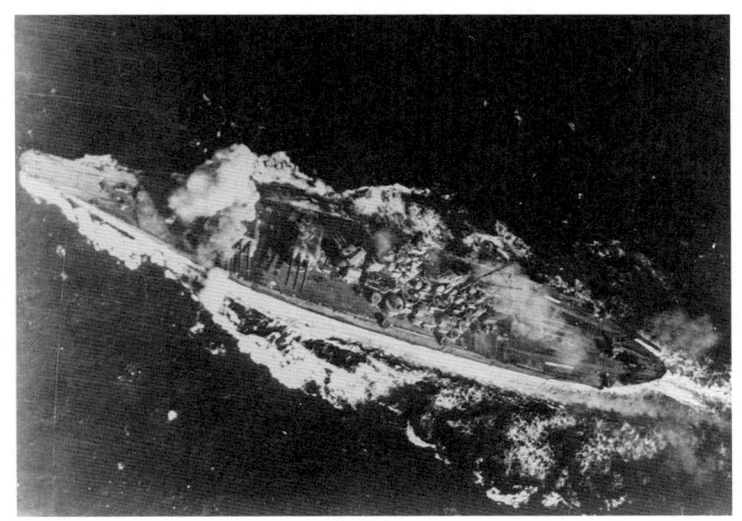

1944년 10월 24일, 레이테만으로 향하던 일본 전함 '야마토'가
미군 항공기의 공격을 받아 전방 포탑에서 폭발이 일어났다.
피해는 경미했지만, 그것만으로는 전세를 뒤집기에는 역부족이었다.

세계 최대의 전함 야마토를 이끌고
레이테만에 돌입해야 하는
막중한 책임을 부여받은 구리타 다케오.

17장

레이테만 해전(下) — 일본 해군의 야간 돌입 작전
마지막 도박에 나선 일본 해군!

수리가오 해협 입구에서 함대를 지휘하던 니시무라는 의심스러운 눈빛으로 해협을 바라보았습니다. 짙은 밤의 어둠 속에서 좁디좁은 수로로 모든 함대를 돌입시키는 것은 위험부담이 너무나 큰 일이었지요. 크고 육중한 전함들로만 이루어진 니시무라 함대의 특성을 고려하면, 이는 지극히 당연한 걱정이었습니다. 뒤이어 니시무라 함대를 추격해 오는 시마 함대는 중순양함 이하의 비교적 작고 빠른 함선들로 구성되어 있었습니다. 만약 시마 함대와 합류할 수 있다면, 전함들을 호위하며 조금 더 안전하게 해협을 돌파할 수 있었을지도 모릅니다.

그러나 니시무라는 여전히 외부의 연락을 기다리고 있었습니다. 그것은 곧 '구리타 함대도 지금쯤 나와 비슷한 시기에 레이테만으로 진입하고 있겠지?' 하는 걱정에서 비롯된 것이었지요. 니시무라는 계속해서 해군 사령부와 구리타 함대에 교신을 시도하며 자신이 해협 인근에 도달했다는 사실을 알리려 했지만, 답신을 받지 못했습니다. 원래 계획대로라면 지금쯤 구리타의 함대는 레이테만의 북쪽에서 자신과 비슷한 시각에 돌입해야 할 시간이었습니다. 그러나 니시무라는 구리타가 중간에 한 번 공격을 포기하고 돌아갔다가, 다시 공세에 나선 사실을 알지 못했습니다.

니시무라가 이렇게 다른 함대의 상황을 파악하며 기다리는 동안에도, 미군의 정찰기와 어뢰정들은 니시무라 함대에 다가와 기웃거리며 미약한 공격을 시도했습니다. 곧 미군의 주력함대가 해협을 봉쇄할지도 모르는 상황이었지요. 그러나 실제로 해협은 이미 올덴도르프 제독이 이끄는 제77기동부대의 전함들에 의해 봉쇄된 상태였고, 니시무라는 이를 알지 못했습니다. 결국 24일 자정 무렵, 니시무라는 사령부에 '단독으로 해협해 돌입하겠다'는 전문을 보낸 뒤 곧바로 수리가오 해협으로 진입했습니다. 때는 10월 25일 새벽 1시가 다 된 야심한 시각이었습니다.

극도의 긴장 속에서 항해를 이어가던 니시무라 함대는 고요함마저 불안하게 느껴졌습니다. 기함 전함 야마시로山城에 탑승한 니시무라는, 나란히 항진하는 또 다른 전함 후소扶桑를 바라보고 있었습니다. 후소는 고요한 밤바다를 가르며 야마시로와 함께 해협을 향해 돌진하고 있었습니다. 그런데 갑자기 후소가 좌현쪽으로 포신을 서서히 돌리더니, 니시무라가 상황을 파악하기도 전에 함포가 불을 뿜었습니다. 후소는 좌측에서 미확인 함선을 발견하고 즉각 사격을 가했다고 보고해 왔습니다. 몇 시간 동안 미군 구축함과 어뢰정의 공격을 받아왔던 터라, 후소의 수병들은 눈에 불을 켠 듯 경계하며 주변을 살피고 있었습니다. 그 덕분에 미군을 일찍 발견하고 곧바로 대응할 수 있었던 것이지요.

그러나 몇 분 뒤 밝혀진 바에 따르면, 후소가 사격을 가한 대상은 미군이 아니라 바로 같은 함대 소속의 중순양함 모가미最上였습니다. 다행히 모가미는 큰 피해를 입지 않았지만, 이런 기본적인 실수를 할 정도로 일본군의 긴장도와 스트레스는 극심했을 것으로 보입니다. 이런 해프닝을 잘 수습한 니시무라 함대는 계속 해협으로의 돌입을 이어갔습니다. 시마 함대도 자신의 후방 약 45km 지점에서 그 뒤를 따르고 있었습니다. 이대로라면 해협을 무사히 빠져나가 레이테만으로 진입하는 것도 가능해 보였습니다.

니시무라가 그렇게 생각하던 바로 그 무렵, 갑자기 후소의 우현에서 엄청난 폭발이 일어났습니다. 멀리서 이미 레이더로 니시무라 함대의 움직임을 포착한 미군이 장거리에서 발사한 어뢰가 일본 함대에 도달한 것이었습니다. 새벽 3시경, 일본 함대는 미군의 어뢰 공격으로 순식간에 큰 혼란에 빠져들었습니다. 전함 후소는 어뢰 피격 이후 속도가 느려지며 우현으로 변침變針 45, 대열에서 이탈했고, 함대를 호위하던 구축함 세 척마저 모두 격침되었습니다. 이제 니시무라 함대는 위용을 잃고, 기함 야마시로와 중순양함 모가미 단 두 척만이 남게 되었습니다.

어뢰 피해의 충격에서 채 벗어나기도 전에, 야마시로 전방 저 멀리 20km 지점에서 불빛이 번쩍였습니다. 니시무라 함대를 기다리던 미군 전함들이 마침내 야마시로를 향해 포탄을 발사하기 시작한 것이었습니다. 순식간에 야마시로와 모가미 주변은 대낮처럼 환해졌고, 수십 수백 발의 미군 포탄이 그들을 향해 쏟아졌습니다. 이에 질세라 야마시로도 전방의 1번, 2번 주포로 미군을 향한 대응 사격을 실시했습니다. 인류 전쟁사에 기록된 전함 간

---

45 선박이나 항공기 등이 항로를 변경하는 것을 뜻한다.

의 마지막 포격전은 이렇게 막을 올렸습니다.

　불리한 상황 속에서도, 니시무라는 돌입을 멈추지 않았습니다. 얼핏 보아도 미군 전함은 최소 대여섯 척은 되어 보였습니다. 이는 곧 북쪽과 남쪽 중 이곳 남쪽에 대부분의 전함이 몰려 있다는 뜻이었고, 설령 자신이 이곳에서 죽더라도 북쪽의 구리타 함대는 비교적 안전하게 레이테만 북쪽으로 진입할 수 있다는 의미였지요. 이런 계산이 끝나자, 니시무라는 계속해서 공격을 시도했습니다. 그러나 미군 전함 다섯 척에 맞서, 구형 전함 야마시로 한 척으로는 아무것도 할 수 없었습니다. 수십 발의 포탄과 어뢰를 맞은 야마시로는 새벽 4시를 넘기며 천천히 기울더니 끝내 뒤집혀 침몰했습니다. 이때 니시무라를 비롯한 함대 지휘부 대부분이 전사했습니다. 유일하게 살아남은 모가미는 너덜너덜해진 채로 뱃머리를 돌려 남쪽으로 후퇴하기 시작했습니다.

　바로 그때, 뒤늦게 달려온 시마 함대는 이 광경을 보고 깜짝 놀랄 수밖에 없었습니다. 스콜과 연막으로 해협의 입구조차 찾기 어려운 상황에서, 그들은 엉망이 된 모가미를 발견했습니다. 미군의 압도적인 화력에 니시무라 함대가 박살 난 것을 확인한 시마는 해협 돌입을 포기하고, 즉시 반전해 후퇴했습니다. 니시무라 함대의 유일한 생존함이었던 모가미는 후퇴 도중 미군 항공기의 공습으로 결국 침몰하면서, 니시무라 함대는 전멸하고 말았습니다. 이렇게 해서 레이테만 남쪽 전투는 미군의 승리로 돌아갔습니다.

　이제, 시선을 돌려 다시 필리핀 북부의 오자와 함대로 가보겠습니다. 미군 홀시 제독은 특히 오자와 함대를 격멸하고자 했습니다. 그 이유는 오자와 함대에 항공모함이 있었고, 그중 하나가

바로 '즈이카쿠'였기 때문입니다. 즈이카쿠는 진주만 기습에 참가했던 여섯 척의 항공모함 중 유일한 생존함으로, 그 상징성과 성능 때문에 미군이 반드시 잡아야 할 목표물이었습니다. 그렇기에 홀시 제독은 함대의 주력을 이곳으로 이동시켜 오자와 함대를 상대하고 나선 것이었습니다.

    니시무라 함대가 엄청난 포탄을 뒤집어쓰고 패배한 바로 그날 아침 8시경, 오자와 함대는 미군 항공기의 습격을 받았습니다. 이미 보유한 항공기를 대부분 소모한 상태였기에 오자와 함대의 항공모함들은 그저 몇 기의 전투기를 내보내 대응할 수 있었을 뿐, 결국 무기력하게 미군의 공격을 온몸으로 받아내야 했습니다. 오후 2시경, 미군의 계속된 공습으로 즈이카쿠는 결국 집중 타격을 받아 침몰했습니다. 남아 있던 경항공모함 두 척도 그날 오후 모두 격침되면서, 오자와 함대는 이제 모든 항공모함을 잃게 되었습니다. 일본의 마지막 도박은 이대로 실패로 돌아가는 듯 보였습니다.

    그러나 아직 일본 해군의 모든 희망이 사라진 것은 아니었습니다. 남쪽에서는 니시무라 함대가 전멸했지만 미 전함 함대를 해협에 붙잡는 데는 성공했고, 북쪽에서는 오자와 함대가 모든 항공모함을 잃으면서도 미군 주력부대를 북쪽으로 유인하는 데 성공했습니다. 이제 작전의 성패는 구리타 함대의 레이테만 돌입에 달려 있었습니다.

    구리타 함대는 25일 이른 아침, 레이테만에 돌입하는 데 성공했습니다. 니시무라 함대가 남쪽 해협에서 막 공격받기 시작한 새벽 3시 무렵, 구리타 함대는 이미 북쪽 해협 통과에 성공했던 것이지요. 레이테만에 도착한 구리타와 참모 장교들 눈앞에는 상륙함대를 호위하던 미군의 경항공모함 여섯 척과 구축함 일곱 척이 모습을 드러냈습니다. 일본군의 기습은 완벽히 성공한 것이었습니다. 실제로 구리타와 참모들은 미군의 항공모함을 보고서 이들이 경항공모함이 아니라 정규 항공모함, 즉 주력부대라고 생각했다고 합니다. 그래서였는지는 몰라도, 야마토의 함교 안에서는 "기적 같은 일이다!"라며 눈물을 흘리는 이도 있었다고 전해집니다. 일본 해군이 생각했던 "적의 항공모함 함대에 우리의 초대형 전함 야마토를 가까이 접근시킬 수만 있다면!" 하는 상상 속의 시나리오가 현실이 된 순간이었습니다.

승기를 잡았다고 판단한 구리타는 전 함대에 돌격 명령을 내렸습니다. 야마토를 선두로 미군 항공모함과 수송선단을 모조리 수장시키면, 일본 해군의 작전 목표를 달성할 수 있었습니다. 구리타의 제3함대는 이제 각자가 낼 수 있는 최고 속력으로 미군 함대를 향해 달려들기 시작했습니다. 미군 함대는 구리타 함대를 발견하자마자 즉각 침로를 틀어 해역을 벗어나려 했습니다. 이때 구리타는 선택의 기로에 놓였습니다. 도망치는 적 함대를 추격할 것인가, 아니면 이를 내버려두고 남쪽으로 내려가 상부의 지시대로 수송선단을 공격할 것인가. 잠시 고민하던 그는, 결국 미 함대 격멸을 목표로 함대를 이동시켰습니다. 구리타는 이들이 미군 주력함대라고 생각했기 때문이었지요.

일본이 해상 결전을 대비해 만들어 낸 초대형 전함 야마토가 포신에서 불을 뿜었습니다. 미군 항공모함 USS 화이트 플레인즈 USS White Plains 는 야마토의 세 번째 일제사격에 좌현을 피격당했고, 이로 인해 용골龍骨 46 하부가 손상되고 우현 기관과 전력 계통에 큰 타격을 불러왔습니다. 그러나 미군은 배를 버리지 않았습니다. 3분 만에 다시 전력 계통을 복구한 뒤 남아 있던 좌현 기관을 최대한 가동해 함대에서 이탈하지 않고 계속 도주할 수 있었습니다.

 미군은 사력을 다해 도주하고 있었습니다. 지휘관 스프레이그 Sprague 제독은 즉각 모든 항공기를 발진시키고, 혹시라도 유폭을 일으킬 수 있는 위험한 폭탄 등을 모두 바다에 버리도록 명령했습니다. 특히 항공기는 무장을 했든 하지 않았든 무조건 모두 발진시켰고, 이들은 일본 함대를 향해 날아가 어뢰나 폭탄을 장착한 듯 위협 비행을 감행했습니다. 잠시라도 일본 함대가 회피 기동을 하면서 미군 함대를 공격하는 것을 방해하기 위해서였지요. 그러나 일본 함대의 압도적인 전력을 막기에는 역부족이었고, 구리타 함대는 공세를 이어갔습니다.

 함대가 전멸할지도 모르는 절체절명 위기의 순간, 미군의 구축함 네 척이 갑자기 적을 향해 돌격했습니다. 작은 구축함들이 세계 최대 크기의 전함인 야마토를 향해 달려들기 시작한 것이지요. 크기 체감을 위해 몇 가지 예를 들어보면, 이때 돌격을 감행한 구축함 중 하나인 USS 존스턴 USS Johnston의 배수량이 2,700톤인데, 야마토의 주포탑 한 개의 무게가 무려 2,774톤이었습니다. 즉, 야마토에 달린 포탑 하나보다도 가벼운 작은 구축함이 겁도 없이 돌격을 시도한 것이지요. 이들은 이미 죽음을 각오하고 있

---

46   배의 척추와도 같은 부분으로, 선박의 머리부터 꼬리까지를 잇는 중심축의 뼈대.

었고, 스프레이그 제독의 명령 없이 독자적으로 판단을 내렸습니다. 항공모함이라면 구축함을 희생해서라도 구해낼 값어치가 있다고 생각했던 것이지요.

이들은 구리타 함대가 항공모함을 제대로 식별하지 못하도록 연막을 치며 전진했고, 빠른 기동력을 살려 회피 기동을 반복하면서 함포와 어뢰로 일본군을 압박했습니다. 이 구축함들은 일본 전함들과 중순양함의 사격에 막대한 피해를 입었고, 돌격을 감행한 네 척 중 USS 히어먼 USS Heermann 을 제외하고는 모두 침몰했습니다. 그럼에도 이들의 분투는 구리타 함대에 결코 가볍지 않은 타격을 안겼습니다. 중순양함 쿠마노는 어뢰에 맞아 함수가 부러질 정도의 치명상을 입었고, 치쿠마 또한 구축함이 발사한 조명탄에 맞아 화재가 발생했습니다. 미 구축함들의 분투에도 불구하고 전투는 점차 격렬해졌고, 일본 전함들은 마침내 미군 항공모함을 향해 달려들었습니다.

그러던 중, 미군에게는 기적과도 같은 일이 벌어졌습니다. 구리타 함대가 돌연 북쪽으로 방향을 틀어 철수하기 시작한 것입니다. 그저 죽음만을 기다리던 미 항공모함의 수병들은 서로를 끌어안고 환호했습니다. 구리타 함대는 완전히 북쪽으로 변침해 자신들이 레이테만에 돌입할 때 사용했던 해협으로 돌아가고 있었습니다. 이 사건은 오늘날까지도 구리타 턴 Kurita turn 이라 불리며, 레이테만 해전의 거대한 전환점으로 회자되고 있습니다.

그러나 사실 이러한 결정은 구리타로서는 나름대로 합리적인 선택이었습니다. 구리타는 북쪽과 남쪽의 유인작전이 성공했다는 사실을 전혀 알지 못했고, 자신이 지금 상대하고 있는 함대가 미약한 호위 항공모함들로 구성된 호위함대가 아니라 미군의 주력 항공모함 함대라고 믿고 있었습니다. 더구나 북쪽에서 또 다른 거대한 미군 함대가 발견되었다는 보고가 들어오자, 구리타는 "압도적인 미군 함대 사이에 포위되었구나!"라는 위기감을 품게 되었습니다. 게다가 해군 군령부 차장 이토 세이이치 또한 "구리타 함대가 독자적으로 미군의 모든 전력과 상대하고 있다"라고 회고했으니, 일본군의 입장에서는 나름대로 변명의 여지도 있었던 셈입니다.

어찌 되었든 일본군이 전쟁 내내 부르짖던 해상 결전은 이렇게 허망하게 끝났습니다. 귀중한 항공모함과 여러 전함을 희생하면서 유인작전에는 성공했으나, 정작 결실을 거두어야 할 순간에 구리타가 함대를 이끌고 되돌아가 버림으로써, 일본은 필리핀 방위의 마지막 기회를 놓치고 말았습니다. 이제 자신들을 방해할 일본군의 유의미한 전력이 없음을 확인한 미군은 적극적으로 필리핀 탈환전에 나설 수 있었습니다.

그런데 승리를 거두었음에도, 승리자인 미군을 찜찜하게 만든 사건이 있었습니다. 구리타 함대가 공격을 포기하고 돌아가던 오전 10시경, 일본의 제로센 전투기 1기가 미군 함대에 날아들었습니다. 자세히 보니 그 제로센에는 250kg 폭탄 한 발이 적재되어 있었습니다. 그러나 뭔가 이상했습니다. 폭격을 위해서라면 폭격 코스에 진입해 폭격 임무를 수행해야 했지만, 어째서인지 이 제로센은 속력을 줄이지 않은 채 곧장 미군 항공모함 USS 세인트 로 USS St. Lo를 향해 날아왔습니다. 제로센은 세인트 로의 갑판을 뚫고 들어가 내부 격납고에서 폭발을 일으켰습니다. 이는 미드웨이 해전에서 일본군 항공모함이 당했던 것처럼 주변의 어뢰와 폭탄, 연료가 연쇄적으로 폭발하며 대규모 2차 폭발로 이어졌습니다. 세인트 로는 불길에 휩싸인 채 30분 뒤, 서서히 바닷속으로 가라앉기 시작했습니다.

원래라면 조종사가 자신의 기체가 대공포탄에 맞아 살아 돌아갈 가망이 없다고 판단했을 경우, 그대로 적함에 들이받는 것은 일본군뿐만 아니라 미군도 해오던 '조종사의 마지막 공격'이었습니다. 그러나 이 제로센은 달랐습니다. 마치 처음부터 스스로가 폭탄인 듯 날아와 부딪쳤던 것입니다. 미군은 그 광경을 보고 알 수 없는 찜찜함을 느꼈고, 그것은 곧 공포와 확신으로 바뀌었습니다. 가미카제神風, 즉 '신의 바람'이라고 불린 일본의 자살 특공 공격이 시작된 것이었습니다.

수리가오 해협 전투에서 일본 함대에게 포격을 가하는
미 해군 전함 USS 웨스트버지니아. 이 야간 해전의 결과,
일본의 남쪽 유인 함대는 전멸했다.

미 해군 항공모함 'USS 세인트 로'가 가미카제 공격을 받아 불길에 휩싸이는 모습.

18장

특공병기의 출현! — 강요된 죽음, 가미카제 神風
국가에 의해 강요되고 미화된 자살명령

미군 급유함 USS 미시시네와 USS Mississinewa는 레이테만에서의 연료 보급 작전을 마친 뒤, 캐롤라인제도 Caroline Islands의 울리시 Ulithi에서 잠시 재정비를 하고 있었습니다. 레이테만 해전에서 일본 해군의 마지막 반격을 꺾은 이후, 미국은 일본을 향한 대공세를 준비하고 있었고, 앞으로도 미시시네와 같은 급유함들은 움직이는 주유소로서 함대 곳곳에 연료를 보충하는 막중한 임무를 맡아야 했습니다. 미시시네와는 다음 작전을 대비해 엄청난 양의 항공유와 경유, 중유로 연료탱크를 가득 채운 채, 차후 명령을 기다리고 있었습니다.

1944년 11월 20일 오전 6시 무렵, 131번 선착장에 정박해 있던 미시시네와에서 갑자기 엄청난 폭발이 일어났습니다. 이어 곧 두 번째 강력한 폭발이 연달아 발생하면서, 엄청난 양의 기름을 실은 미시시네와는 순식간에 불길에 휩싸였습니다. 이 화재는 미시시네와의 또 다른 연료탱크와 탄약고까지 유폭시켜 또 한 차례 거대한 폭발과 화염을 일으켰습니다. 선착장 인근 바다는 이미 문자 그대로 '불바다'가 되어 있었지요. 오전 9시경, 승조원들의 노력에도 불구하고 미시시네와는 선착장의 바다 아래로 가라앉

앉습니다.

그러나 뭔가 이상했습니다. 일본군 항공기의 폭격도 없었고, 잠수함이 식별되면 해당 해역에 발령되는 잠수함 경보도 없었습니다. 미군은 도저히 무슨 일이 벌어진 것인지 종잡을 수 없었습니다. 그야말로 마른하늘에 날벼락처럼, 대형 유조선이 순식간에 불길에 휩싸여 가라앉았습니다. 미시시네와를 침몰시킨 것은 폭격도, 잠수함도 아니었습니다. 바로 가이텐回天, 즉 인간이 조종하는 인간어뢰였습니다.

가이텐은 이름 그대로 回天, 즉 하늘의 뜻을 되돌린다는 뜻에서 붙여진 이름이었습니다. 당시 미국에 압도적으로 밀리던 전세를 되돌려, 마치 하늘의 뜻을 바꾸듯 전황을 역전시키고자 했던 일본 해군의 절박한 희망이 담겨 있었지요. 가이텐은 겉모습은 잠수함처럼 보였지만, 사실 잠수함으로 만든 물건이 아니었습니다. '어뢰에 인간을 태워 조종하게 하면 명중률이 높아지지 않을까' 하는 발상에서 출발한 것이지요. 즉, 어뢰를 개량해 인간이 탑승할 수 있도록 만든 조잡한 무기에 불과했습니다.

가이텐의 1,550kg 탄두는 전함이나 항공모함이라도 용골에 정확히 맞춘다면 단 한 번의 일격으로 격침시킬 만큼 강력한 파괴력을 지니고 있었습니다. 또한 저 멀리 하늘에서부터 식별되는 제로센의 가미카제와 달리, 깊은 바다에서 은밀히 접근한다는 점에서 비밀성도 더 뛰어났습니다. 그러나 그 외의 모든 면에서는 단점뿐이었습니다. 조작은 매우 어려웠고, 공격방식 또한 적함의 이동을 미리 예측한 뒤 잠망경을 내리고 어둠 속에서 계속 전진하는 것뿐이었습니다. 스톱워치로 시간을 재다가 분명 폭발해야 할 시간이 지났는데도 폭발이 일어나지 않으면, 적함을 지나쳤다고 판단해 다시 잠망경을 올리고 적함을 찾아야 했습니다. 결국 가이텐은 철저히 수동적인 무기였지요.

1945년 7월 24일, 오키나와 인근 해역에서 가츠야마 준勝山淳 중위가 조종한 가이텐의 공격으로 미군 구축함 USS 언더힐 USS Underhill이 격침된 사례를 제외하면, 가이텐은 뚜렷한 전과를 올리지 못했습니다. 그럼에도 일본 해군은 전쟁 말기까지 가이텐을 꾸준히 출격시켰고, 가이텐과 이를 운용한 잠수함 부대까지 모두 합해 약 1,000여 명에 가까운 인명이 희생되었습니다. 이미 패배한 전쟁이었음에도, 일본은 무의미한 희생을 강요하며 끝까지 버티고 있었습니다.

그리고 이와 함께, 우리에게 가장 익숙한 가미카제 방식인 항공기의 자살공격도 계속되었습니다. 처음에는 기존에 운용하던 제로센 전투기 등을 활용했지만, 시간이 흐르면서 아예 가미카제 전용 항공기를 제작하기에 이르렀습니다. Ki-115 쓰루기剣 같은 항공기들이 대표적이었지요. 이쯤 되면 전투기에 달려 있어야 할 기관총 같은 정상적인 무장은 모두 제외되고, 그저 500kg 폭탄 한 발을 장착한 수준으로 전락했습니다. 말 그대로 자폭만을 위해 날아올라야 하는 전투기였으니, 그 수준이 얼마나 참담했을지 알 수 있습니다.

그러나 이 쓰루기는 적어도 날아오를 수 있었지만, 아예 스스로 날아오르지조차 못한 항공 병기도 있었습니다. 1945년 4월 12일, 오키나와 인근 해역에서 작전 중이던 미군 구축함 USS 매너트 L. 아벨레USS Mannert L. Abele는 엄청난 속도로 자신을 향해 날아오는 하얀 물체를 발견합니다. 오후 2시 45분경, 약 30도의 각도로 순식간에 급강하한 물체는 곧바로 미 구축함의 기관실을 파괴해 모든 전력을 끊어 놓았습니다. 미 해군 수병들이 정신을 차리기도 전에, 1분 뒤 두 번째 비행체가 순식간에 아음속에 가까운 속도로 날아들어 구축함의 우현을 명중했습니다. 엄청난 폭발과 함께 구축함은 두 동강이 난 채 빠르게 침몰했습니다.

폭격기에서 투하되는 이 무시무시한 무기, MXY-7 '오카櫻花'는 최대 시속 1,000km/h의 속도로 날아드는 로켓, 즉 미사일이었습니다. 게다가 1,200kg의 폭탄을 탑재해 파괴력만큼은 현대의 미사일보다도 더 강력했지요. 오카는 인간이 탑승해 조종하는 유인 미사일이었습니다. 폭격기에서 투하된 오카는 그 즉시 엔진이 점화되어 적을 향해 아음속의 엄청난 속도로 비행을 시작했습니다. 오카의 비행시간은 단 7초. 죽음과 삶의 경계는 겨우 7초였습니다. 섬뜩하게도 오카라는 이름은 벚꽃을 뜻했습니다. 잠시 피었다가 빠르게 지는 벚꽃처럼, 전장에서의 죽음을 청년의 아름다운 희생으로 미화하려 했던 일본 군부의 의도가 그대로 드러난 이름이었지요.

이 밖에도 엄청난 자폭병기들이 이른바 '결전병기'라는 이름으로 운용되었습니다. '신요震洋'라는, 바다의 우레라는 거창한 이름의 수상병기는 바다 밑에서 공격하는 가이텐과는 달리 바다 위에서 적함을 향해 돌격하는 무기였습니다. 말이 좋아 병기지, 실제로는 폭약을 적재한 모터보트에 불과했습니다. 신요는 속력도 느렸고, 가이텐의 은밀성이나 오카의 아음속 같은 장점도 전혀 없는, 그야말로 어리석은 무기였지요. 그러나 이런 신요 보트마저도 오히려 선녀처럼 보일 정도의 무기가 따로 있었으니, 그 것이 바로 후쿠류伏龍였습니다.

이름 그대로 엎드린 용이라는 뜻의 이 무기는, 사람이 입는 잠수복과 폭탄이었습니다. 잠수복을 입은 인원이 길이 5m에 달하는 나무봉을 들고 바다로 걸어 들어가는데, 그 봉 끝에는 폭뢰가 달려 있었지요. 잠수복을 입은 채 얕은 물에서 이 봉을 들고 대기하다가, 미군 함선이 지나가면 이 폭뢰로 함선을 찌르도록 되어 있었습니다. 폭뢰가 폭발하면 적함은 격침되지만, 사용자는 무조건 죽어야만 했습니다. 이 후쿠류는 미군의 본토 상륙에 대항하기 위해 조직되었지만, 원자폭탄 투하로 일본이 그전에 항복하면서 실전에 투입되지는 않았습니다. 이른바 일본이 내세운 결전병기의 실상은 대부분 이런 것들이었습니다.

여기서부터는 제 사견입니다만, 일본의 이러한 결전병기들을 보면서 저는 깊은 불쾌감을 느꼈습니다. 단순히 '인명을 경시했다'거나, '말도 안 되는 짓'이라는 단순한 감정은 아니었습니다. 직접 다녀온 야스쿠니 신사의 박물관 유슈칸遊就館, 유취관이나 구레의 야마토 박물관에서는 실제로 가이텐, 오카, 후쿠류를 볼 수 있었지요. 그리고 그곳에서 제가 느낀 감정은 훨씬 더 복잡했습니다.

야스쿠니의 유슈칸의 경우, 그 성격 자체가 일본의 군국주의를 그리워하고 정당화한다는 사실을 이미 알고 있었던 터라 실제로 보았을 때는 오히려 그렇게 위협적으로 다가오지 않았습니다. 그들의 그런 사고방식을 정당화하려는 것은 아니지만, 어느 나라에나 극단적인 정치세력은 존재하기 마련이지요. 야스쿠니도 그런 세력의 비호와 지원을 받아 지위를 유지하고 있는 것일지도 모릅니다. 극단주의자들은 뭘 해도 대화가 통하지 않고, 인구에서 차지하는 비중도 크지 않으므로 제 생각에는 그리 위협적이라고 느껴지지는 않았습니다.

다만 오히려 더 위험하다고 느낀 것은 히로시마 옆 구레의 야마토 박물관에 전시된 가이텐이었습니다. 이곳은 가이텐과 같은 자폭병기의 희생을 지나치게 숙연하고 숭고한 것으로 포장하고 있다는 인상을 주었는데, 이는 현대 일본이 국가적 차원에서 행하고 있는 기만이라고 생각합니다. 1944년 사이판 함락 이후, 일본이 전쟁에서 승리할 가능성은 완전히 사라졌음에도 불구하고 일본은 식민지 조선인들뿐만 아니라 자국의 젊은 청년들까지 징집해 최전방으로 투입했습니다. 무려 1년 동안이나 그러한 희생을 강요했던 것이지요. 이는 '미군에게 일격을 가해, 조금이라도 유리한 위치에서 협상을 해야 한다'는 수뇌부의 의도가 반영된 결과였습니다.

이미 패전이 확실한 상황에서, 그 일격이라는 명분 때문에 죽지 않아도 될 젊은 영혼들이 숱하게 희생되었습니다. 자폭 공격이 그랬고, 옥쇄명령이 그랬습니다. 이런 자폭 공격은 사실 한국전쟁 당시 전차가 없었던 국군이 인민군 전차를 상대로 수행했던 공격방식과도 유사했습니다. 그러나 그것은 전황이 불리한 상황에서 자발적으로 이루어진 개인의 '영웅적 행위'였습니다. 그러나 태평양 전쟁에서 일본은 국가 단위로 자폭부대를 공식적으로 조직하고, 희망하지 않는 이들에게까지 자폭 공격을 강요했습니다. 더 나아가 국가와 군대뿐만 아니라, 당시 일본 사회마저도 젊은 이들에게 자폭을 강요했습니다. "모두가 미군과의 일전에 나가

가미카제로 산화하는데, 너는 비겁자다!"라는 논리로, 알게 모르게 주는 눈치도 엄청났습니다.

저의 불편함은 바로 이런 점에서 비롯된 것 같습니다. 차라리 옛 대일본제국의 영광을 찬양하거나, 강력한 일본군을 재창설하자는 군국주의적 움직임이라면 이러한 불쾌감까지는 들지 않았을지도 모릅니다. 그러나 일본은 자국민을 지옥 같은 전장으로 내몰아 놓고도 이를 '공동체를 위한 군인들의 숭고한 희생'으로 포장하며, 정작 당시 수뇌부의 전쟁 책임에 대해서는 일언반구도 하지 않고 있기 때문입니다. 이렇게 되면 오히려 일본인들 사이에서도 '아주 힘들고 어려운 전쟁이었다'는 인식이 퍼져 나가고, 더 나아가 일본 자신도 원자폭탄 등 전쟁의 피해자였다는 생각을 하게 될지도 모르지요. 그러나 일본인들 스스로는 깨어나, 무서운 전쟁을 일으켜 젊은이들을 죽음으로 내몰고도 그 책임을 전혀 지지 않고 있는 현재의 세태에 조금 더 관심을 기울여야 하지 않을까 하는 생각이 듭니다.

이러한 부분에서 우리가 일본을 어떻게 바라볼 것인가, 그리고 더 미래지향적인 관점에서 일본을 어떻게 이해하고 앞으로 어떤 파트너십을 맺어야 하는가 하는 시대적 과제를 조금 더 객관적으로 바라보아야 하겠습니다.

다시 이야기로 돌아와, 이러한 결전병기들이 전장에 투입되면서 전쟁은 막바지로 치닫게 되었습니다. 미군은 전쟁을 종결하기 위한 새로운 작전을 구상했고, 이오지마와 오키나와를 향해 거대한 함대를 출격시켰습니다.

야스쿠니 신사 옆, 유슈칸에 전시된 가이텐 1형의 모습.
거대한 어뢰를 개조한 무기로, 사람이 겨우 탈 수 있을 정도였다.

가이텐의 운용방식 중 하나. 잠수함 갑판에 싣고 이동하다가
미군 함선이 발견되면 탑승자를 태워 발사했다. 마치 어뢰와 같았다.
(1945년 4월 20일 촬영)

날아가는 유인 유도 로켓, 오카. 오카의 비행시간은 단 7초였다.
이런 짧은 비행시간 때문에 벚꽃(오카)이라는 이름이 붙었는지도 모른다.

19장

철의 폭풍 — 이오지마, 오키나와의 혈전
미국, 일본 본토의 목전에 도달하다!

레이테만 해전에서 패배한 이후 전세는 완전히 기울었습니다. 사이판 함락 이후 일본이 태평양 전쟁에서 승리할 수 있는 모든 확률은 아예 존재하지 않았습니다. 그럼에도 고이소 내각은 "마지막 일격을 가해 미군에게 최대한의 피해를 입히고, 조금이라도 유리한 상황을 만들어 미국과의 협상에 나선다"는 정책 기조를 계속 유지했습니다. 미군도 일본의 이러한 기조를 잘 알고 있었고, 결국 더 극적인 타격을 줄 수 있는 핵심 지점을 공략해야 한다는 결론에 이르렀습니다. 미군이 새롭게 주목한 곳은 바로 사이판보다도 일본 본토에 더욱 가까운 섬, 이오지마硫黃島였습니다. (이오섬, 유황도 등으로 불리기도 하나, 이곳에서는 관례상 이오지마로 통일해 서술하겠습니다.)

  이오지마는 도쿄에서 정남으로 약 1,000km 떨어진 아주 작은 섬입니다. 섬의 토양 대부분이 유황으로 인한 부산물이 녹아 들어 있어 이름 그대로 '유황硫黃의 섬'이라 불리게 되었지요. 여기서 약간 동쪽으로 치우쳐진 남쪽으로 1,000km를 더 내려가면, 그제야 괌과 사이판이 있는 마리아나제도가 나타납니다. 사이판을 점령한 미군에게 이오지마는 도쿄를 향한 중간 기착지로서 최적의 요충지였습니다. 미군은 이오지마 점령을 위해 10만이 넘는 상륙부대를 집결시키고, 엄청난 항공력과 해군력을 동원해 공격 준비를 마쳤습니다.

　미군의 상륙이 임박하자 일본군은 이오지마 방위를 위해 구리바야시 다다미치栗林忠道 중장을 현지 사령관으로 임명하고, 2만 명의 수비대를 배치해 미군의 상륙에 대응했습니다. 기존의 일본군들은 "미군이 상륙을 위해 바다를 건너올 때가 가장 제압하기 쉬울 것이다!"는 개념에 따라 방어진지 대부분을 해안가 가까이 배치해 대응했습니다. 그러나 이러한 방식은 미군의 강력한 항공력과 전함의 함포사격에 의해 제대로 대응해 보지도 못하고 격파당하기 일쑤였지요. 그러니 대다수 일본군의 전투 양상은 1) 해안에 병력 대다수 배치해 미군의 상륙에 대비한다. 2) 미군의 공군과 함포사격으로 해안에 노출된 방어진지 대부분이 무력화된다. 3) 미군의 상륙을 저지하지 못하고, 남은 병력은 미군의 화력을 향해 반자이萬歲, 만세를 외치며 돌격, 부대가 전멸한다……는 순서로 진행되어 왔습니다.

　그러나 1944년 중순에 이오지마에 부임한 구리바야시는 현장을 둘러본 뒤, 기존의 상륙방어 작전과는 완전히 다른 방안을 채택해 새로운 준비에 들어갔습니다. 그것은 바로 해안이 아니라 내륙지역에 강력한 방어진지를 구축하는 것이었습니다. 구리바야시는 전투가 시작되면 해안 방어진지는 불과 몇 시간 만에 미군의 화력에 의해 전부 파괴될 것이라고 판단했습니다. 게다가 10만 명에 가까운 미군 상륙부대의 상륙 자체를 저지한다는 것 또한 비현실적이라고 보았습니다. 그는 과감히 미군의 상륙을 허용하는 대신, 내륙에 강력한 방어진지와 땅굴을 2중, 3중으로 구축해 미군에게 최대한 많은 피해를 입히자는 계획을 세웠습니다.

이러한 그의 전략은 아이러니하게도 '미군을 이기는 것은 불가능하다'는 계산에서 나왔습니다. 사실 구리바야시는 1927년부터 1930년까지 미국 주재무관駐在武官으로 근무하면서 미국의 진면목을 알게 되었습니다. 강력한 잠재력과 압도적인 산업력을 누구보다 잘 알고 있었습니다. 구리바야시는 미군의 화력을 이길 수 없다면, 이오지마에서 가능한 한 오래 버텨야 한다고 판단했습니다. 그렇게 함으로써 미군이 다른 섬, 나아가 일본 본토 상륙에 부담을 느끼게 하고, 결국 일본이 조금이나마 유리한 위치에서 협상에 임할 수 있다고 보았던 것이지요. 구리바야시는 다음과 같은 작전 방침을 예하부대에 하달했습니다.

1. 미군에게 위치가 노출되는 것을 막기 위해, 아군 포병은 미군의 상륙 때 미국 군함에 대해 사격하지 않는다.
2. 미군이 상륙하는 동안 해안가에서는 교전하지 않는다.
3. 미군이 상륙 후 500m 정도 내륙으로 전진해 왔을 때, 일제히 화기와 포병을 동원해 집중 공격한다.
4. 미군 상륙부대에 가능한 많은 피해를 입힌 뒤, 포병은 북쪽으로 이동한다.

나중에 다시 설명하겠지만, 미국은 이오지마 전투에서 일본군의 강경한 저항에 부딪혀 많은 인명피해를 입게 되었습니다. 그 결과 일본 본토 상륙이 아닌 다른 방안을 모색하게 되었지요.

문제는 그 방법이 협상이 아니라 원자폭탄 투하로 귀결되었다는 점이었습니다.

1945년 2월 19일, 미군의 이오지마 상륙이 시작되었습니다. 상륙 개시 전 몇 달 동안 이어진 포격으로 인해 미군은 일본군의 방어 체계가 완전히 무너졌다고 판단했습니다. 실제로 그때까지의 전쟁 양상도 대부분 그러했습니다. 그러나 구리바야시의 지휘 아래 이오지마의 일본군은 모든 방어진지를 땅굴과 요새로 만들고, 미군이 진격해 오기를 기다리고 있었습니다. 총길이 18km로 구축된 일본군의 갱도 진지는 미군의 강력한 폭격에도 무너지지 않고 일본군의 전투력을 유지시켜 주고 있었지요.

해안에 상륙한 미 해병대는 어안이 벙벙한 얼굴로 서로를 쳐다보았습니다. 원래대로라면 해안지역에서부터 강력한 저항이 이어졌어야 했지만, 일본군의 모습은 어디에서도 보이지 않았습니다. 반신반의하던 해병대가 내륙을 향해 진군하던 순간, 갑자기 벼락 같은 폭음이 이오지마 해변을 뒤덮었습니다. 숨어 있던 일본군이 일제히 포격을 시작한 것이었습니다. 이어서 발맞추어 은폐된 진지에서 기관총 사격이 쏟아지자, 해병대는 막대한 피해를 입을 수밖에 없었습니다. 상륙 첫날부터 기습을 당한 미 해병대의 피해는 어마어마했지요.

그러나 미군의 압도적 화력과 규모에, 일본군의 방어진지는 점차 뒤로 밀려나게 됩니다. 최전방의 일본군 부대들은 방어전을 수행하다 부대가 위기에 몰리면 "전원, 적을 향해 돌격하겠습니다!"라고 사령부에 보고한 뒤 전 부대가 돌격해 전멸하는 모습을 전쟁 내내 보여왔지만, 이오지마에서는 달랐습니다. 구리바야시는 부하들에게 "절대 방어에 실패했다고 해서 옥쇄하지 마라. 즉각 후퇴해 제2, 제3의 방어선을 구축하고 미군과 계속 전투하라"는 명령을 내렸습니다. 이에 따라 일본군은 무모하고 허탈하게 전멸하는 것이 아니라, 이오지마의 지형을 활용해 전투를 이어갔습니다. 미군의 사상자는 계속해서 늘어갔습니다.

미군의 상륙 4일째인 1945년 2월 23일, 일본군의 격렬한 저항에도 불구하고 미군은 이오지마 수리바치摺鉢 산 정상에 성조기를 꽂으며 승기를 잡았습니다. 바로 이때, 세계전쟁사를 통틀어 가장 널리 알려진 사진 가운데 하나인 '이오지마의 성조기 Raising the Flag on Iwojima'가 촬영되었습니다.

구리바야시는 수리바치산의 함락 소식을 듣고 충격에 빠졌습니다. 물론 언젠가는 미군의 강력함에 의해 빼앗길 것이라고 예상하고 있었으나, 그것이 겨우 상륙 나흘 만에 일어나리라고는 상상조차 하지 못했지요. 평소 온화한 성격이었던 그는 이 소식을 듣고 불같이 화를 냈다고 전해집니다. 1945년 3월 26일, 거의 한 달 넘게 버티던 이오지마의 일본군은 마침내 최후의 공격을 준비했습니다. 구리바야시가 직접 남은 300여 명의 병사들을 이끌고 마지막 돌격을 감행했으며, 결국 부대는 전멸했습니다. 이를 마지막으로 이오지마는 완전히 미군이 점령하게 되었으며, 일본은 더욱더 궁지에 몰리게 되었습니다.

이오지마가 함락된 지 얼마 지나지 않은 1945년 4월 1일, 미군은 오키나와沖繩 서부 해안지역에 대규모 상륙작전을 감행했습니다. 일본군은 오키나와 곳곳에서 미군을 기다리고 있었습니다. 특히 우라소에浦添성, 슈리首里성 등 12-13세기에 축조된 성곽을 중심으로, 일본군은 강력한 방어진지를 구축하고 방어전에 나섰습니다. 일본군은 승패와 관계없이 계속해서 오로지 미군의 인명살상만을 강조하고 있었습니다.

아시는 바와 같이 오키나와는 일본 본토와 가장 가까운 요충지였습니다. 이를 방위하기 위해 일본군은 천일호 작전天一号作戰을 발동해 수많은 항공기를 오키나와 전선에 투입했습니다. 수천 대의 항공기 중 약 1,900여 기가 미 함대를 향해 대규모 가미카제 공격을 시도했습니다. 이 특공작전은, 옛날 천황을 위해 목숨을 바치고 싸웠다고 알려진 장수 구스노키 마사시게楠木正成가 전장에 나갈 때 사용했던 국수菊水, 국화무늬가 물처럼 흐르는 모습 깃발에서 이름을 따 '키쿠스이菊水 작전'이라 불렸습니다. 일본군은 약 10차에 걸친 공격으로 미 함대에 큰 피해를 입혔습니다.

이와 동시에 일본은 남은 마지막 자존심과도 같던 초대형 전함 야마토를 오키나와를 향해 출격시켰습니다. 더 이상 다른 방법이 없었기에, 남아 있는 모든 전력을 쏟아부은 것입니다. 해군 군령부는 야마토를 오키나와로 출격시킨 뒤, 오키나와 해안에 좌초시킬 계획이었습니다. 오키나와 해안에 방치된 채로 고정 포대 역할을 수행하라는 것이었지요. 이후 야마토가 전투 기능을 상실하면, 승조원들은 군함 밖으로 나와 일개 보병처럼 싸워야만 했습니다. 이런 사령부의 명령을 들은 일선 지휘관들은 강하게 반발했습니다. 해군 군령부가 "이 작전의 목적은 우리 해군의 영광을 위해서"라는 논리를 내세우자, 어느 한 해군 대좌는 "이 전쟁은 우리 국가의 전쟁이지, '해군'의 전쟁이 아닙니다. 그런데 왜 해군의 명예가 국가의 명예보다 더 존중받아야 합니까?"라고 따져 물었다고 합니다.

그럼에도 결국 전함 야마토는 4월 6일, 오키나와를 향한 최후의 항해를 시작했습니다. 당시 일본 해군의 성향으로 보아, 미 함대와 정면으로 맞서 치열한 포격전을 벌이다 장렬한 최후를 맞을 것이라 기대했지만, 그 기대는 무참히 부서졌습니다. 4월 7일, 야마토는 오키나와 인근의 망망대해에서 미 군함은 보지도 못한 채 수백 기의 미군 항공기와 마주쳤습니다. 야마토는 대공포화를 퍼부으며 저항했으나, 항공 엄호를 받지 못한 초대형 전함 야마토는 오히려 거대한 크기 때문에 공격에 취약한 표적이 되었습니다.

야마토는 뱃머리를 이리저리 돌리며 미군의 어뢰 공격을 피하려 분투했지만, 회피 기동이 무의미할 정도로 어뢰와 폭탄이 빗발쳤습니다. 레이테만에서 '무사시'를 공격할 때 양쪽에 고르게 어뢰를 명중시켰던 미군은, 이번 야마토 공격에서는 집요하게 좌현에만 어뢰 공격을 집중했습니다. 무사시는 양쪽이 균일하게 피격되었기에 배가 조금은 가라앉더라도 균형을 맞추면서 계속 항해할 수 있었지만, 야카토는 달랐습니다. 11발이 넘는 어뢰와 6발 이상의 폭탄을 맞은 야마토는 더 이상 버틸 수 없었습니다. 여기저기 발생한 화재로 인해 야마토의 탄약고 온도는 점차 상승하고 있었습니다.

오후 2시, 야마토를 뒤따르던 경순양함도 격침되면서, 이제 야마토는 홀로 남게 되었습니다. 이미 좌현으로 크게 기울어진 야마토가 살아날 가망은 없었습니다. 오후 2시 20분, 야마토의 모든 전원이 꺼졌고, 3분 뒤에는 경사 90도를 넘어 완전히 거꾸로 뒤집히기 시작했지요. 이렇게 한 바퀴를 돌기 시작한 야마토가 120도 경사에 다다랐을 무렵, 전방 탄약고가 유폭을 일으켜 엄청난 폭발이 일어났습니다. 그 폭발은 무려 6km 상공에 버섯구름을 형성할 만큼 거대했습니다. 이 참혹한 폭발로 야마토의 총 승조원 3,300여 명 중 3,000여 명이 전사했고, 소수의 생존자만이 주변 구축함에 의해 구조되었습니다. 시대를 잘못 타고 태어난 초대형 전함 야마토는 이렇게 태평양의 바닷속에 잠들게 되었습니다.

    5월 8일, 지구 반대편 유럽 전선에서는 나치 독일이 항복하며 유럽에서의 제2차 세계대전이 끝났다는 소식이 전해졌습니다. 미국 본토는 열광에 휩싸였지만, 오키나와의 미군 장병들은 달랐습니다. 그들은 무더운 밀림 속, 덥고 습한 빗속에서 이 소식을 라디오로 청취했습니다. 전쟁에서의 승리에 열광하는 본국의 열기는, 태평양의 진흙탕 속에 갇혀 있는 장병들에게는 좀처럼 실감되지 않는 '먼 나라 이야기'였던 것입니다.

    이제 일본군은 오키나와 방위를 위한 모든 역량을 상실했고, 수비대 스스로의 능력만으로 교전해야만 했습니다. 6월 23일, 오키나와 주둔 일본군의 수뇌부가 스스로 할복하면서, 오키나와 전투는 미군의 승리로 돌아갔습니다. 미군은 이제 남아서 소규모 저항을 이어가던 일본군 부대를 상대로 소탕작전에 들어갔습니다. 오키나와 전투는 끝을 향해 달려가고 있었지만, 오키나와 주민들의 고통은 끝나지 않았습니다. 일본군은 민간인들에게도 옥쇄를 강요했고, 사이판에서처럼 오키나와의 많은 주민들이 절벽에 몸을 던지는 등, 스스로 목숨을 끊었습니다. 이러한 비극은 미군에게도 깊은 정신적 충격을 안겨주었습니다. 일본의 극단적인 프로파간다가 만들어 낸 참혹한 광경이었습니다.

이오지마와 오키나와에서 드러난 일본군의 격렬한 저항은 일본 본토 상륙을 앞둔 미군에게 걱정거리를 안겨주었습니다. 작은 섬 하나를 점령하는 데에도 막대한 피해를 입었는데, 일본 본토에 상륙한다면 얼마나 더 큰 피해를 감수해야 할 것인가 하는 우려였습니다. 일본은 미국이 결국 '대충 일본에 피해 보상을 요구한 뒤, 휴전 협상에 나설 것'이라고 믿고 있었습니다. 물론, 미국은 일본 본토 상륙이 어려울 것이라고 생각하고, 새로운 방법을 찾긴 했습니다. 그러나 그 새로운 방법은 일본의 희망찬 기대와는 다른, 장엄하고도 엄청난 것이었습니다.

이오지마 수비 임무를 맡은
구리바야시 중장.
그는 당시 일본군 장교들 중에서도
드물게 합리적인 인물이었으며,
미군과의 정면승부에는 승산이 없다는
사실을 잘 알고 있었다.

전쟁사에서 가장 널리 알려진
장면 중 하나인 '이오지마의 성조기'.
미군은 수리바치산을 함락하며
이오지마 전투의 승기를 잡았다.

20장

구레 군항 공습 — 일본 해군의 최후
일본 연합함대의 완전한 몰락

태평양 전쟁 말기, 개전 초기의 위용을 자랑하던 일본 해군은 더 이상 존재하지 않았습니다. 미드웨이 해전을 시작으로 과달카날 해전, 필리핀해 해전, 레이테만 해전을 거치며 수많은 주력함들이 태평양 바닷속으로 사라진 버린 뒤였지요. 이제 일본 해군의 잔존 함대는 본거지인 구레 군항에 틀어박힌 채 더 이상 출격하지 않았습니다. 함대를 직접 출격시켜 전투 행동을 하는 것보다, 그냥 그 존재 자체만으로 미군의 행동을 억제하려고 한 것이지요. 미군 입장에서도 아무리 반신불수가 된 일본 함대라 하더라도, 항구에 숨어 있다가 언제든 튀어나올 수 있다고 생각하면 향후 작전에서 신중해질 수밖에 없었습니다.

이처럼 일본 해군은 그냥 그대로 존재하는 것만으로 상대 해군력에 제동을 걸 수 있다고 생각했고, 미군도 이를 잘 알고 있었습니다. 미군은 일본 본토 공격을 수립하는 데 있어 제1순위의 목표를 바로 '일본 잔존 함대의 완벽한 격멸'이라고 설정하고, "너희가 나오지 않겠다면 우리가 들어가겠다"는 생각으로 구레 군항에 대한 공습을 감행하게 되었지요. 마치 진주만에서 당한 원한을 갚기라도 하듯이, 미군 항공모함 함대는 구레항으로 몰려들기 시작했습니다.

당시 미군의 폭격은 단순히 구레에만 그치지 않았습니다. 특히, 1945년 3월 9일부터 3월 10일까지 진행된 도쿄 대공습東京大空襲은 그 절정이었지요. B-29 폭격기 344대를 동원한 이 엄청난 규모의 폭격은, 네이팜Napalm탄으로 잘 알려진 소이탄燒夷彈, 화재를 일으키는 폭탄을 활용해서 진행되었습니다. 네이팜탄은 베트남전을 다룬 영화에 늘 등장하듯, 떨어지면 주변에 순식간에 대규모 화재를 일으키는 폭탄이었습니다. 목조건물이 많아 화재에 취약한 일본의 특성을 정확히 겨냥한 미군의 의도였습니다. 3월 9일 밤 10시 10분, 50만 발이 넘는 네이팜탄을 실은 B-29 폭격기대가 도쿄 상공에 나타났습니다. 그들은 돌돌 말린 불타는 양탄자를 도쿄 시내에 펼치듯 폭격을 시작했고, 이는 곧 재앙을 불러왔습니다.

엄청난 불길은 밤바람을 타고 순식간에 도쿄 시내를 덮쳤고, 소방대원들의 노력에도 불구하고 막대한 피해가 발생했습니다. 생존자의 증언에 따르면, 불에 타 죽기 전에 연기에 질식해 숨진 사람이 있을 정도로, 불길의 화력은 어마어마했다고 합니다. 화재는 하룻밤 내내 계속되었고, 다음 날이 되어서도 잔불이 도쿄 시내에 남아 있을 정도였습니다. 어찌나 폭격의 위력이 강력했는지, 거의 1년간 이어진 미군의 폭격으로 이미 다양한 상황에 대한 노하우가 축적된 일본 소방대원들도 손쓸 도리가 없을 정도였다고 합니다.

일본 정부는 피해 상황을 파악하고 이를 통제하기 위해 분주히 움직였습니다. 특히 일본 군부는 큰 충격을 받았는데요, 3월 9일 밤 10시 30분부터 3월 10일 새벽 5시까지, 단 하룻밤 만에

10만여 명의 민간인이 목숨을 잃었고, 수도 도쿄는 완전히 폐허로 변해버렸습니다.

오죽하면 미군이 원자폭탄을 도쿄에 떨어뜨리지 않은 이유 중 하나가 "이미 폐허가 되어 더 부술 것도 없었다"는 이야기가 나올 정도였습니다. 일본의 전쟁 수행 능력과는 관계없이, 이제 국민 여론마저 등을 돌릴 것이 분명했습니다. 그러나 아직도 정신을 차리지 못한 일본 군부는 피해 규모를 발표하지 못하도록 언론사를 통제하며 민심을 다독였습니다. 이처럼 상황이 극도로 악화되었는데도, 군부는 여전히 전쟁을 고집하고 있었습니다.

미군은 이제 일본 본토 진공작전의 초석을 다지기 위해, 마지막 남은 위협인 일본 함대를 완전히 격멸하고자 나섰습니다. 1945년 3월 19일, 미군은 구레항에 정박 중인 일본 함대의 상황을 파악했습니다. 레이테만 해전에서 살아남은 초대형 전함 야마토, 고속 순양전함 하루나榛名, 그리고 경항공모함 세 척이 그곳에 있었습니다. 미 함대는 인근 해역에 전개해 항공기를 날려 보낼 준비에 들어갔습니다. 일본군은 이를 막기 위해, 가미카제를 동원한 필사적인 항공 전투를 전개했습니다. 일본 본토에서 발진한 폭격기에 의해 미군 항공모함 USS 와스프(앞서 격침되었다가, 새로 건조하여 이름을 붙인 동명이함입니다.)는 일본군의 폭탄에 피격되어 101명이 전사했으나, 임무 수행에는 큰 지장이 없었습니다. 게다가 항공모함 USS 프랭클린 USS Franklin 또한 폭탄 두 발을 얻어맞아 화재가 발생하며 큰 피해를 입었습니다. 프랭클린은 격침되지는 않았지만, 724명이 전사했습니다.

미군은 해당 지역의 제공권을 확보하기 위해 강력한 전투기인 F4U 콜세어 Corsair의 호위를 받는 비행대를 구레로 돌입시켰습니다. 제공권을 잃은 일본군은 대공포를 잔뜩 준비해 두고 미군을 기다리고 있었습니다. 지상의 대공포뿐만 아니라, 정박해 있던 함선들의 대공포도 모두 하늘을 향해 조준을 마치고 미군 항공기와의 사투를 벌였지요. 그러나 300대가 넘는 미군 항공기의 공격을 막기에는 역부족이었습니다. 일본 항공모함 류호와 카츠라기葛城, 아마기天城 등이 폭탄에 피격되었고, 전함인 이세伊勢와 휴가日向, 야마토, 하루나도 불길에 휩싸였습니다. 그러나 미군은 단 한 척의 일본 함선도 격침시키지 못했고, 결국 잠시 숨 고르기에 들어갔습니다.

1945년 7월 28일, 절치부심한 미군 항공기들은 다시 한번 구레 군항 공습에 나섰습니다. 미군은 항공모함은 단 하루 동안 1,747 소티 Sortie의 출격량을 보였습니다. 1소티란 1기의 항공기가 한 번 출격하는 것을 뜻하는 단위입니다. 예를 들어 '40소티'라면, 40기의 항공기가 각각 한 번씩 출격했거나, 혹은 10기의 항공기가 각각 네 번씩 출격했다는 뜻이지요. 항공기의 보유 수보다 실제 항공력을 얼마나 치열하게 운용했는지를 알 수 있는 용어입니다. 미군 항공모함 함대는 그날 하루에만 1,700번이 넘는 출격을 내보냈습니다.

지난 3월과는 다르게, 절치부심하며 몰려드는 미군의 공습을 막아내기는 쉽지 않았습니다. 이미 남아 있던 일본군 함선들의 대공무기들은 모두 철거되어 지상으로 운반되었고, 대공화기를 부착하고 있는 군함은 항공모함 카츠라기와 중순양함 아오바 정도였습니다. 본토에 마지막으로 남은 일본군 해군 항공대의 전투기가 구레 상공으로 날아와 미군에게 저항했지만, 언발에 오줌을 누는 수준이었습니다. 이제 일본 해군은 한때의 위용을 뒤로한 채, 역사의 뒤안길로 사라져야 했습니다.

항공모함 아마기는 직격탄 네 발을 맞고, 주변에서 대여섯 발의 폭탄이 폭발하면서 완전히 배의 기능을 상실했습니다. 아마기는 천천히 좌현으로 기울더니 항구 바닥에 쓰러져 다시는 일어서지 못했습니다. 기대를 한 몸에 받았던 최신 항공모함치고는 허무한 최후였습니다. 또한 연합함대 최후의 기함이었던 경순양함 오요도 또한 폭격을 받아 전투 기능을 상실했지요. 그러나 일본 해군의 혼을 쏙 빼놓는 미군의 폭격은 멈추지 않고 계속되었습니다.

7월 28일, 일본 해군이 재정비할 틈도 없이 미군 폭격기가 구레 군항의 하늘을 뒤덮었습니다. 이번에는 숨통을 완전히 끊겠다는 목표를 가지고, 미군은 다시 한번 거센 공습을 퍼부었습니다. 그날의 폭격으로 일본 해군은 간신히 숨만 붙어 유지해 오던 명맥마저 완전히 끊어졌습니다. 전함 하루나, 휴가, 이세 모두 폭탄 세례를 받아 격침당했고, 좌초된 채 버티던 기함 오요도 또한 결국 전복되어 함생을 마무리하게 되었습니다.

여담이지만, 일본 측에서는 구레 군항 공습의 결과를 두고 대파착저大破着底라는 다소 특이한 용어를 사용해 논란이 되기도 했습니다. 큰 피해를 입어 大破, 바닥에 닿았다 着底는 뜻인데요, 격침이면 격침이지 굳이 이런 표현을 쓸 필요가 있느냐는 것이 주요 내용이었지요. 실제로 하루나와 이세, 휴가 등 일본 전함을 보면 대부분 함의 몸체는 가라앉아 있고, 윗부분의 함교나 주포탑은 수면 위로 드러나 있었습니다. 만약 이러한 상태에서 포탑을 돌리거나 대공화기를 사격할 수 있었던 상황에서는 침몰이 아닌 대파착저로 따로 구별해 주는 것이 좋을지도 모르겠습니다. 그러나 실질적으로는 격침이라는 표현보다는 대파착저라는 표현으로 끝까지 자존심을 지키고 싶었던 것일지도 모르겠습니다.

어찌 되었든 구레 군항 공습을 통해 사실상 일본 해군은 전멸했다고 볼 수 있습니다. 이는 일본에 대단히 큰 의미를 지닌 사건이었지요. 메이지 유신 이후 근대국가로 발전해 온 일본의 중심에는 해군이 있었습니다. 물론 그 과정에서 육군과의 주도권 다툼에서 밀리거나 군축회의 결과 예산이 깎이는 등의 굴욕을 겪은 적도 있었습니다. 그러나 섬나라라는 일본의 근본적 지정학적 특성을 고려한다면 해군의 중요성이 사라진 적은 단 한 번도 없었습니다. 이러한 특성으로 해군은 꽤나 강력한 이익집단으로 존재해 왔고, 심지어 국책 결정에도 큰 영향력을 행사해 왔습니다. 태평양 전쟁을 시작할 때에는 해군 군령부 차장 이토 세이이치가 외무대신에게 개전일을 일방적으로 통보할 정도로 그 위세가 막강했습니다.

이제 그토록 강력하던 일본 해군은 완전히 무너졌습니다. 미군의 압도적인 공습으로 전투함 수 척과 항공기 약 700대가 파괴되고, 약 800명의 승조원이 전사했습니다. 일본 해군에 남은 것은 고철덩어리로 전락한 함선들의 잔해와, 전투함으로서 기능을 잃은 채 그저 바다에 떠 있는 항공모함 카츠라기와 호쇼鳳翔 등 몇몇 함선뿐이었습니다. 1922년 일본 해군 최초의 항공모함으로 탄생한 호쇼와, 1944년 일본 해군 최후의 항공모함으로 건조된 카츠라기는 이렇게 일본 해군 폭주의 시작과 끝을 장식하는 스토리를 가지고 폐허가 된 구레 군항에 덩그러니 놓였습니다.

구레 군항 공습의 결과로, 미군은 일본으로 가는 길의 마지막 장애물을 넘을 수 있었습니다. 일본 해군은 뇌사 상태에 빠졌고, 미 해군은 완전한 행동의 자유를 얻었습니다. 게다가 1945년 5월, 유럽 전선에서는 히틀러의 죽음과 더불어 나치 독일이 패망했고, 이로써 미국은 일본과의 전쟁에만 집중할 수 있었습니다.

선택의 기로에 선 일본 내부에서, 전쟁의 마무리에 대한 논의가 격렬하게 진행되었습니다.

도쿄를 공습하는 미군 B-29 폭격기의 모습.
제공권을 빼앗긴 뒤, 일본 본토는 미군의 폭격으로 엄청난 피해를 입고 있었다.

1945년 7월 28일, 미군의 엄청난 폭격을 홀로 감당하는 일본 전함 하루나의 모습. 한때 위용을 자랑하던 일본 해군의 몰락을 보여주고 있다.

21장

포츠담 선언, 그리고 8월의 히로시마
"나는 죽음이요, 파괴자가 되었다."

1945년 5월, 히틀러가 스스로 목숨을 끊고 나치 독일이 패망하자, 적어도 유럽 전선에서의 제2차 세계대전은 종결되었습니다. 그런데도 일본은 항복을 거부한 채 격렬히 저항을 이어갔고, 태평양 전선은 승패를 떠나 더욱 치열해지고 있었습니다. 오키나와 함락 이후에도 일본은 여전히 '본토 결전을 통한 유리한 상황 속에서 협상을 제시'한다는 환상에서 빠져나오지 못한 채 저항을 계속하고 있었습니다.

사이판 함락의 책임을 지고 도조 히데키가 총리에서 물러난 뒤, 후임 총리였던 고이소는 리더십의 부재로 인해 혼란을 더욱 가중시키고 있었습니다. 이를 막기 위해 전직 총리들인 중신들이 모여 고이소의 사퇴를 진언했고, 일본은 이제 전쟁을 마무리할 새로운 내각총리대신을 물색하기 시작했습니다. 이때 총리 후보로 거론된 이가 바로 오랜만에 다시 등장하는 '스즈키 간타로'였습니다. 2·26 사건 당시 반란군의 총탄을 여러 발 맞고도 기적적으로 살아남았던 바로 그 시종장이었지요.

오키나와 전투가 한창이던 1945년 4월 7일, 고이소 내각이 무너지고 스즈키 내각이 출범했습니다. 태평양 전쟁 이전, 개전을 막기 위해 노력했던 도고 시게노리가 다시 외무대신으로 임명되었고, 육군대신은 아나미 고레치카阿南惟幾가 임명되었습니다. 새로 출범한 스즈키 내각의 임무는 단 하나, 패색이 짙어진 이 전쟁을 끝내는 것이었습니다. 그러나 궁지에 몰린 일본이 전쟁을 어떻게 끝낼 것인가 하는 문제에 있어 선택지는 거의 없었습니다. 스즈키는 이 점을 잘 알고 있었고, '한 대도 맞지 않고 전쟁을 끝낼 수 있을까?'라는 고민이 아니라, '어떻게 하면 덜 맞고 전쟁을 끝낼 수 있을까?'라는 현실적인 고민을 하게 되었지요.

그러나 의외로, 총리에 취임한 스즈키는 지난 내각과 마찬가지로 여전히 '유리한 조건을 위한 전쟁 지속'을 주장하는 듯한 태도를 보였습니다. 6월 8일, 전직 총리들로 구성된 중신회의重臣会議47에서 "전쟁을 지속할 것이냐"는 물음에 스즈키는 "철저히 항전해야만 한다!"라고 테이블을 내리치며 강하게 주장하기도 했습니다. 그러나 이는 육군을 중심으로 한 '본토결전파'를 다루기 위한 정치적 수사였다는 설이 유력합니다. 실제로 스즈키는 그 이후에도 꾸준히 미국과의 종전 공작을 펼쳐왔기 때문입니다.

스즈키가 믿는 구석은 바로 소련의 중재였습니다. 나치 독일과는 전쟁을 벌였지만, 당시 일본과는 불가침조약을 맺고 있던 소련이 나서서 미국과의 협상을 주선해 주기를 바랐던 것이지요. 그러나 스즈키의 이런 희망과는 달리, 1945년 2월 얄타회담 Yalta Conference에서 스탈린은 이미 미국에 일본과의 전쟁을 약속한 상태였습니다. 게다가 소련은 일본이 자신들에게 도움을 요청할 것

47 내각총리대신을 지낸 중신(重臣)을 주축으로 하여, 외교·전쟁 등 국가 중요 사항에 대해 천황과 직접 대화를 나누던 일본의 회의체.

을 예측하고 있었고, 오히려 미국에게 "소련을 통한 중재 가능성이 있다는 믿음을 일본에 심어줄 필요가 있다"는 이야기를 넌지시 할 정도였습니다.

이러한 복잡한 상황 속에서, 1945년 7월 26일 그 유명한 포츠담 선언 Potsdam Declaration 이 발표되었습니다. 미국, 영국, 중국의 국가원수 이름으로 발표된 이 성명은 '일본의 무조건 항복'을 촉구하고 있었습니다. 총 13개 항목으로 구성된 이 선언의 주요 내용을 정리하면 다음과 같습니다.

"우리는 일본에게 이 전쟁을 끝낼 기회를 주어야 한다는 것에 합의했다. 이제 결정의 시간이 도래했다. 우리의 요구 조건은 다음과 같으며, 이 조건에서 벗어나지도 않을 것이고 다른 대안도 없을 것이다. 일본의 주권은 혼슈, 홋카이도, 규슈, 시코쿠, 그리고 우리가 결정하는 부속 도서로 제한될 것이다. 일본군은 무장 해제될 것이며, 집으로 돌아갈 수 있다.

연합국의 점령군은 목표가 완수되고, 일본 국민들의 자유로운 의지에 따라 평화를 지향하는 책임 있는 정부가 수립되는 그 즉시 일본에서 철수할 것이다. 우리는 일본 정부에게 무조건적인 항복을 요구하며, 이에 대한 일본 정부의 적절한 보장을 촉구한다. 일본이 가진 다른 대안은 즉각적이고 완전한 파멸뿐이다."

이미 전쟁의 승기를 잡은 연합국의 강경한 항복 요구였습니다. 이러한 포츠담 선언이 전달되자, 일본 정부 내부에서는 그 대응 방안을 두고 갑론을박이 벌어졌습니다. 육군대신 아나미는 1억 옥쇄48를 주장하며, 본토에서 최후의 1인이 남을 때까지 싸워야 한다고 주장했지만, 외무대신 도고는 포츠담 선언을 즉각 받아들여야 한다는 입장이었습니다. 이 가운데서 스즈키는 갈팡질팡하다가, 결국 7월 28일 포츠담 선언을 묵살默殺한다고 발표했습니다. 이 묵살이라는 표현을 두고 재미있는 이야기가 하나 전해집니다. 묵살에는 '무시한다'는 의미와 '유보한다'는 의미, 두 가지 해석이 있는데, 일본은 '유보한다'는 뜻으로 사용했지만 미국이 이를 '완전한 거부'로 오역해 원자폭탄 투하로 이어졌다는 이야기입니다. 그러나 제 개인적인 판단으로는 이는 신빙성이 없는 이야기라고 생각합니다. 그 이유는 7월 28일 오후에 열린 기자회견에서 스즈키 총리가 말한 '묵살' 표현이 포함된 발언의 전문이 남아 있기 때문입니다.

"(연합국의) 공동 성명(=포츠담 선언)은 카이로 회담의 반복에 불과하다. 정부는 이를 중요한 가치가 있는 것으로 인정하지 않으며 '묵살'하고, 전쟁 완수를 위해 전진할 것이다.
共同聲明は カイロ會談の燒直しと思ふ、政府としては重大な價値あるものとは認めず默殺し、斷乎戰爭完遂に邁進する"

즉, 스즈키 총리가 사용한 묵살이라는 표현은 어떻게 해석하든 상관없는 수준의, 전쟁 지속의 의지를 담은 강한 어조의 기자

---

48   1억의 전 국민이 미군에게 최후까지 저항해 옥쇄해야 한다는 주장.

회견 발언이었습니다. 더구나 기자회견에 참석한 한 기자가 "정부는 포츠담 선언을 수락할 것인가?"라고 질문하자, 그는 "노 코멘트"라고 답했다고 합니다. 스즈키는 전쟁 후 자신의 회고록에서 "군부 강경파의 압력 때문에 어쩔 수 없이 한 말이며, 매우 유감스럽게 생각한다"고 밝히기도 했지요. 물론 그 시대를 살아보지 않은 입장에서 함부로 단정하기는 어렵겠지만, 일국의 총리로서 자신의 발언에 대해 '어쩔 수 없었다'라고 말하는 것은 씻을 수 없는 죄이자 직무 유기라 할 수 있습니다. 그 직무 유기의 결과로 국민들이 겪어야 했던 끔찍한 일을 생각한다면 말이지요.

결과가 어떠하든, 스즈키 총리의 이 발언으로 미국은 일본이 항복 의사가 없음을 다시 한번 확인했습니다. 미국은 전쟁을 종결하기 위해 새로운 방법을 사용하려고 했지요. 그 새로운 방법이란, 1942년부터 극비리에 시작된 미국의 비밀 프로젝트, 맨해튼 계획 Manhattan Project이었습니다. 미국은 1945년 7월 16일, 뉴멕시코의 사막에서 길고도 험했던 이 프로젝트의 최종 테스트 성과를 직접 두 눈으로 확인했습니다. 오펜하이머 Julius Robert Oppenheimer를 비롯한 과학자들의 연구를 통해 인류 최초의 핵무기, 원자폭탄 atomic bomb이 개발된 것이었지요. 트리니티 실험 Trinity test에서 이들이 개발한 원자탄은 정상적으로 작동했습니다.

마침 이러한 상황 속에서 일본은 항복은커녕 더욱 격렬하게 저항하고 있었습니다. 미국의 입장에서는 '판세로 보아 전쟁에서의 승리는 확실한데, 이런 상황에서 괜히 더 많은 병력이 희생당하면 어쩌지?' 하는 생각이 스멀스멀 올라오기 시작했습니다. 영국의 역사학자 존 키건 John Keegan이 저서 『제2차 세계대전사 The

Second World War』에서 남긴 것처럼, 미국은 "굉장히 장엄하고, 뭐라고 항의할 수 없을 만큼 결정적인 방식으로 전쟁을 끝내고 싶은 유혹에 굴복하기 시작"했습니다.

그러나 일본은 여전히 본토 결전의 환상을 버리지 못하고 있었습니다. 승리의 가능성은 이미 잃어버린 지 오래였지만, 육군을 중심으로 본토 결전파의 목소리는 정부 내에서 결코 줄어들지 않았습니다. 이들은 미군이 상륙한다면 1억 신민의 총옥쇄를 통해 미군에게 결정적 타격을 입히고, 반드시 더 유리한 조건에서 강화협상에 나설 수 있다고 주장했습니다. 육군대신 아나미는 포츠담 선언의 수락을 주장한 외무대신 도고에게 얼굴이 벌겋게 달아오르도록 소리치며 욕설을 퍼부었고, 회의장의 분위기는 얼어붙었습니다.

그러나 육군이 이렇게 목소리를 높인 것과는 별개로, 실제 현장의 준비 상태는 엉망인 수준을 넘어 거의 전근대 시대에 머물러 있었습니다. 1945년 7월의 어느 날, 스즈키 총리는 국민의용전투대國民義勇戰鬪隊의 준비 상태를 시찰했습니다. 국민의용전투대란 사실 말이 좋아 전투대지, 민방위 수준의 민병대에 불과했습니다. 스즈키는 이들에게 지급될 무기 상태를 점검하기 위한 시찰을 나온 것이었지요. 그러나 현장을 방문한 스즈키는 충격에 빠졌습니다. 육군 장교가 그들에게 지급될 무기라고 내놓은 것은 화승총, 죽창, 삼지창이었기 때문입니다. 그 장교는 아주 진지한 태도로 스즈키에게 이 무기들의 특징과 장단점을 설명하고, 어떤 기준으로 배부되는지까지 상세히 설명했습니다. 이 모습을 바라보던 내각서기관장 사코미즈 히사츠네迫水久常는 훗날 자신의 회고록에 다음과 같은 기록을 남겼습니다.

"육군 놈들은 저런 무기를 진심으로 국민의용전투대에게 사용하게 하려는 걸까? 나는 그것이 광기의 소산(미친 짓)이라 생각했다.
陸軍の連中は、これらの兵器を、本気で國民義勇戰闘隊に使わせようと思っているのだろうか。私は狂気の沙汰だと思った"

이 와중에 미국의 루스벨트 대통령이 노환으로 갑작스럽게 서거하자, 해리 S. 트루먼 Harry S. Truman이 뒤를 이어 미국 대통령직에 올랐습니다. 트루먼은 대통령에 취임하고 나서야 맨해튼 계획의 존재에 대해 알게 되었습니다. 그는 이제 이 전쟁을 어떻게 끝낼 것인가 하는 중대한 결심의 기로에 서게 되었습니다. 1945년 7월 25일, 트루먼은 일기에 다음과 같이 적었습니다.

"이 무기(원자폭탄)는 오늘부터 8월 10일 사이에 사용될 것이다."

미국은 인류 최초로 선보일 가공할 무기를 어디에 사용해야 할지를 두고 길고 긴 고민에 들어갔습니다.

그러나 미국은 정작 투하 지점을 선정하는 데 큰 어려움을 겪었습니다. 이미 원자탄을 떨어뜨려 파괴할 만큼 중요한 거점과 도시들은 B-29 폭격기의 융단폭격으로 쑥대밭이 된 상태였기 때문입니다. 그래서 미국은 1) 원자폭탄을 투하해 파괴할 만큼 가치 있는 도시일 것, 2) 아직 파괴되지 않은 주요 도시일 것이라는 두 가지 조건을 충족해야 하는 어려움 앞에 놓였습니다. 긴 회의 끝에 네 곳의 후보군이 선정되었습니다. 히로시마広島, 고쿠라小倉, 교토京都, 니가타新潟였습니다. 그러나 회의 과정에서 교토는 일본인의 문화적·역사적 정체성을 담은 상징성을 고려해 다른 곳으로 변경되었는데, 그곳이 바로 우리에게 잘 알려진 나가사키長崎였습니다.

　　미군은 세계 최초의 핵무기 투하 작전을 위해 미군이 운용하던 폭격기 중 가장 강력하고 거대한 B-29를 선택하고, 최정예 조종사와 승무원을 준비시켰습니다. 그리고 역사상 최초이자 마지막이 되어야 할 핵무기 투하 작전의 영예를 안은 것은 폭격기 '에놀라 게이 ENOLA GAY'였습니다. 1945년 8월 6일 새벽 3시, 동체가 은빛으로 빛나는 거대한 B-29 '에놀라 게이'가 어둠 속에서 서서히 날아올랐습니다. 적재한 원자폭탄 '리틀보이Little Boy'가 워낙 무거웠기에, 에놀라 게이는 잠시 기우뚱거리며 중심을 잡아야만 했습니다. 이륙에 성공한 에놀라 게이는 북쪽을 항로로 잡고 더 높이 날아올랐습니다.

　　오전 8시경, 히로시마의 하늘은 매우 맑았습니다. 그 맑은 하늘을 깨뜨린 것은 귀청을 찢을 듯한 공습경보 사이렌 소리였습니다. 공습경보가 울리자, 이미 끝없는 미군 폭격에 진저리가 나 있던 일본인들은 일사불란하게 대피하려 했습니다. 그러나 곧 하늘을 올려다보고는 마음을 놓았습니다. 원래대로라면 엄청난 수의 B-29가 하늘을 뒤덮어야 했는데, 하늘엔 고작 두어 대의 폭격기 밖에 보이지 않았기 때문이었지요. 이러한 정찰비행은 워낙 자주 있던 터라, 히로시마의 시민들은 별다른 의심을 품지 않은 채 경보를 해제하고 다시 생업에 종사했습니다. 그러나 잠시 뒤, 엄청난 밝은 빛이 도시를 감쌌습니다.

열세 살의 가와모토 요시타카川本義隆는 교실에서 책을 읽고 있었습니다. 그날따라 책이 잘 읽히지 않아 답답함이 가득했습니다. 그때 같은 반 친구 후지모토가 창밖으로 몸을 내밀더니, 큰 목소리로 "B-29가 온다!"라고 외쳤습니다. 그 말을 들은 가와모토는 의자에서 일어나 창문 쪽으로 걸어가며 "어디야?"라고 물었습니다. 후지모토가 손을 들어 손가락을 하늘로 가리킨 바로 그 순간, 갑자기 온 세상이 밝아지며 가와모토의 모든 시야를 가렸습니다. 그는 그대로 쓰러졌고, 정신을 차려보니 학교의 잔해에 깔려 있는 자신을 발견했습니다.

완전히 폐허로 변한 아수라장 속에서 가와모토는 어디선가 들려오는 노랫소리를 들었습니다. 살아남은 반 친구들 열 명 정도가 교가를 부르고 있었던 것입니다. 두려움 속에서 혹시 누군가 노랫소리를 듣고 도우러 오지 않을까 하는 희망으로 그들은 노래를 부르기 시작했습니다. 가와모토도 두려움을 없애기 위해 할 수 있는 한 오랫동안 교가를 부르며, 천천히 자신을 짓누르고 있던 잔해를 치워 나갔습니다. 그러는 동안 노랫소리는 한 명씩, 또 한 명씩 줄어들더니, 마침내 잔해를 거의 다 치워 몸을 움직일 수 있게 되었을 무렵, 그는 자신만이 교가를 부르고 있다는 사실을 깨달았습니다. 더 이상 주변에서 노랫소리가 들려오지 않자, 그도 노래를 멈추었습니다.

잔해에서 간신히 빠져나온 가와모토는 먼저 자신의 몸 상태를 확인했습니다. 윗니 세 개가 부러져 있었고, 왼팔에는 나무 조각들이 마치 화살처럼 깊숙이 박힌 채 피가 흘러내리고 있었습니다. 그는 학교에서 배운 대로 응급처치를 한 뒤, 이번에는 생존자를 찾아야겠다는 생각으로 잔해를 기어 다니며 소리쳤습니다.

"살아 있는 사람 있어?"

그러나 돌아오는 대답은 없었습니다.

그때, 부서진 나무판자 아래에서 팔 하나가 천천히 움직이는 것이 보였습니다. 가와모토가 잔해를 치우니, 그의 친구 오타多田가 깔려 있었습니다. 오타의 두개골은 깨져 있었고, 등뼈도 부러진 상태여서 가와모토가 두 팔로 그를 껴안아 올려야만 했지요. 오타는 왼쪽 눈으로만 가와모토를 응시했습니다. 오른쪽 안구는 이미 밖으로 흘러내려 없었기 때문이었습니다.

오타는 무언가를 중얼거렸지만, 가와모토는 그 말을 알아들을 수 없었습니다. 오타의 입술에는 못 조각들이 박혀 있었습니다. 잠시 후 오타는 떨리는 손으로 가슴 주머니에서 학생 수첩을 꺼내 가와모토에게 주었습니다. 그러면서도 그는 무엇인가 계속 중얼거렸습니다. 엉겁결에 수첩을 건네받은 가와모토는 오타에게 되물었습니다.

"이걸 너의 어머니께 전해 달라는 거야?"

오타는 고개를 끄덕였습니다. 가와모토는 오타를 잔해에서 꺼내려 했지만, 하반신 전체가 커다란 잔해에 깔려 있어 혼자 힘으로는 오타를 꺼낼 수 없었습니다. 오타는 그에게 말했습니다.

"가. 그냥 가."

가와모토는 그 말에도 아랑곳하지 않고, 몇 번이고 오타를 끌어내려 시도했습니다. 오타가 숨을 거둔 것을 뒤늦게 확인하고 나서야, 가와모토는 오타를 뒤로하고 잔해 속을 빠져나왔습니다.

몇 걸음 가지도 못해, 가와모토는 뒤를 돌아 마지막으로 오타를 보았습니다. 오타는 남아 있는 멀쩡한 왼쪽 눈으로 여전히 그를 빤히 쳐다보고 있었습니다.

훗날, 히로시마 평화기념관의 관장이 된 가와모토는, 수십 년이 지난 뒤에도 열세 살이던 그날을 기억하며 NHK의 취재진들 앞에서 고개를 떨구었습니다.

"어둠 속에서도 그 눈이 정말 선명하게 보였어요."

종전이라는 막중한 임무를 맡아 임명된 스즈키 간타로(1868-1948).
2·26 사건의 후유증으로 군부 설득에 부담을 안고 있었다.

폭격 직후 3시간이 지난 뒤 촬영된 사진.
왼쪽 아래에 보이는 육지의 크기와 비교해 보면,
버섯구름이 얼마나 거대한지 짐작할 수 있다.

22장

소련의 참전, 그리고 나가사키의 비극
빠르게 다가오는 일본 제국의 몰락

히로시마 성広島城 근처 군부대에서 통신원으로 일하던 한 소녀는 그날도 지하 벙커에서 자신의 임무를 수행하고 있습니다. 그러나 순간, 지하 벙커가 무너져 내릴 듯한 엄청난 폭발과 진동이 일어났습니다. 겁에 질린 그녀는 조심스럽게 지하 벙커 밖을 내다보았습니다. 눈앞에는 완전히 파괴된 히로시마 시가지가 보였습니다. 바깥을 향해 "무슨 일인가요?" 하고 묻자, 쓰러져 있던 한 군인이 힘겹게 대답했습니다.

"전멸! 신형폭탄에 당했어!"

"신형폭탄이요?" 그녀가 되물었지만, 그 뒤로는 더 이상 어떤 대답도 들려오지 않았습니다.

그녀는 즉시 수화기를 들었습니다. 거의 모든 회선이 파괴되어 있었지만, 어떻게든 이 사실을 주변 다른 도시에 알려야 한다고 생각했습니다. 몇 분간의 사투 끝에 그녀는 겨우 살아 있는 회선 하나를 발견하고 수화기를 들었습니다. 그 회선은 히로시마의 동쪽 멀리 떨어진, 후쿠야마福山에 주둔하고 있던 군부대와 연결되어 있었습니다. 그녀는 수화기를 들고 후쿠야마의 부대장에게 보고했습니다.

"부대 전멸입니다."

갑작스러운 전멸 보고에 후쿠야마 부대장은 수화기 너머에서 화를 내며 그녀를 타박했습니다.

"갑자기 전멸이라니? 이유를 똑바로 말해!"

그녀는 "신형폭탄"이라고 군인들이 말했고, 도시는 이미 사라졌다고 대답했습니다.

1945년 8월 6일 오전 8시 15분, 히로시마 상공 570m에서 인류 최초의 원자폭탄은 성공적으로 폭발했습니다. 짧은 순간에 발생한 섬광 이후, 엄청난 폭발음이 대지를 뒤흔들었습니다. 히로시마에서 이 원자탄의 폭발을 경험한 생존자들은 그것을 '피카-동 ピカ-ドン'이라고 불렀습니다. '번쩍-쾅'이란 뜻으로, 그만큼 섬광과 폭발음이 그들의 뇌리에 깊이 박혀 있음을 알 수 있습니다.

앞장에서 이야기한 가와모토의 이야기처럼, 1차 폭발에서 살아남은 사람들은 상황을 파악하고 잔해 속에서 탈출한 뒤 생존을 위해 안전한 곳을 찾아 이동했습니다. 이후 걷기조차 힘들 정도의 강력한 바람이 그들을 덮쳤습니다. 강력한 핵폭발로 인해 중심지의 공기가 모두 연소되었고, 순간 진공상태가 되었던 히로시마 시내를 채우기 위해 주변의 공기가 다시 빨려 들면서 강력한 바람을 만들어 낸 것이었습니다. 이는 폭발 이후 발생한 화재를 더욱 키우는 역할을 했습니다. 도시는 이미 지옥이나 다름없었습니다.

그러나 진짜 문제는 따로 있었습니다. 순간 발생한 강력한 열로 인해 극심한 뜨거움과 갈증을 느끼던 히로시마의 생존자들 머리 위로 비가 내리기 시작했습니다. 그러나 그 빗물은 탁한 검은색을 띠고 있었습니다. 폭발로 생긴 연기와 먼지가 섞인 것이라고 생각한 히로시마 사람들은 하늘을 향해 입을 벌리거나 양동이를 이용해 이 빗물을 받아 마시고, 또 상처를 씻는 데 사용했습니다. 그러나 그것은 방사능 낙진 fallout 이 뒤섞인 검은 비였습니다. 이 비를 맞거나 마신 생존자들은 평생에 걸친 긴 고통을 겪게 되었지요. 방사능 피폭이었습니다.

히로시마 원자폭탄 투하의 소식은 일본에 엄청난 충격을 주었습니다. 미군의 신형폭탄에 대한 이야기는 소문처럼 퍼져 있었지만, 실제로 겪은 그 규모와 파괴력은 상상을 초월하는 것이었습니다. 현장으로 급파된 의료인력과 군 사령부의 장교들은 현장을 둘러보고 조사를 진행한 끝에, 이것이 원자폭탄임을 확인했습니다. 한순간의 폭발로 10만 명이 넘는 사람들이 현장에서 사망했습니다. 인류는 이제 핵무기 시대의 서막을 열게 된 것이었지요. 일본은 이제 선택을 해야 했습니다.

그러나 일본은 여전히 항복 여부를 결정하지 못한 채, 평행선을 달리는 회의를 지속했습니다. 도고 외무대신을 중심으로 하는 화평파는 "신형폭탄으로 또 다른 폭격을 받기 전에 하루빨리 항복해야 한다"라고 주장했지만, 아나미 육군대신을 중심으로 하는 강경파는 "저자세로 나가면 더 불리한 조건을 강요받을 수 있다"는 주장으로 맞섰습니다. 강경파 또한 시간이 지나면서 포츠담 선언의 수락, 그러니까 항복 자체에는 동의했지만, 그 세부 내용에 대해서는 조정이 필요하다고 주장했습니다. 결과적으로 일본은 이 시점까지도 항복을 결정하지 못했습니다.

일본은 아직도 소련이 자신과 미국 사이를 중재해 주기를 원하고 있었습니다. 심지어 일본은 "소련이 독일을 이길 수 있었던 것은 일본이 극동 지역에서 소련을 공격하지 않았기 때문"이라는 논리를 내세우며, 소련이 자신의 편을 들어줄 것이라는 막연한 기대까지도 하고 있었습니다. 그러나 소련은 일본 외교관들을 만나지 않거나, 일부러 회피하며 거리를 두었습니다. 일본의 입장에서는 미치고 팔짝 뛸 일이었지요. 그러던 와중 히로시마에 원폭이 떨어진 지 이틀 뒤 8월 8일, 소련 외무장관 몰로토프 Vyacheslav Molotov가 주모스크바 일본대사 사토 나오타케佐藤尚武에게 만나자고 제의했습니다. 일본은 이 마지막 희망에 모든 것을 걸 수밖에 없었습니다.

 8월 8일 저녁, 사토 대사는 몰로토프의 집무실로 향했습니다. 사토가 친근하고 예의 있게 인사를 건네려 하자, 몰로토프는 손을 들어 그를 제지했습니다. 분위기가 심상치 않았습니다. 몰로토프는 이전의 친근한 태도와 달리, 철저히 사무적인 태도로 그를 대했습니다. 몰로토프가 권한 의자에 사토가 앉자, 몰로토프는 종이를 들어 소련 정부의 공식적 입장을 전달했습니다. 그 문서에는 "소련 정부는 8월 9일부터 일본과 전쟁 상태에 들어감을 선언"하는 내용이 담겨 있었습니다. 사토는 '올 것이 왔구나' 하는 심정으로 고개를 숙였습니다. 문서를 다 읽은 몰로토프는 정중히 사토를 배웅했지만, 냉혹한 외교 무대에서 그것은 겉치레일 뿐이었습니다. 2시간 뒤, 소련군의 대대적인 만주 침공 작전이 시작되었습니다.

 현지 시각 8월 9일 오전 1시, 150만의 소련군이 일제히 소련-만주 국경을 넘어 공세를 시작했습니다. 이미 독일과 벌였던 4년간의 기동전에서 단련된 소련군의 파괴력은 막강했습니다.

5,000대가 넘는 전차와 자주포로 무장한 소련군은, 일제히 일본 관동군의 방어선을 돌파하며 무너뜨렸습니다.

맞서는 관동군은 60만에 불과했고, 그마저도 최정예 병력이 모두 중국과 태평양 전선에서 소모되어 그저 머릿수만 채운 미숙련 병력이 대부분이었습니다. 그러나 히로시마 원자폭탄 투하 때와 같이, 일본군은 현실을 부정하고 있었습니다. 일본은 여전히 소련군의 공격을 전면 침공이 아닌, 노몬한 사건과 같은 단순한 국경분쟁 수준으로 믿고 싶었던 것이지요. 소련군의 전면 침공이 시작된 지 두 시간이 지난 오전 3시가 되어서야 일선 전투부대에 "전면 침공일 수 있으니 대비하라"는 명령이 떨어졌지만, 이미 너무 늦었습니다. 소련군의 강력한 공세 앞에서 관동군은 그야말로 추풍낙엽처럼 스러져 갔습니다.

8월 9일 아침부터 일본 정부는 분주했습니다. 소련의 침공이 시작되었다면, 이제 소련의 중재를 기대할 수 없었습니다. 외교 전략을 처음부터 다시 검토해야 했고, 동시에 소련군의 공세에 대응할 군사작전 방안과 미군의 신형폭탄에 대한 대응 시나리오도 논의해야 했습니다. 이처럼 눈코 뜰 새 없이 여러 토의 주제가 난립하던 회의장에, 갑자기 또 다른 급보가 날아들었습니다. 지금 막, 또 다른 원폭이 나가사키에 투하되었다는 소식이었습니다.

8월 10일부터 일본에 늦여름 장마가 찾아온다는 기상 예보가 전해지자, 미국은 그 이전에 한 번 더 원폭 투하 작전을 진행하고 싶어 했습니다. 악천후가 오기 전인 8월 9일이 투하일로 결정되었고, '복스카 Bockscar'라는 이름의 B-29 폭격기가 투하의 주인공으로 선정되었습니다. 이번에 투하될 폭탄의 이름은 '팻 맨 Fat man'이었습니다. 이들은 후쿠오카福岡 동쪽의 이웃 도시, 고쿠라를 목표로 출격했습니다.

 그러나 고쿠라 상공에 도착한 복스카는 혼란에 빠졌습니다. 고쿠라 일대는 뿌연 구름이 잔뜩 끼어 있었고, 이로 인해 복스카는 명확한 목표물을 식별해 조준할 수 없었습니다. 만일 아무렇게나 투하해 버린다면, 귀중한 전략자산인 원자폭탄을 낭비할 위험이 있었습니다. 복스카는 몇 번이고 선회하며 최적의 목표물을 찾으려 했지만, 고쿠라의 구름은 걷힐 줄 몰랐습니다. 시간은 점점 흘러가고 있었습니다. 상공에서 투하가 계속 지연된다면 돌아갈 연료마저 모두 소모할 수밖에 없었습니다. 관측 임무를 위해 함께 출격한 히로시마 투하의 주인공, '에놀라 게이'도 초조하게 옆에서 비행하고 있었습니다. 게다가 일본군 전투기가 출격 중이라는 통신이 잡히자, 복스카는 주저 없이 기수를 돌렸습니다. 예비 목표로 선정해 둔 나가사키를 향해서였습니다.

 그러나 나가사키 상공에도 약간의 구름이 끼어 있었습니다. 복스카 승무원들은 좌절했지만, 곧 조준 준비에 들어갔습니다. 그러나 구름으로 인해 나가사키를 명확하게 식별할 수 없는 상황에서, 연료 부족과 일본군 전투기의 위협까지 겹치자 복스카는 레이더를 활용해 '그 언저리에' 투하를 시도하려고 했습니다. 만약 운이 나쁘다면 이 폭탄은 바다에 떨어질 수도 있었습니다. 그러나 바로 그 순간, 구름 사이로 나가사키 시가지가 조금씩 모습을 드러냈습니다. 그리고 그 구름의 틈 사이로 목표물이 명확하게 보였습니다. 이런 불운이 겹치면서, 나가사키의 운명은 결정되었습니다. 복스카는 주저 없이 폭탄을 투하했습니다. 폭탄이 워낙 무거웠던 탓에, 투하 순간 복스카의 승무원들은 잠시 폭격기가 위로 솟구치는 듯한 느낌을 받았습니다.

 8월 9일 오전 11시 2분, 나가사키는 엄청난 섬광에 휩싸였고, 이후 폭발음이 들렸습니다. 그날 하루에만 무려 7만 명이 목숨을 잃었습니다. 그러나 나가사키 시민들에게 다행이었던 점은, 평야지대였던 히로시마와 달리 나가사키는 산악지형이었다는 점, 그리고 히로시마 원폭투하로 인해 나가사키에서도 관련된 후속 조치가 이어지고 있었다는 점이었습니다. 산악지형은 원자폭탄의 파괴력을 감소시켜 주었고, 폭탄이 터진 이후 나가사키 시장은 행정력을 동원해 피해자를 적극적으로 구호했습니다. 그 결과 나가사키는 히로시마에 비해 더 적은 피해로 버텨낼 수 있었습니다.

 일본 정부는 그야말로 충격에 빠졌습니다. 8월 9일 오전, 일본은 마침내 현실을 직시했습니다. 소련의 중재는 허상에 불과하다는 것, 그리고 미국의 원자폭탄 투하는 자신들이 항복을 선언할 때까지 계속될 것이라는 사실을 인지한 것이었습니다.

 8월 10일 새벽, 일본의 운명을 결정할 항복 여부를 논의하는 어전회의가 열렸습니다.

나가사키에서 솟아오른 버섯구름의 모습.
그 높이는 무려 18km에 달했다.

23장

일본 패망 하루 전 — 항복, 그리고 궁성사건 宮城事件
일본 제국 최후의 쿠데타

1945년 8월 10일 새벽, 회의장의 무거운 공기 속에서 어전회의가 시작되었습니다. 히로시마와 나가사키에 대한 원자폭탄 투하와 소련의 참전 앞에서, 일본은 이제 '항복 여부'를 둘러싼 회의가 아니라 '항복 조건'을 논의하는 회의를 열 수밖에 없었습니다. 회의가 시작되자, 외무대신 도고가 일어나 포츠담 선언을 '1조건부 수락'해야 한다고 주장했습니다. 즉, 항복 논의에서 일본이 내세울 단 하나의 조건은 '천황제 유지'였습니다. 천황제를 보장받을 수 있다면 항복하겠다는 의견이었습니다.

그러나 아나미 고레치카를 비롯한 군부 강경파는 이에 반대하며 '4조건부 수락'을 주장했습니다. 여기서 말한 강경파의 네 가지 조건은 다음과 같습니다.

1. 천황제 유지
2. 일본군의 무장해제를 일본이 직접 시행
3. 조선, 대만을 포함해 개전 이전의 식민지 영토 보장
4. 일본이 직접 전범 재판을 주도

현실감각을 완전히 상실한 강경파의 네 가지 조건을 듣자, 외무대신은 어이가 없었습니다. 양측은 격론을 벌였지만 결론은 나지 않은 채 마라톤 회의가 이어졌습니다. 스즈키 간타로는 그 중간에서 고민에 빠졌지요. 내대신에게 은밀히 전해 듣기로는, 천황은 이미 전쟁을 멈추고 싶어 하고 있었습니다. 스즈키를 비롯한 여러 중신들의 의견도 그러했습니다. 그러나 스즈키가 그 자리에서 자신 있게 도고 외무대신의 손을 들어주지 못한 이유는, 육군 강경파가 또다시 사고를 칠까 두려웠기 때문이었다고 그는 회고했습니다. 스즈키는 아직도 2·26 사건의 충격을 잊지 못하고 있었습니다. 만일 육군을 견제할 안전장치 없이 항복을 결정한다면, 육군이 또다시 반란을 일으킬지도 모른다고 생각했습니다. 스즈키는 이를 억누를 수 있는 방안을 떠올렸습니다. 단 하나의 수단이 남아 있었던 것입니다.

새벽 2시, 스즈키가 천천히 자리에서 일어났습니다. 지난 마라톤 회의로 참석자들은 모두 출구 없는 토론에 지쳐 있었습니다. 스즈키가 천천히 입을 열었습니다.

"정말로 송구스럽습니다만, 지금부터 천황 폐하의 생각을 여쭈어, 성려聖慮, 천황의 생각 로써 이 회의의 결정을 내리고자 합니다."

말을 마친 스즈키는 천황을 향해 몸을 돌리고, 살짝 고개를 숙였습니다. 이 끝없는 회의의 결정을, 천황에게 맡긴 것입니다. 천황은 눈물을 흘리며, 천천히 입을 열었습니다.

"짐의 의견은, 아까부터 외무대신이 주장하고 있는 바에 동의하는 것이다.

> 朕の意見は、先ほどから外務大臣の申しているところに同意である."

　이로써 일본은 포츠담 선언을 수락하고, 즉각 항복하는 안을 채택했습니다. 바로 여기에서, 힘들고 참혹했던 일본의 전쟁을 천황의 성스러운 결단 덕분에 끝낼 수 있었다는 신화가 만들어졌습니다. 전쟁을 일으킨 간악무도한 군부의 전횡을, 천황이 국민과 국가를 위해 모든 것을 걸고 성단을 내렸다는 것이었지요.

　그러나 이러한 주장과 달리 당시의 천황은 오늘날 우리가 떠올리는 단순한 '상징'이 아니었습니다. 당시 천황은 메이지 헌법 이래, 군 통수권을 가지고 있는 초헌법적인 존재였습니다. 실제로도 천황은 2·26 사건 등 많은 국내문제에 적극 개입했고, 전쟁 결정과 수행 과정에서도 많은 의견을 내비쳤습니다. 육군 참모총장 스기야마를 혼낸 일화나, 세부적인 작전이나 군의 배치에 대해서도 적극적으로 의견을 내고 군부의 보고를 받았습니다.

　물론 미국과의 전쟁을 시작할 때에는 전쟁을 막고자 어전회의에서 단가를 읊거나, 폭주하는 군부를 막기 위해 도조 히데키를 내각총리대신에 임명하며 전쟁을 막으려 했던 부분도 있습니다. 그러나 이것은 천황이 평화를 사랑해서가 아니라, 영미 문화권에 친숙했던 히로히토의 개인적 성향과, 전선이 지나치게 넓어지는 것에 대한 군사 전략적 측면의 우려 때문이라고 보아야 할 것입니다.

　그러나 종전 이후, 천황에게 전쟁 책임을 묻는 이는 아무도 없었습니다. 전쟁 책임은 일본 정부와 군부에 있으며, 입헌군주제의 상징적 존재인 천황은 그저 정부가 결정한 전쟁을 승인할 수밖에 없었다는 논리로 포장되었지요. 즉, 천황은 전쟁에 관해 의사결정의 능력도, 의사도 없었다는 주장입니다. 더구나 화평파와 강경파의 대립 속에서 하마터면 혼란의 소용돌이에 빠질 뻔한 일본을, 마지막 순간 성스러운 결단을 내린 천황이 구해냈다는 이야기는 아무리 봐도 앞뒤가 맞지 않는 내용이었습니다.

앞서 말씀드린 바와 같이, 이러한 설계는 일본인들 스스로에게도 위험합니다. "군부, 그리고 도조 히데키라는 아주 나쁜 사람이 있었고, 그들 때문에 전쟁이 일어나 우리 일본 국민도 피해를 많이 입었다. 그리고 그 지옥 같은 전쟁에서, 천황 폐하의 성스러운 결단이 우리 모두를 구했다"라는 식의 스토리는 우리가 조금 더 조심스럽게, 신중하게 접근해야 할 문제입니다. 일본의 정치세력은 전쟁 이후에도 자신들의 기득권을 유지하기 위해, 이렇게 '천황'이라는 존재 뒤에 숨어서 모든 전쟁 책임을 군부와 몇몇의 요인들에게 떠넘겼습니다. 그리고 이를 통해 전쟁 이후 자신들은 책임론에서 벗어나고자 했던 '설계'였다는 점을 우리는 잘 살펴봐야만 합니다. 그래야 전쟁 책임에서 천황을 배제하고 전쟁 이후의 정치공학적 설계를 지속해 온 일본의 실태를 제대로 파악할 수 있기 때문입니다.

다시 이야기로 돌아와 8월 13일, 회의를 마치고 육군성으로 돌아온 아나미는 여섯 명의 좌관급 장교들에게 면담을 요청받았습니다. 하타나카 켄지 畑中健二 소좌 등 장교들은 육군대신에게 불쑥 문서 하나를 내밀었습니다. 「병력 사용 계획 兵力使用計画」이라는 이름의 이 문서는, 황궁을 지키는 근위 사단과 동일본을 지키는 동부군을 동원, 황궁을 점거한 뒤 항복에 찬성한 스즈키 총리대신, 기도 내대신, 도고 외무대신, 요나이 해군대신 등의 정부 요인을 체포한 뒤 계엄령을 선포하자는 내용이 담겨 있었습니다. 아나미는 이 쿠데타 계획에 동의했습니다.

군부는 이러한 항복 결정에 대해 지속적으로 불만을 표출했습니다. 이미 결정이 내려졌음에도 육군은 관련 사무를 보지 않는 방식으로 무조건 항복 결정에 반항했습니다. 이러한 군부의 행동은 8월 14일 열린 어전회의에서 천황이 다시 한번 자신의 의견을 밝히면서 자제시킬 수 있었지요. 이 자리에서 천황은 눈물을 흘리며, 만약 필요하다면 자신이 직접 국민들에게 이 항복 사실을 알리겠다고 주장했습니다. 이 모습을 본 강경파 육군대신 아나미 고레치카는, 쿠데타 계획을 멈추고 천황의 뜻에 따라 항복해야겠다고 마음을 바꾸었습니다. 어전회의가 끝난 이후, 히로히토 천황이 거주하던 황거는 갑자기 분주해졌습니다. NHK 기술자들이 황거를 찾아 녹음 장비를 설치하기 시작했습니다. 천황의 항복선언문을 녹음하고, 이를 다음 날인 8월 15일 정오에 발표하기 위해서였습니다.

아나미가 갑자기 계획에 반대하자, 반란을 주도한 여섯 명의 장교들은 「병력 사용 제2안兵力使用第二案」을 다급하게 만들었습니다. 육군대신이 반대하더라도 자신들끼리 쿠데타를 강행하겠다는 것이었지요. 8월 14일 오후 3시, 아나미는 육군성의 고위 간부들을 회의실에 모았습니다. 그리고 "육군은 무조건 항복을 수용하겠다"라고 발표하고, "옥쇄를 택하기보다 힘들더라도 살아남아 황국을 지켜야 한다"고 훈시했습니다. 그러나 몇몇 장교들의 쿠데타는 멈추지 않았습니다.

8월 15일 새벽 1시 30분, 쿠데타 주동자들은 근위 사단장 모리 타케시森赳를 찾아가 면담을 요청했습니다. 그들은 쿠데타 계획을 알리고, 이를 위해서는 근위 사단이 출동해야 한다며 사단장을 압박했습니다. 이들의 서슬 퍼런 기세에, 모리 사단장은 일단 이들을 진정시켰습니다. 그리고 그런 큰일을 하기 전 깨끗이 몸을 씻고, 메이지 신궁에 가서 기도를 드린 뒤에 결정하겠다는 말로 시간을 끌었지요. 사실상 쿠데타에 참가를 거부했다고 판단되자, 하타나카 소좌는 권총을 뽑아 사단장을 쏘았습니다. 또한 옆에서 우에하라 쥬타로上原重太郎 대위가 군도軍刀를 뽑아 결국 사단장을 살해했습니다. 목적을 잃은 장교들은 결국 궐기한 것입니다.

　하타나카 소좌는 곧바로 사단장의 도장을 훔쳤습니다. 이후 그는 「근작명 갑 제584호近作命甲第五八四号」라는 이름의 명령서를 작성했습니다. 사단장의 도장을 이용해 결재한 후 근위 사단의 병력을 무단으로 동원하기 시작했습니다. 근위 사단은 궁성을 점령해 모든 출입을 통제하고, 사단의 제1연대 1중대를 출동시켜 NHK 방송국을 점거하라는 명령을 받았습니다. 방송국을 점거한 뒤에는 천황의 항복 발표가 녹음된 레코드판을 확보해 방송 송출 자체를 막으려는 의도였습니다. 또한 소규모 부대를 따로 출동시켜, 항복에 찬성한 주요 요인을 암살하려고 시도했습니다. 스즈키 총리는 다행히 간발의 차이로 몸을 피했고, 열받은 반란군은 스즈키의 집을 불태워 버리고 돌아갔습니다.

　한편 NHK에 출동한 반란군은 즉시 모든 방송장비를 통제하고, 레코드판을 찾기 위해 수색을 진행했습니다. 아무리 방송국을 이 잡듯이 뒤져도 레코드는 나오지 않았습니다. 조급해진 반란군은 방송국 직원을 붙들고 협박했고, 협박에 못 이긴 방송국 직원은 "레코드판은 아직 궁성에서 오지 않았다"라고 실토했습니다. 그러자 반란군은 곧바로 수색 장소를 궁성으로 옮겼습니다. 그러나 눈치가 빠른 내대신 기도는 자신의 금고에 숨겨 레코드를 봉인하고 있었고, 반란군은 끝내 그 레코드판을 찾아내지 못했습니다.

이런 상황 속에서 동부군 사령관 다나카 시즈이치田中靜壹는 쿠데타 소식을 듣자 즉각 진압 준비에 나섰습니다. 동부군은 신속히 출동 태세를 갖추는 한편, 근위 사단에 전문을 보내 "현재 사단장은 이미 살해당했고, 반란군 주동자들이 명령서를 위조하고 있다"는 사실을 알렸습니다. 이후 즉각 궁성에서 철수하라는 명령도 내렸습니다. 분위기가 이상해지자, 반란군들은 마음이 급해졌습니다. 병사들은 녹음 레코드가 담긴 금고의 열쇠를 가지고 있을 것이라 추정된 도쿠가와 요시히로德川義寬 시종과 말다툼을 벌였습니다. 감정이 격해지자, 살기가 가득한 병사들은 각자 자신의 무기를 꽉 쥐었습니다.

일촉즉발의 상황인 그때, 반란군 소속 제1대대의 와카바야시若林 중사가 갑자기 도쿠가와 시종의 멱살을 잡았습니다. 이후 주먹과 발길질로 시종을 구타하기 시작했습니다. 주변의 병사들은 구타당하는 시종의 모습을 보고 만족스러워하며, 마음속의 울분을 대신 풀었지요. 와카바야시 중사는 바로 심리를 이용한 것이었습니다. 사태가 심각해지자 분위기를 전환하기 위해 일부러 도쿠가와 시종을 폭행한 것이었지요. 그는 나중에 이 사건을 가리켜 이렇게 회고했습니다.

"주위의 병사들이 살의를 품고 도쿠가와 시종을 포위하고 있었기에, 이대로라면 그가 살해당할 것이라고 생각했다. 그것을 막기 위해 순간적으로 본인이 그를 때리고 기절시키는 것으로 주위를 납득시켰다."

와카바야시 중사의 이러한 임기응변 덕분에 도쿠가와 시종장은 목숨을 건질 수 있었고, 궁극적으로는 레코드판을 지킬 수 있었습니다.

새벽 4시 30분, 쿠데타가 진압될 조짐이 보이자 다급해진 하타나카 소좌는 방송국 직원들을 협박해 방송 준비를 시켰습니다. 마지막 수단으로 자신들의 궐기목적을 전국에 알리고, 자신들과 뜻을 같이하는 이들이 들고일어나 주기를 바란 것이었습니다. 하타나카는 권총을 들어 직원들을 협박했지만, 직원들은 이를 재치 있게 받아넘기며 시간을 끌었습니다.

"현재 공습경보가 발령 중이라, 방송을 내보낼 권한은 동부군 사령부에 있습니다. 공습경보가 내려져 있다면, 동부군 사령부의 허가 없이는 방송할 수 없습니다."

하타나카는 씩씩거리며 동부군 사령부에 전화를 걸어, 궐기방송을 허가해 달라고 요구했지만 당연하게도 거부되었습니다. 레코드도 확보하지 못했고, 방송도 불가능해지자 방송국을 점거하는 것은 의미가 없다고 생각한 반란군 부대는 그대로 방송국을 떠났습니다.

오전 5시 30분, 아나미 고레치카 육군대신은 자신의 방에서 술잔을 기울이고 있었습니다. 깨끗이 목욕을 마쳤고, 유서도 이미 써놓은 상태였습니다. 그 시각 그는 처남과 마지막 술잔을 기울이고 있었습니다. 그러면서 아나미는 처남에게 자신의 유서를 보여주었지요. 그 유서에는 "중일전쟁부터 태평양 전쟁에 이르기까지 일본의 지도자는 육군 군인이었고, 이 전쟁의 대죄大罪는 육군이 책임져야 한다. 육군 최후의 책임자로서 나의 죽음으로 사죄한다"는 각오가 적혀 있었습니다. 군사적으로 무능했고 끝까지 전쟁을 주장해 많은 비판을 받으면서도, 무다구치와는 달리 적어도 그는 스스로 책임을 지려 했습니다. 그리고 곧 자신의 방에서 스스로 할복해 생을 마감했습니다.

오전 6시, 천황은 궁성에서 벌어진 쿠데타 상황을 보고받았습니다. 천황은 "내가 직접 병사들 앞에 나가 타이르겠다"고 말했지만, 너무 위험하다는 주변의 만류로 끝내 성사되지 못했습니다. 그럼에도 쿠데타는 착실히 진압되었고, 하타나카 소좌는 궁성 앞에서 전단지를 뿌리며 끝까지 궐기의 정당성을 주장했습니다. 그리고 오전 11시가 조금 넘은 시각, 궁성 앞의 풀밭에서 스스로 목숨을 끊었지요.

그리고 뜨거운 여름날이었던 8월 15일 정오, 천황의 항복 방송인 옥음방송玉音放送은 무사히 일본 전국으로 송출되기 시작했습니다. 당시 기술적 한계로 인해 잡음이 심했고, 또한 천황이 쓴 표현 자체가 굉장히 애매모호하고 논점을 돌려가며 말했기 때문에 대다수 일본인들은 방송의 내용을 제대로 이해할 수 없었다고 합니다. 다만 전쟁에 지고 있는 상황에서 천황이 직접 자신의 목소리를 전 국민에게 방송한다는 그 분위기로 짐작할 수 있을 뿐이었지요. 옥음방송의 대략적인 내용은 다음과 같습니다. (어려운 단어는 최대한 순화하여 편역했습니다.)

"…(중략)… 짐은 제국 정부로 하여금 미·영·지·소(미국, 영국, 중국, 소련) 4국에 대해 공동선언(포츠담 선언)을 수락할 뜻을 통고하게 하였다. …(중략)… 일찍이 미·영 양국에 선전포고를 한 것은, 제국의 자존과 동아시아의 안정을 간절히 바라서 나온 것이지, 타국의 주권을 배격하고 영토를 침략하는 것은 본디 짐의 뜻이 아니었다.

그럼에도 교전은 벌써 4년을 경과하고, 육해군 장병의 용전, 짐의 신하들의 성의, 일억 국민들의 노력 등 각각 최선을 다했음에도, 전국戰局, 전쟁의 국면이 호전된 것만은 아니었으며, 세계의 대세 역시 우리에게 유리하지 않다. 뿐만 아니라 적은 새로이 잔학한 폭탄을 사용하여 무고한 이들을 거듭 살상해 그 참혹한 피해가 미치는 바가 참으로 헤아릴 수 없는 지경에 이르렀다.

더욱이 교전을 계속한다면 결국 우리 민족의 멸망을 초래할 뿐 아니라, 나아가서 인류 문명조차 무너지고 말 것이다. 그렇게 되면 짐은 무엇으로 수많은 어린 백성들을 보전하고, 황실의 신령들께 사죄할 수 있겠는가. 짐이 제국 정부로 하여금 공동선언을 받아들이도록 한 것도 이런 이유에서다.

…(중략)… 그대 신민의 충정도 짐은 잘 알고 있는 바이다. 그러나 짐은 시운이 향하는 바, 참을 수 없는 것을 참고, 견디기 어려운 것을 견뎌서라도 만세를 위해 태평한 세상을 열고자 한다. 이로써 짐은 국체國體를 호지護持하고, 그대 신

민들의 마음을 믿고 의지해 항상 그대 신민과 함께할 것이다."

어떠신가요? 전쟁을 일으킨 일본이 "원래 전쟁은 나의 뜻이 아니었다. 포츠담 선언을 수락한다. 태평한 세상을 열겠다"라는 내용의 선언문을 발표한 것이지요. 우리처럼 식민 지배를 당했던 입장에서는 굉장히 아쉽기도 하고, 어떤 분들은 분노를 느끼실 수도 있을 것입니다. 한국인이라면 너무나도 당연한 반응이지요. 그러나 우리는 그 뒤에 숨겨진 더 큰 그림을 보아야 합니다.

이렇게 포츠담 선언을 수락한 일본은, 9월 2일 도쿄만에 정박해 있던 미 해군 전함 USS 미주리의 갑판에서 정식으로 항복문서에 서명함으로써, 제2차 세계대전의 태평양 전쟁은 공식적으로 막을 내렸습니다. 그러나 세계는 이제 또다시 시작될 새로운 전쟁을 향해 차근차근 나아가고 있었습니다. 그것은 우리에게 분단으로 다가왔고, 그 유산은 곧 한국전쟁과 냉전의 도화선으로 불타오르기 시작했습니다.

1945년 8월 14일 오전 11시, 마지막 어전회의. 히로히토 천황은 이 회의에서 적극적으로 항복에 동의하지 않는 육군을 질책했다.

반란 주동자 중 한 명이었던 하타나카 켄지 소좌. 그는 옥음방송의 송출을 막기 위해 방송국을 점거했지만, 목표 달성에 실패했다.

에필로그

일본의 전쟁 기억, 그리고 그 책임

2024년 6월 말, 일본의 전쟁 흔적을 현장에서 조금 더 느껴보고 싶어 히로시마를 중심으로 여행을 다녀왔습니다. 일본 해군의 군항이었던 구레를 비롯해 히로시마, 그리고 도쿄까지 둘러보았습니다. 특히 구레의 야마토 박물관이나 도쿄의 야스쿠니 신사처럼, 우리에게는 조금 불편한 이미지로 각인된 장소들을 의도적으로 찾아가 보았습니다. 그리고 뭔가 조금 더 알고 싶어졌습니다.

"대체 이들은 왜 전쟁에 뛰어들었고, 그 전쟁을 어떻게 바라보고 있을까?"

뉴스에서 보던 것처럼 매일 욱일기를 흔들며 또 다른 전쟁을 일으키고 싶어 안달이 난 민족일까? 솔직히 그런 생각이 아예 없다고는 할 수 없었습니다.

사실, 야스쿠니 신사와 그 옆의 전쟁 박물관인 유슈칸遊就館은 자신들의 전쟁을 정당화하고, 또 아시아인들을 서구 열강으로부터 해방시킨다는 프로파간다에 매우 충실한 곳이었습니다. 심지어는 인도를 침공한 일본군을 구원자로 묘사하고, 인도인들이 환하게 웃으며 손을 흔드는 모습을 묘사한 그림을 보았을 때, 제 생각은 거의 굳어졌습니다. 유슈칸을 빠져나오면서 저는 "(나쁜 의미에서) 참 잘 만들었다"는 생각이 들었습니다. 자신들의 전쟁을 제대로 정당화하고 있었던 것이지요. 그런데 사실 불쾌하기보다는, 조금은 우스꽝스럽다는 생각이 강했습니다. 자신들의 전쟁에서 드러난 부정적인 부분은 이를 악물고 묘사하지 않는 모습에서, "그래, 어느 나라든 극단주의자들의 기분 전환용 배출구는 필요하니까" 하고 웃어 넘어갈 수 있었거든요.

그러나 구레의 야마토 박물관에서 보여준 접근 방법은 오히려 저를 더 불쾌하게 만들었습니다. 전쟁을 찬양하거나 미화하는 태도보다도, 뭔가 "우리를 위해 이렇게 안타까운 희생이 있었다"라는 묘사가 인간어뢰인 가이텐 앞에 붙어 있는 것을 보았을 때 그 불쾌감은 더욱 심해졌습니다. 차라리 야스쿠니 신사나 극우 세력처럼 자신들의 전쟁을 정당화하기라도 하면 싸우기라도 하겠는데, 스스로를 피해자로 정의해 버리니 그 불쾌감은 몇 배나 더 상승했습니다. 저는 여기에서 일본이 가해자인가, 아니면 피해자인가 하는 이분법적 논리를 말하고 싶은 것은 아닙니다. "일본은 가해자이면서 동시에 피해자다"라는 명제 자체에 의문을 제기하고 싶지도 않고요.

일본은 분명 우리에게 씻을 수 없는 상처를 남겼습니다. 그리고 스스로도 감당할 수 없는 전쟁을 일으켜 수많은 식민지 청년들과 자국 청년들을 가망 없는 전쟁터로 내몰아 죽음으로 끌고 갔습니다. 앞서 살펴본 오쿠자키 겐조뿐 아니라, 다양한 일본인들이 이러한 전쟁의 책임에 대해 목소리를 내기도 했습니다. 그리고 그 세력들은 종전 공작을 통해 "일본 군부가 나빠 전쟁을 일으켰고, 천황의 성스러운 결단으로 멸망 직전의 일본은 구원받았다"는 신화를 만들어 냈습니다. 이 정치 세력들은 전후에도 살아남아 권력을 유지했지요. 그런 가운데 '천황'의 전쟁책임은 끝내 언급되지 않은 채 그 뒤에 가려졌고, 지금까지도 그 명맥을 유지하고 있습니다. 천황의 전쟁책임, 이것을 올바르게 인식하는 것이 중요합니다. 이 책임 문제가 현재 일본이 왜 과거사 문제에 떳떳하게 나서지 못하게 만드는 중요한 요소인지를 우리가 이해하고 있어야 합니다.

저는 개인적으로 한일관계에서 "역사를 잊은 민족에게 미래란 없다"라는 말을 남발하는 것을 그다지 좋아하지 않습니다. 그 말이 지닌 메시지 때문이 아니라, 마치 그 표현이 일본과의 관계에서 전가의 보도처럼 악용되고 남용되는 현실이 안타깝기 때문입니다. 마치 무조건적으로 "일본은 악이고, 일본이 전쟁 중 벌인 모든 일은 모두 나쁘다. 그러니 일본 사람들 전체가 다 나쁘다"는 식의 민족주의적이고 과격한 주장에 논리로만 사용되는 것 같아 더욱 그렇습니다.

책을 쓰면서 히로시마에서 살아남은 일본인들의 처참한 상황을 공부할 때면, "자업자득인데, 왜 그들의 처참함을 묘사하면서 걔들을 피해자로 묘사해?"라는 공격 아닌 공격을 받기도 했습니다. 제가 진정으로 전하고 싶은 메시지는, 그러한 고정관념을 내려놓고, 일본을 있는 그대로 바라보고 이해해야 한다는 점입니다. 그래야만 일본과 싸워 이기든, 아니면 이웃 나라이자 협력자로 관계를 맺든 할 수 있다는 사실을 강조하고 싶습니다.

이 문제에 대해서는 일본인 스스로의 인식 전환도 분명히 필요합니다. "전쟁은 무조건 도조와 군부의 독재 때문이었어! 우리도 하고 싶지 않았어!"라는 간단한 명제로 자신들의 정당성을 설명해 버린다면, 진짜 뒤에 숨겨진 태평양 전쟁의 다양한 담론을 논의조차 할 수 없기 때문입니다. 일본인들 또한 국가의 의한 폭력에 노출되었고, 가미카제와 같은 자살공격을 강요받았고, 이길 수 없는 전쟁에서 무의미하게 희생되었습니다. 이러한 사실에 대한 자각과 책임이 없다면, 그저 "우리 일본인들도 많이 죽었다. 일본인들에게도 아주 힘든 전쟁이었다. 우리도 피해자다"라는 의식에 갇혀 과거 역사문제를 영영 해결하지 못하게 될 것입니다.

최근 도래한 미중 패권 경쟁의 시대와 대만해협에서 고조되는 긴장으로 인해 동북아시아의 안보 위협은 급증하고 있습니다. 이러한 국제상황 속에서 우리는 원하든 원하지 않든 이웃 나라 일본과의 관계를 다시 한번 성찰할 필요가 있습니다. 그 관계는 우리가 아시아-태평양 전쟁까지의 역사를 제대로 이해하고, 일본과 일본인을 이해하는 것에서부터 다시 시작될 수 있습니다.

우리에게 매우 민감하고, 그만큼 접근하기 쉽지 않았던 아시아-태평양 전쟁의 이야기는 이렇게 마무리되었습니다. 일본의 시각에서 묘사된 전쟁 이야기는 어떠셨나요? 어떤 분들은 다소 불편함을 느끼셨을 수도 있고, 낯선 지명과 인명 때문에 읽기가 쉽지 않으셨을 수도 있습니다. 그럼에도 일본의 입장에서 아시아-태평양 전쟁을 바라보며, 그들이 왜 그런 선택을 했는지, 또 이 전쟁을 어떻게 기억하고 어떤 교훈을 끌어내고 있는지를 함께 알아볼 수 있었다면 저자로서 더없는 보람일 것입니다.

이제, 존 다우어 John W. Dower의 저서 『패배를 껴안고 Embracing Defeat』에 묘사된, 패전 직후 한 일본 청년에 관한 짧은 이야기로 아시아-태평양 전쟁을 마무리하려고 합니다.

　　1945년 9월 2일, 도쿄만에 정박한 미 해군 전함 USS 미주리호의 갑판에서는 일본 정부의 항복문서 조인식이 있었습니다. 레이테만 해전에서 침몰한 불침전함 무사시에 탑승했던 수병 와타나베渡辺는 이 조인식 무렵 고향에 돌아와 있었습니다. 그는 태평양 전선의 최일선에서 전투를 치렀고, 전함의 침몰 속에서도 살아남아 패전 이후 본토에 귀환할 수 있었습니다. 그도 여전히 황군이었고, 천황의 충성스러운 병사이자 일본 제국의 영광을 위해 전장에서 죽을힘을 다해 싸워온 군인이었습니다.

　　전쟁이 끝난 뒤 찾아온 새로운 세상은, 그가 지녀온 세계관을 완전히 부수기 시작했습니다. 자신이 목숨을 바쳐 지키려 했던 천황은 이제 군복을 벗고 맥아더를 찾아가 머리를 조아렸습니다. 불과 어제까지만 해도 "미국, 영국과의 성스러운 전쟁에 나가 제국의 영광을 가져오자"라고 주장하던 신문들은, 오늘에 와서는 "군국주의자와 관료, 재벌의 음모로 인해 전쟁을 하고 말았다. 1억 국민 모두가 참회해야 한다"라고 주장하고 있었습니다. 와타나베의 초등학교 시절의 교사는 "전쟁에 져서 잘 됐다. 아니었다면 우리에겐 민주주의가 오지 못했을 것"이라고 와타나베에게 말했습니다. 그 교사는 불과 몇 달 전만 해도 어린 학생들 앞에서 "미국과의 전쟁에 참전하자"라고 선동하던 인물이었습니다. 와타나베는 속으로 "그때의 기억은 나지 않습니까"라고 묻고 싶었습니다.

그에게는 더 많은 일이 일어났습니다. 길을 걷던 중 다섯 명의 야쿠자가 "군인 떨거지"라고 비웃자 와타나베는 그들과 주먹다짐을 벌였습니다. 그러나 다섯 명을 당해낼 수 없었던 그는 온몸에 부상을 입은 채 집으로 돌아와야 했습니다. 집에 돌아와 고통 속에 누워 있던 와타나베의 가슴속에서는 불길 같은 분노가 치솟았습니다. 자신이 타고 전장에 나섰던 그 무사시를 타고 일본으로 돌아와, 일본 본토를 향해 주포를 발사하고 싶었던 것입니다. 그는 그런 심정을 일기에 이렇게 남겼습니다.

"천황이란 뭐냐? 일본이란 뭐냐? 애국이란 뭐냐? 민주주의란 뭐냐? 문명국가란 뭐냐? 다, 전부 다 뒈져버려라. 거기에 침을 뱉는다."49

그러나 그의 바람과는 달리 천황은 '절대군주'에서, '평화를 사랑하는 국민통합의 상징'으로 빠르게 이미지를 변신시키고 있었습니다. 와타나베는 천황이 사이판에서 살아 돌아온 병사와 담소를 나누었다는 이야기를 누군가에게 들었습니다. 그 자리에서 천황은 그 병사에게 "참으로 고생이 많았다"라고 격려했다고 합니다. 다른 이들이라면 감동적인 실화로 받아들였을 이 이야기는 와타나베에게는 더없이 참을 수 없는 모욕으로 느껴졌습니다. 왜 "고생하게 만들어서 미

---

49 존 다우어(최은석 역), 『패배를 껴안고(Embracing Defeat: Japan in the Wake of World War Ⅱ)』, 민음사, 2009.

안하다"라고 한 마디 사과조차 할 수 없는 것인가? 와타나베는 참을 수 없어졌습니다.

와타나베는 집으로 돌아왔습니다. 그는 자신의 방에서, 한 글자 한 글자씩 천황에게 부칠 편지를 써 내려갔습니다. 더 이상 천황은 그에게 '폐하헤이카'가 아니었습니다. 그는 '당신아나타'이라는 표현으로 천황을 지칭했습니다. 그는 펜을 들어 하나하나 계산을 해나가기 시작했습니다. 전쟁 중 국가로부터 받았던 군복과 모자, 먹었던 음식, 작은 보급품 하나까지도 빠짐없이 적어 내려가며 값을 매겼습니다. 그렇게 해서 나온 최종 금액은 총 4,281엔이었습니다. 편지를 써 내려가던 그는 점차 환멸을 느꼈습니다. 그리고 그 환멸 속에는 수많은 기억들이 녹아 있었습니다. 하와이 진주만의 새벽 하늘, 미드웨이의 푸른 바다, 과달카날의 정글에서부터 짙은 밤 속에서 불타오르던 레이테만 해전까지, 그 모든 곳에서 벌어진 수많은 전투와, 또다른 여러 와타나베의 기억들이.

천황의 황군으로서 그는 천황으로부터 받은 모든 것을 그렇게 정리했습니다. '나'를 전쟁터로 내몰았고, 전쟁이 끝난 뒤에는 살아남기 위해 '나'를 버렸던 바로 그 천황 말입니다. 그는 봉투에 4,281엔을 넣었습니다. 그리고 마지막으로 편지를 마무리했습니다.

"이제 내가 당신에게 빚진 것은 아무것도 없습니다."

참고 문헌

단행본

가토 요코 저, 양지연 역, 『왜 전쟁까지 - 일본 제국주의의 논리와 '세계의 길' 사이에서』, 사계절, 2018.
가토 요코 저, 윤현명 역, 『일본은 왜 점점 더 큰 전쟁으로 나아갔을까』, 소명출판, 2022.
가토 요코 저, 윤현명·이승혁 역, 『그럼에도 일본은 전쟁을 선택했다』, 서해문집, 2018.
고케츠 아츠시 저, 박현주 역, 『쇼와 천황과 일본패전』, 제이앤씨, 2010.
김봉식, 『고노에 후미마로- 패전으로 귀결된 야망과 좌절』, 살림, 2019.
김준영, 『일본제국 육군의 흥망』, 경인문화사, 2023.
김진기, 『제국의 건설과 전쟁 ─ 청일전쟁에서 아시아-태평양 전쟁까지』, 이담북스, 2023.
노나카 이쿠지로 저, 박철현 역, 『일본 제국은 왜 실패하였는가?』, 주영사, 2009.
도베 료이치 저, 윤현명·이승혁 역, 『역설의 군대-근대 일본군의 기이한 변용』, 소명출판, 2020.
도요카네 저, 『종군기자 실록: 대동아전쟁 비사-태평양 편』, 한국출판사, 1982.
박광홍, 『너희는 죽으면 야스쿠니에 간다』, 오월의봄, 2022.
박진우, 『천황의 전쟁책임 ─ 봉인·망각과 왜곡·미화의 역사인식』 제이앤씨, 2013.
야마다 아키라 저, 윤현명 역, 『일본, 군비확장의 역사』, 어문학사, 2019.
와다 하루키 저, 이웅현 역, 『러일전쟁 I-기원과 개전』, 한길사, 197.4
요시다 유타카 저, 최혜주 역, 『아시아·태평양 전쟁』, 어문학사, 2012.
장 로페즈·니콜라 오뱅 저, 김보희 역, 『제2차 세계대전 인포그래픽』, 레드리버, 2021.
조너선 파셜·앤서니 털리 저, 이승훈 역, 『미드웨이 해전 ─ 태평양전쟁을 결정지은 전투의 진실』, 일조각, 2019.
존 다우어 저, 최은석 역, 『패배를 껴안고 ─ 제2차 세계대전 후의 일본과 일본인』, 민음사, 2009.
존 키건 저, 류한수 역, 『2차세계대전사』, 청어람미디어, 2016.
존 톨랜드 저, 박병화·이두영 역, 『일본 제국 패망사 ─ 태평양 전쟁 1936~1945』, 글항아리, 2019.

크레이그 L. 시먼즈 저, 나종남 역, 『2차대전 해전사 전쟁의 향방을 결정지은 세계 해전의 모든 것』, 책과함께, 2024.
한상일, 『쇼와 유신 — 성공한 쿠데타인가 실패한 쿠데타인가』, 까치, 2018.
허버트 빅스 저, 오현숙 역, 『히로히토 평전』, 삼인, 2010.
호사카 마사야스 저, 정선태 역, 『쇼와 육군 — 제2차 세계대전을 주도한 일본 제국주의의 몸통』, 글항아리, 2016.
호사카 마사야스 저, 정선태 역, 『도조 히데키와 제2차 세계대전 — 일본을 패망으로 몰고간 한 우익 지도자의 초상』, 페이퍼로드, 2022.
F.J. Bradley, He Gave the Order : The Life and Times of Admiral Osami Nagano, Merriam Press, 2015.
NHKスペシャル取材, 『日本海軍400時間の證言』, 新潮社, 2014.
川口素生, 『日米開戦と海軍の將兵たち』, ベストブック, 2021.
拳骨拓史, 『日本の戰爭解剖圖鑑』, エクスナレッジ, 2016.
近現代史編纂會編, 『特攻のすべて』, 山川出版社, 2013.
豊田穣, 『海軍軍令部』, 潮書房光人社, 2016.
ラ-ス.サレンダ-, 川村幸城, 『檢證 空母戰』, 中央公論新社, 2025.
吉岡忠一, 『海軍航空隊奮戰す : 從軍慰安婦問題・戰爭現場からの証言』, 「第2部パールハーバー奇襲作戰の秘密」, 1994年、100頁。
寺崎英成, マリコ テラサキ ミラ, 『昭和天皇獨白錄』, 新潮社, 1995.
橋本拓彌, 『大本營から讀み解く太平洋戰爭』, 彩圖社, 2017.
本吉隆, 『日本海軍戰史入門』, イカロス出版, 2022.

학술논문

권주혁, 「사상 최대 레이테 해전의 전투경과 분석과 전투 교훈 고찰」, 『한국군사학논총』 vol.11(2017.6), pp. 59-95.
김동은, 「'선승이후구전'을 통한 미드웨이・알류샨 전역계획 재조명 — 『손자병법』 군형(軍形)편의 '전장의 선택'과 '병법의 다섯 단계'를 중심으로」, 『군사』 제125권, pp. 223-282.
박충석, 「일본 군국주의의 형성-그 정치・사회적 기원을 중심으로」, 『사회과학연구논총』 vol.4(2000), pp. 103-125.
유지아, 「메이지 유신 150년과 천황의 '원수화'」, 『일본역사연구』 제48집(2018.12), pp. 257-280.
이정용, 「런던군축회의와 일본 해군」, 『한일군사문화연구』 제9권, pp. 139-164.

사진 출처

p.21	Public Domain / Wikimedia Commons
p.22 위	Public Domain / Wikimedia Commons
p.22 아래	Public Domain / Wikimedia Commons
p.33	Public Domain / Wikimedia Commons
p.34 위	Public Domain / Wikimedia Commons
p.34 아래	Public Domain / Wikimedia Commons
p.43	Public Domain / Wikimedia Commons
p.44	Public Domain / Wikimedia Commons
p.54 위	Public Domain / Wikimedia Commons
p.54 아래	Public Domain / Wikimedia Commons
p.64	Public Domain / Wikimedia Commons
p.75	Public Domain / Wikimedia Commons
p.76 왼쪽	Public Domain / Wikimedia Commons
p.76 오른쪽	Public Domain / Wikimedia Commons
p.77	Public Domain / Wikimedia Commons
p.88	Public Domain / Wikimedia Commons
p.89	Public Domain / U.S. National Archives (NARA) / Wikimedia Commons
p.97	Public Domain / Wikimedia Commons
p.98	Public Domain / U.S. National Archives and Records Administration(NARA) / Wikimedia Commons
p.110	Public Domain / Wikimedia Commons
p.111	Public Domain / U.S. Naval History and Heritage Command / Wikimedia Commons
p.112	Public Domain / Wikimedia Commons
p.124	Public Domain / Wikimedia Commons
p.125	Public Domain / U.S. Naval History and Heritage Command / Wikimedia Commons
p.137	Public Domain / U.S. National Archives and Records Administration(NARA)
p.138	Public Domain / Wikimedia Commons

p.139	Public Domain / U.S. Naval History and Heritage Command / Wikimedia Commons
p.149 위	Public Domain / U.S. National Archives and Records Administration (NARA) / Wikimedia Commons
p.149 아래	Public Domain / Wikimedia Commons
p.159	Public Domain / Wikimedia Commons
p.160	Public Domain / U.S. National Archives and Signal Corps Archive / Wikimedia Commons
p.169	Public Domain / Wikimedia Commons
p.170	Public Domain / Wikimedia Commons
p.181	Public Domain / Wikimedia Commons
p.182	Public Domain / Wikimedia Commons
p.193 위	Public Domain / U.S. Naval History and Heritage Command / Wikimedia Commons
p.193 아래	Public Domain / Wikimedia Commons
p.204	Public Domain / U.S. Naval History and Heritage Command / Wikimedia Commons
p.205	Public Domain / U.S. Naval History and Heritage Command / Wikimedia Commons
p.213 위	Public Domain / Wikimedia Commons
p.213 아래	Public Domain / Wikimedia Commons
p.214	Photo by Mark Pellegrini / CC BY-SA 4.0 / Wikimedia Commons
p.223	Public Domain / Wikimedia Commons
p.224-225	Public Domain / Joe Rosenthal (Associated Press) / Wikimedia Commons
p.233	Public Domain / U.S. Army / Wikimedia Commons
p.234	Public Domain / U.S. Naval History and Heritage Command / Wikimedia Commons
p.245	Public Domain / Wikimedia Commons
p.246	Public Domain / Wikimedia Commons
p.254	Public Domain / U.S. Department of Energy (or predecessor) / Wikimedia Commons
p.266 위	Public Domain / Wikimedia Commons
p.266 아래	Public Domain / Wikimedia Commons

역사 딥 다이브 02

아시아-태평양 전쟁: 광기와 오만

2025년 10월 1일 1판 1쇄 펴냄

지은이　김휘찬
펴낸이　김철종

펴낸곳　(주)한언
출판등록　1983년 9월 30일 제1-128호
주소　서울시 종로구 삼일대로 453(경운동) 2층
전화번호　02)701-6911
팩스번호　02)701-4449
전자우편　haneon@haneon.com

ISBN 978-89-5596-949-8 (03900)

이 책은 저작권법에 따라 보호를 받는 저작물이므로 무단 전재와
무단 복제를 금지하며, 이 책의 전부 또는 일부를 이용하려면 반드시
저작권자와 (주)한언의 서면 동의를 받아야 합니다.

만든 사람들
기획·총괄　손성문
편집　서현미
디자인　2mm

한언의 사명선언문

Since 3rd day of January, 1998

Our Mission
– 우리는 새로운 지식을 창출, 전파하여 전 인류가 이를 공유케 함으로써 인류 문화의 발전과 행복에 이바지한다.

– 우리는 끊임없이 학습하는 조직으로서 자신과 조직의 발전을 위해 쉼 없이 노력하며, 궁극적으로는 세계적 콘텐츠 그룹을 지향한다.

– 우리는 정신적·물질적으로 최고 수준의 복지를 실현하기 위해 노력하며, 명실공히 초일류 사원들의 집합체로서 부끄럼 없이 행동한다.

Our Vision
한언은 콘텐츠 기업의 선도적 성공 모델이 된다.

저희 한언인들은 위와 같은 사명을 항상 가슴속에 간직하고
좋은 책을 만들기 위해 최선을 다하고 있습니다.
독자 여러분의 아낌없는 충고와 격려를 부탁드립니다.
· 한언 가족 ·

HanEon's Mission statement

Our Mission
– We create and broadcast new knowledge for the advancement and happiness of the whole human race.

– We do our best to improve ourselves and the organization, with the ultimate goal of striving to be the best content group in the world.

– We try to realize the highest quality of welfare system in both mental and physical ways and we behave in a manner that reflects our mission as proud members of HanEon Community.

Our Vision
HanEon will be the leading Success Model of the content group.